乡村振兴丛书

- 四川省哲学社会科学重点研究基地青藏高原经济社会与文化发展研究中心"岷江上游藏羌民族村寨旅游发展与乡村振兴战略的对接研究——与山东J村的比较"（项目编号：2020PTJS0902）
- 南充市—西南石油大学市校科技战略合作重要研发平台"南充市文旅产业大数据创新平台"（项目编号：SXHZ027）

岷江上游羌族村寨旅游业发展研究

MINJIANG SHANGYOU QIANGZU CUNZHAI
LÜYOUYE FAZHAN YANJIU

李治兵 ◆ 著

四川大学出版社
SICHUAN UNIVERSITY PRESS

图书在版编目（CIP）数据

岷江上游羌族村寨旅游业发展研究 / 李治兵著 . — 成都：四川大学出版社，2023.7
（乡村振兴丛书）
ISBN 978-7-5690-6260-1

Ⅰ . ①岷… Ⅱ . ①李… Ⅲ . ①岷江－上游－羌族－民俗风情旅游－乡村旅游－旅游业发展－研究 Ⅳ . ① F592.771

中国国家版本馆 CIP 数据核字（2023）第 143074 号

书　　名：	岷江上游羌族村寨旅游业发展研究
	Minjiang Shangyou Qiangzu Cunzhai Lüyouye Fazhan Yanjiu
著　　者：	李治兵
丛 书 名：	乡村振兴丛书

丛书策划：庞国伟　梁　平
选题策划：李　梅　梁　平
责任编辑：李　梅
责任校对：杨　果
装帧设计：裴菊红
责任印制：王　炜

出版发行：四川大学出版社有限责任公司
　　　　　地址：成都市一环路南一段 24 号（610065）
　　　　　电话：（028）85408311（发行部）、85400276（总编室）
　　　　　电子邮箱：scupress@vip.163.com
　　　　　网址：https://press.scu.edu.cn
印前制作：四川胜翔数码印务设计有限公司
印刷装订：四川省平轩印务有限公司

成品尺寸：170 mm×240 mm
印　　张：17.25
字　　数：322 千字

版　　次：2023 年 12 月 第 1 版
印　　次：2023 年 12 月 第 1 次印刷
定　　价：87.00 元

本社图书如有印装质量问题，请联系发行部调换

版权所有　◆　侵权必究

扫码获取数字资源

四川大学出版社
微信公众号

前　言

2020年，我国已完成了全国农村脱贫攻坚的历史性任务，实现全面小康；中国特色社会主义进入由全面小康迈向社会主义现代化的新的历史阶段。乡村振兴战略作为新时代"三农"工作的总战略，也进入了全面推进的阶段。因此，乡村振兴已成为下一步农村从基层党建到经济产业发展，再到文化建设、生态保护、乡村治理等多项工作的时代背景和总体方略，对民族地区下一步旅游业发展也具有重要的统领指导意义。

岷江上游羌族地区在生态保育、文化传承等方面地位突出，但也面临着自然灾害频发、经济社会发展相对滞后等多重困境。在乡村振兴战略进程下，村寨旅游的发展已经不是单纯的产业发展问题，而是涉及经济、文化、生态、基层治理等多个方面的复合问题。在羌族地区发展村寨旅游业，对于在资源与环境硬约束背景下推进农村产业结构调整，在经济发展进入新常态背景下拓宽农民增收渠道，在经济双循环发展格局下培育消费新增长点等具有重要意义。

本书以习近平新时代中国特色社会主义思想及党和政府有关乡村振兴的决议、规划、政策为指导，运用民族学、经济学、旅游学、社会学等相关学科理论，综合运用文献研究、比较分析、多学科交叉等研究方法，按照"背景研究—文献研究—实地调研—咨询交流—重点突破"的思路，采用"理论研究—样本分析—田野案例"的程序，对民族村寨旅游业研究背景及意义进行分析，系统梳理相关文献，聚焦民族村寨旅游业研究的核心命题，明确研究的内容、思路，以此作为数据来源、案例选择及调研过程的依据；梳理相关指导思想及理论，对乡村振兴与民族村寨旅游发展的内在联系进行分析，为后续研究奠定理论基础。本书以岷江上游羌族地区为研究对象，分析其经济、社会、文化发展特性以及乡村振兴实施情况，全面勾画其村寨旅游业发展的历程与现状。调查综合运用既有研究成果、政府政策及田野调查资料，从产业、生态、文化、基层治理、收入五个方面构建岷江上游羌族村寨旅游发展评价体系，对老人村、桃坪村、坪头村三个典型案例村寨，采用定性与定量结合的方式，剖析其旅游发展对乡村振兴的贡献及存在的问题。本书系统总结了村寨旅游发展在产业融合、村民增收、生态建设、文化传承与保护、基层党建等方面的成效，生成具有民族地区发展特色的村寨旅游发展经验；以岷江上游羌族村寨旅游发展中的问题为逻辑起点，辨析其产业结构、产业组织、管理机制、基础设施建设等现实挑战，洞悉其在人力、土地、资金、管理、基层组织、自然灾害等方面的制约因素，把产权制度、土地改革、村民组织化、基层治理等纳入村寨旅游发展分析框架，探索乡村振兴战略进程下民族村寨旅游高质量发展的科学路径。

　　通过研究，本书得出以下结论：第一，乡村振兴战略是岷江上游羌族地区乃至所有民族地区村寨旅游发展的重大时代背景和统领方略。在此背景下，发展村寨旅游应当并也能契合乡村振兴战略在乡村政治、经济、文化、生态和村治方面的要求。第二，在乡村振兴战略初步实施阶段，尽管岷江上游羌族地区连续遭受严重的自然灾害，但村寨旅游业的恢复、发展、升级仍取得了可喜的成绩。本书对岷江上游羌族村寨旅游发展的区域宏观贡献与案例村寨的微观贡献的研究表明，村寨旅游是推进岷江上游羌族地区乡村振兴的可行路径之一。第三，在乡村振兴战略进程下，村寨旅游发展应树立新的资源利用与产业获益理念。第四，产业融合是促进岷江上游羌族村寨旅游业良性发展以及乡村产业振兴的主要路径。第五，构建劳动、经营、资本的多元化参与格局，其中落实与活用中央有关土地确权与"三权分置"重要政策，探索多样化土地流转，确保村民资本化参与旅游业及收益权利是一项重要新课题，也是巩固全面小康和推进乡村产业融合振兴的政策保证。第六，加强村级基层党建，探索村寨旅游业新型集体经济形式并保证村民的主体地位，同时加快乡村社会治理现代化，完善社会主义村民自治，激发村民参与乡村振兴和发展旅游产业的热情，是构建良好村寨旅游秩序的重要途径。

目 录

绪 论 ·· 1
  第一节 选题背景和研究意义 ··· 1
  第二节 相关学术研究综述 ·· 6
  第三节 研究视角与方法 ·· 27
  第四节 研究内容和重点难点 ··· 29
  第五节 本书的创新和不足之处 ·· 32

第一章 指导思想与理论基础 ·· 35
  第一节 指导思想 ·· 35
  第二节 理论基础 ·· 44
  本章小结 ·· 55

第二章 岷江上游羌族村寨基本情况与乡村振兴战略的初步实施 ········ 57
  第一节 岷江上游羌族地区概况 ·· 57
  第二节 岷江上游羌族村寨的基本情况 ······································· 72
  第三节 岷江上游羌族地区乡村振兴战略实施背景及其重要性 ········· 81
  第四节 岷江上游羌族地区乡村振兴战略的初步实施 ···················· 93
  本章小结 ·· 100

第三章 岷江上游羌族村寨旅游业发展的历程与现状 ······················ 101
  第一节 岷江上游羌族村寨旅游的资源与条件 ····························· 101
  第二节 岷江上游羌族地区村寨旅游业发展历程 ·························· 110
  第三节 岷江上游羌族村寨旅游业发展现状 ································ 112
  本章小结 ·· 116

第四章 岷江上游羌族村寨旅游业发展评价体系 ···························· 118
  第一节 岷江上游羌族村寨旅游业发展评价体系构建原则 ·············· 118
  第二节 岷江上游羌族村寨旅游业发展评价指标体系构建 ·············· 119
  第三节 岷江上游羌族村寨旅游业发展评价体系的权重赋值 ··········· 125
  本章小结 ·· 132

第五章　岷江上游羌族村寨旅游业发展及其对乡村振兴贡献的个案研究 ……… 133
第一节　老人村旅游业发展及其对乡村振兴的贡献……… 133
第二节　桃坪村旅游业发展及其对乡村振兴的贡献……… 148
第三节　坪头村旅游业发展及其对乡村振兴的贡献……… 161
第四节　"三村"旅游业发展及其对乡村振兴贡献的整体评价与对比分析 ……… 171
本章小结……… 180

第六章　岷江上游羌族村寨旅游业优化发展思考 ……… 182
第一节　岷江上游羌族村寨旅游业发展的经验……… 182
第二节　岷江上游羌族村寨旅游业发展的问题探析……… 186
第三节　岷江上游羌族村寨旅游业发展的制约因素……… 190
第四节　对乡村振兴进程下岷江上游羌族村寨旅游业优化发展的思考 ……… 194
本章小结……… 203

第七章　研究结论及展望……… 205
第一节　研究结论……… 205
第二节　研究展望……… 207

参考文献……… 208

附　录……… 229
附录一　岷江上游羌族村寨旅游业发展调查问卷……… 229
附录二　岷江上游羌族村寨旅游业发展村民访谈提纲……… 232
附录三　岷江上游羌族村寨旅游业发展管理者访谈提纲……… 233
附录四　"岷江上游羌族村寨旅游业发展评价指标体系"权重赋值专家打分表 ……… 234
附录五　访谈纪要……… 239
附录六　田野工作相关照片……… 262

后　记 ……… 268

绪　论

第一节　选题背景和研究意义

一、选题背景

（一）乡村振兴战略已成为新时代"三农"工作和各项涉农产业、事业的统领纲要

纵观我国历史发展，乡村的发展一直影响着甚至在某种程度上主导着我国社会的发展。新中国成立以后，我国乡村发展取得巨大成就。但就社会主义建设全局来看，我国社会的现代化建设依然主要从乡村汲取资源，在工业、城市等快速发展的情况下，乡村发展的相对滞后成为不争的事实，乡村振兴已经成为全面建设社会主义现代化国家目标中最重要的部分。

党的十八大以来，乡村的发展被提到了更突出的位置，"三农"问题在国计民生中的根本性地位被进一步明确。2017年10月，党的十九大正式提出实施乡村振兴战略，随后的中央农村工作会议、中央一号文件明确了乡村振兴战略的时间表、目标及指导意见；2018年"两会"期间，习近平参加山东代表团审议时，指出从产业、人才、文化、生态、组织五个方面系统推进乡村振兴；2018年9月，国家《乡村振兴战略规划（2018—2022年）》对乡村振兴战略的具体实施做出具体谋划；2020年11月，党的十九届五中全会再次强调要"全面实施乡村振兴战略"；2021年中央一号文件指出要把全面推进乡村振兴作为实现中华民族伟大复兴的一项重大任务。从一系列决策中可以看出，党和政府高度重视乡村振兴，乡村振兴战略是新时代做好"三农"工作的总抓手，是2035年基本实现社会主义现代化的重要保证，也是下一步农村农业现代化

建设的路径。

（二）乡村振兴是全国尤其是民族地区社会主义现代化发展的重大历史任务与机遇

乡村振兴战略提出以来，中央各部门先后出台政策和措施，从城乡医保并轨、农村人居环境、村庄规划、土地经营权入股、农村产业融合、农田建设、农产品质量安全、农村信息工程、乡村就业创业、农村污染治理等多个方面促进乡村振兴。全国各地积极推进乡村振兴战略。浙江结合美丽乡村建设，从产业融合、环境治理、农业现代化等方面促进乡村振兴；福建借助自然条件，重点发展特色农业、林业产业，促进农业产业融合发展；河南提出建设农业强省，从农业现代化、供给侧结构性改革、科技创新、高标准粮田建设等方面促进乡村振兴；四川开展幸福美丽新村建设行动，从扶贫、产业、旧村改造、环境、文化传承等方面推进乡村发展。可见，各地不仅积极推进乡村振兴战略初步实施，而且在乡村扶贫、产业发展、基础设施建设、生态保护、文化传承、基层党建、基层治理等方面取得了阶段性成果。

我国是一个统一的多民族国家，尽管少数民族总人口较少，但分布却十分广泛。这一特殊国情决定了民族地区经济社会发展在全国经济社会发展中占有重要地位。可以说，没有民族地区的乡村振兴，全国的乡村振兴就不完整；没有民族地区的现代化，就不能说全国实现了现代化。近年来，在社会主义新农村、美丽乡村、精准扶贫等系列政策的推动下，民族地区"三农"的发展取得了长足进步，农村呈现出新面貌、新气象。但总的来说，民族地区农村是全国经济社会发展不平衡不充分中最突出的区域，农村产业发展滞后、农业现代化产业化水平较低、农民内生发展能力不足、基础设施建设滞后、生态环境恶化、民族传统文化流失、支农体系不健全、部分农村空心化等现象客观存在，与发达地区农村相比还存有较大差距。民族地区在国土面积、生态、文化、国家安全等方面具有极端重要性，尽快解决其乡村发展滞后问题，对全国乡村振兴和社会主义现代化事业整体推进均有关键意义。统筹推进农村经济、政治、文化、社会、生态文明建设和党的建设，既是民族地区加快"三农"现代化进程的重大历史机遇，更是决胜全面建成小康社会、全面建设社会主义现代化强国补齐短板的历史需要。

（三）村寨旅游业是羌族地区乡村产业振兴的重要切入点和路径

岷江上游羌族地区是我国较早开展旅游活动和发展旅游业的民族地区。20

世纪90年代，就有游客陆续到访位于九环线上的羌族村寨。作为九环线西线的必经之地，汶川、茂县村寨旅游业的开展十分普遍。到2001年，岷江上游羌族地区旅游收入已经突破亿元。旅游发展直接或间接带动了区域乡村特色种养殖业、加工业和各类服务业，加快了农业产业化、现代化进程。同时，旅游业的发展还改善了区域交通、通信、人居环境、文化保护与传承、基层党组织建设面貌，能够与乡村的生态、文化、治理等产生良性互动。

岷江上游羌族地区在生态保育、文化传承等方面地位十分突出，同时面临着自然灾害频发、经济社会发展相对滞后的多重困境。在羌族地区发展村寨旅游，对于在资源和环境硬约束背景下推进农业供给侧结构性改革，在经济发展进入新常态背景下拓宽农民增收渠道，在经济双循环发展格局下培育消费新增长点等具有重要意义，更是实施乡村振兴战略的重要切入点和路径。

（四）双循环经济格局的构建为乡村振兴和旅游发展提供新的战略支撑

大力发展国内产业，提升国内消费，已成为今后一段时期的重要国策。从消费需求看，我国是全球第二大市场，中等收入群体超过5亿，人均GDP超过1万美元，可以提供庞大的旅游市场。从供给端来看，进一步完善分配制度、优化农村资源配置、赋予农村居民更多的财产权利，增加财产收益有助于进一步激发村寨旅游产业的发展。双循环经济格局的构建为国内旅游业发展和乡村振兴事业提供了新的战略支撑和重要的发展机遇，同时也对乡村振兴和旅游业发展提出了更高和更紧迫的要求。

（五）乡村振兴战略进程下的岷江上游羌族村寨旅游须进入新的发展阶段

岷江上游羌族地区在汶川特大地震中损失惨重。在灾后重建政策扶持下，村寨旅游业成为区域农村经济恢复和发展的主要产业之一，对带动农民脱贫增收和促进区域经济社会发展具有重要作用。

岷江上游羌族村寨旅游业发展虽因地震恢复重建而快速发展，但受制于人力资本、土地、资金等多重因素，加之面对周边旅游区的遮蔽效应，在经历一段时间快速发展之后，旅游业产品层次较低、管理机制不完善、防灾减灾救灾能力不足、内生发展动力不够等问题开始显现，旅游经济增长缓慢、发展后劲乏力现象愈加突出。加之近年频繁发生的地震、滑坡、洪水、泥石流等自然灾害，使区域旅游收入全面下滑，岷江上游羌族村寨旅游再次处于重建之中。

乡村振兴战略的实施，赋予了岷江上游羌族村寨旅游业新的内涵，也使其必须进入新的发展阶段。在乡村振兴战略进程下，村寨旅游的发展已经不是单纯的产业发展问题，而是涉及经济、文化、生态、基层治理等多个方面的复合问题。如何对接乡村振兴战略"产业兴旺、生态宜居、乡风文明、治理有效、生活富裕"的目标，是羌族村寨旅游发展需正视的问题。

（六）乡村振兴战略进程下民族村寨旅游研究的成果较少

从民族地区旅游研究来看，近20年民族村寨旅游一直是研究热点且成果丰硕，其中有关羌族地区旅游的研究成果亦不少，但已有研究或是单纯的旅游发展研究，或是旅游扶贫研究。加之乡村振兴战略是近几年提出的战略，目前还处于初步实施阶段。将村寨旅游置于乡村振兴进程并探讨两者如何契合，村寨旅游已经和将要为乡村振兴做出哪些贡献的研究还寥若晨星。

党的十九大以来，特别是2020年全面建成小康社会目标的实现，中国"三农"问题的解决之道发生了深刻变化。从2018年国家乡村振兴战略规划纲要出台，到2021年中央一号文件印发，党和国家对通过乡村振兴战略解决"三农"问题提出了系列新理念、新思维、新目标和新方针，相关配套政策措施亦陆续出台。在这样的大格局下，民族村寨旅游必须在政治上和学术上站位更高、视野更广，以乡村振兴战略统领村寨旅游研究才能使研究既有学术价值又具现实意义。

二、研究意义

（一）理论意义

第一，当前我国正处于"两个一百年"的历史交汇点，在比历史上任何时期更接近、更有信心和能力实现中华民族伟大复兴目标的同时，也面临着诸多新的挑战。国际力量对比发生深刻变化，大国战略博弈态势加剧，"逆全球化"现象引发的贸易保护主义在西方发达国家流行，部分国家在重大国际事务上采取单边主义行径，我国的经济社会发展正面临着世界百年未有之大变局。在新的国际国内发展形势下，把民族村寨旅游置于乡村振兴战略的进程下展开研究，有助于为铸牢中华民族共同体意识和为新形势下民族学、民族旅游学科建设添砖加瓦。

第二，有助于深化民族经济理论的相关研究。从党的十四大、十五大"优化产业结构"和"加强农业基础地位",到党的十六大提出"加快城镇化进程""统筹城乡经济社会发展",党的十七大又在此基础上提出了"建立以工促农,以城带乡长效机制,形成城乡经济社会发展一体化新格局"。党的十八大又进一步指出城乡一体化是解决"三农"问题的根本途径。党的十九大提出的乡村振兴战略是在总结既有经验的基础上,结合新时代要求,提出的更加全面、系统的解决"三农"问题的思路。目前国内关于民族地区乡村振兴的研究较少,本书在现有研究基础上,将乡村振兴与民族地区发展实际有机结合,有助于深化经济理论和民族政策的相关研究。

第三,有助于深入理解乡村振兴的内涵。乡村振兴战略提出以来,学者们以经济学、管理学、法学、社会学、地理学等学科知识为依托,从不同视角开展了相关研究。由于乡村振兴战略仍处于初步实施阶段,有关旅游与乡村振兴关联的研究还较少。本书尝试将民族村寨旅游置于乡村振兴进程中考察,促进乡村振兴战略对村寨旅游发展的理论引领和规范作用,有助于丰富乡村振兴的内涵。

第四,有助于深化民族村寨旅游的相关研究。民族村寨旅游发展已近三十年,但有关研究仅有十余年。目前将民族村寨旅游与民族地区农村发展进行关联研究的成果较少。民族地区乡村的振兴是产业、生态、文化、基层治理等多个层面的振兴,民族地区要通过发展村寨旅游来推动乡村振兴,则必须赋予村寨旅游新的内涵和内容,将乡村振兴的各项元素与民族村寨旅游有机融合,这将有助于丰富民族村寨旅游的内涵并深化相关研究。

（二）现实意义

第一,对维护民族地区的安定繁荣和顺利实现我国"两个一百年"目标具有现实意义。我国民族地区在军事上、政治上、文化上、生态上均具有重要的战略地位。然而,我国民族地区地理区位大多较为边远,生态环境较为恶劣,自然资源较为匮乏,社会发展相对滞后。民族地区的乡村振兴事关民族地区的安定繁荣,事关我国"两个一百年"目标顺利达成的大局,具有强烈的现实意义。

第二,对岷江上游羌族地区乡村振兴战略的全面实施具有一定的现实参考价值。随着农村扶贫攻坚、小康村建设、社会主义新农村建设、汶川特大地震灾后重建以及美丽乡村和精准扶贫工作的推进,岷江上游羌族地区的经济社会发展取得长足进步,农村面貌得到极大改善。但由于受历史、资源、环境等多方面的约束,与东部、中部地区相比,该区域农村发展仍相对滞后。旅游业具有产业关联度大、综合性强、贴近人民生活等产业特性，在促进资源整合、调整经济结构、稳定经济增长方面具有重要作用，是拉动经济发展的重要动力。岷江上游羌族村寨具有良好的旅游业发展基础，在资源、环境等条件的硬约束下，发展旅游业是促进乡村振兴的有效途径。在乡村振兴初步实施背景下，探索乡村振兴的旅游路径，对岷江上游羌族地区乡村振兴的全面实施具有一定的现实参考价值。

第三，对岷江上游羌族村寨旅游业的升级与可持续发展具有一定的现实指导意义。近20年来，岷江上游羌族村寨旅游业在取得较好的经济社会效益的同时，也暴露出一系列问题。面对产业、文化、生态、社会治理等方面的新要求，民族地区应该走怎样的村寨旅游发展之路，值得我们深思。同时，在海拔落差极大、地形地貌复杂且地质脆弱的岷江上游地区发展村寨旅游，以羌族地区社会主义现代化建设中具有的经济基础、文化特性、社会结构、气候、环境等方面的特殊现状，要想实现村寨旅游的有序发展，目前还无较多经验可循。本书通过深入的田野调查和实证研究，结合乡村振兴的宏观背景，综合运用各民族共同繁荣理论、乡村旅游理论、产业融合理论和中国当代产权理论，希望为岷江上游羌族地区村寨旅游的进一步发展提供学术思考。

第二节　相关学术研究综述

一、关于中国乡村的研究

（一）国外关于中国乡村的研究

1. 中国乡村政治研究

西方人类学、社会学者最早开始深入中国乡村社区调查。美国社会学家明恩溥（Arthur H. Smith）、葛学溥（Daniel H. Kulp Ⅱ）等对中国农村社会进行观察，出版有《中国村庄的生活：一个社会学研究》（*Village life in China: A study in sociology*）、《华南的乡村生活——广东凤凰村的家族主义社会学研究》（*Country life in south China: The sociology of familism Volume I. Phenix village, Kwantung, China*）等著作。裴宜理（Elezabeth J. Perry）在《华北的叛乱者与革命者：1845—1945》中，采用社会生态学和

结构论的方法揭示了地理环境对农民政治行为的影响。法国学者毕仰高（Lucien Bianco）从历史的角度讨论了自发的中国农民反抗的特征。

市场化和经济体制改革使中国的社会、经济结构与利益关系以及分配格局发生了重大变化。这一时期，国外学者对中国乡村的社会冲突进行了研究，内容涉及税费改革、选举、土地纠纷、公共服务等多个方面。戴瑞福（Ralph Thaxton）、古学斌（Hok Bun Ku）、麦宜生（Ethan Michelson）等研究了中国乡村社会冲突的特征、成因及化解机制。乡村利益主体的分化以及乡村问题复杂程度增加，农民的利益表达模式也发生较大改变。李连江、欧博文提出了"依法抗争"解释框架，指出农民积极运用国家法律和中央政策维护其政治权利和经济利益。

一些学者从国家与社会关系的角度来研究中国乡村政治。黄宗智（Philip C. Huan）运用国家-社会关系框架分析华北和长江三角洲农村社会政治变迁，并提出"过密化"和"第三领域"等分析性概念。杜赞奇（Prasenjit Duara）在分析华北农村基层组织转型时对"过密化"理论进行了修正。他认为中国农村基层政权在现代化社会改造中，没有协调好传统社会结构和现代化组织构造的关系，是造成其低效率的主要原因，又称"内卷化状态"[①]。此外，舒绣文（Vivienne Shue）运用"蜂窝结构"、萧凤霞（Helen F. Siu）运用"细胞化社区"等概念对中国乡村政治进行了探索。

2. 中国乡村经济研究

卜凯（John Lossing Buck）、瓦格纳（Wihelm Wagner）、理查德·亨利·托尼（Richard Henry Tawney）等较早关注中国乡村经济，出版有《中国农家经济》（*China farm economy*）、《中国的土地和劳动》（*Land and labour in China*）等著作。西方人类学家对中国乡村经济也进行了深入研究。弗里德曼（Maurice Freedman）对中国东南的宗族进行了大量研究，指出祖先认同与祖产维护、水稻种植与水利工程以及抵御强盗需要耗费大量的人力、物力，强调经济基础是宗族形成和产生分支的基础[②]。施坚雅（G. W. Skinner）运用中心地区理论（Central Place Theory）分析四川盆地的市场体系，认为集市是中国社会的基本单位，市场结构必然会形成地方性的社会组织[③]，通过一系列市

---

① 杜赞奇：《文化、权利与国家：1900—1942年的华北农村》，王福明译，江苏人民出版社，1996年，第5页。
② Freedman M. Lineage organization in southeastern China. London: Athlone, 1958: 129-131.
③ 施坚雅：《中国农村的市场和社会结构》，史建云、徐秀丽译，中国社会科学出版社，1998年，第1页。

场体系的运作以及农民、地主、士绅与商人的参与，将中国社会连接为一个整体①。

20世纪末，中国农村由计划经济向市场经济的转轨成为各国学者关注的重点，他们从政府、产业和技术等角度探讨中国乡村经济的现代化转型。戴慕珍（Jean C. Oi）认为地方政府的企业化是中国乡村经济迅速起飞的主要原因②。魏昂德（Andrew G. Walder）也有类似观点，他认为与高层政府相比，地方政府具有更大的动机和能力行使作为所有者的权益③。曾玛莉（Margherita Zanasi）认为中国乡村经济现代化转型的关键是要建立一个以乡村为基础的工业化模型④。罗思高（Scott Rozelle）、黄季焜（JiKun Huang）、大塚启二郎（Keijiro Otsuka）等共同讨论了技术、市场、土地等对中国农民生计的影响，认为乡村的发展不仅需要农业技术和生产效率的提高，政府在基础设施方面的投资尤为关键⑤。

3. 中国乡村文化研究

早期的西方人类学者受达尔文物种进化论影响，将习俗、信仰与西方人截然不同的人群称为"他者"。"中国人"和中国乡村文化作为"他者"和"异文化"则是其研究的重点之一，如弗雷泽（James George Frazer）的《金枝》。1930年，燕京大学李景汉开展了有名的定县调查，对农民生活、传统和风俗的考察是其17个调查专题的重要内容之一，其调研内容被甘博（Sidney David Gamble）译成英文发表，标题为 *Ting Hisen: A north China rural community*。

20世纪60年代后期，受象征主义影响，"汉人民间宗教"成为西方人类学者关注的重点，他们力图从信仰、仪式与象征体系中发掘中国文明与社会结构的模式，如波特（Jack M. Potter）的《资本主义和中国农民》（*Capitalism and the Chinese peasant*）、焦大卫（David Jordon）的《神、鬼与祖先》

---

① Skinner G. W. Marketing and social structure in rural China. Journal of Asian Studies, 1964, 24 (1): 1–43.

② Jean C. Oi. Rural China takes off: Institutional foundations of economic reform. Berkeley: University of California Press, 1999: 1.

③ Walder G. Andrew. Local government as industrial firms. American Journal of Sociology, 1995: 270.

④ Margherita Zanasi. Far from the treaty ports: Fang Xianting and the idea of rural modernity in 1930s China. Modern China, 2004, 30 (1): 113–146.

⑤ Scott Rozelle, Jikun Huang, Keijiro Otsuka. The engines of a viable agriculture: Advances in biotechnology, market accessibility and land rentals in rural China. The China Journal, 2005 (53): 81–111.

（God, ghosts and ancestors）、芮马丁（Emily Martin Ahern）的《一个中国村庄的死人信仰》（The cult of the dead in a Chinese village）等。

1978年，改革开放政策的施行为西方学者研究中国乡村文化和社会提供了便利。大批的西方学者进入中国乡村进行田野调查，他们用象征主义、结构主义、社会生物学、文化生态学、后现代主义、女性人类学等理论来解释和结构中国乡村社会与文化。相关研究专著相继出版，如郝瑞（Stevan Harrell）的《犁铧村》（Ploughshare village），桑高仁（Paul Steven Sangren）的《一个中国社区的历史和神秘力量》（History and magical power in a Chinese community），黄树民的《林村的故事：一九四九年后的中国农村变革》，王斯福（Stephen Feucht Wang）的《帝国的隐喻：中国民间宗教》，詹姆斯·海耶斯（James Hayes）的《中国南方村庄文化》（South China village culture），詹姆斯·华生和鲁比·华生（James L. Watson, Rubie S. Watson）的《香港村庄生活》（Village life in HongKong），丁荷生（Kenneth Dean）的《中国东南的道教仪式和民间信仰》（Taoist ritual and popular cults of south east China）等。

（二）国内关于中国乡村的研究

1. 毛泽东农村工作调查和中国共产党早期农村工作理论与实践探索

为了认清中国的具体国情，探寻中国革命的正确道路，毛泽东广泛开展农村调查，著有《湖南农民运动考察报告》《寻乌调查》《兴国调查》《才溪乡调查》《长岗乡调查》等多个调查报告，对调查区域的商业、土地关系、土地斗争、阶级状况等进行细致考察。毛泽东对农村的调查是运用马克思列宁主义阶级分析观点与方法，正确分析中国农村的社会阶级结构，并据此在根据地提出和实施以土地革命为中心的农村社会变革的纲领与方针，因而动员了全国成千上万农民拥护并参加革命，闯出了一条"以农村包围城市"的中国革命道路，并在全国取得了胜利。在解放战争及新中国成立初期，中国共产党在解放区和全国进行了土地改革、划分阶级等工作，在此基础上推进农业、手工业合作化和资本主义工商业改造，从而建立起社会主义经济制度的基础。可以说，毛泽东与中国共产党关于乡村的理论与实践是民国以来对中国农村影响最为深远的、极大地解放了农村生产力的农村工作理论与实践。

2. 民国乡村建设研究与实践

晚清以降，"以农为本"的传统中国社会在西方资本主义冲击下逐渐解体。

"改造乡村，改造中国"成为近代知识分子重构中国农村社会的基本共识，其中以梁漱溟、晏阳初、卢作孚、费孝通等人的乡村建设研究最具代表性。

梁漱溟认为"中国的问题在其千年相沿袭之社会组织构造既已崩溃，而新者未立"①，中国的农村问题源于"文化破坏""教育不兴"。"创造新文化，救活旧农村"②是解决中国农村问题的主要办法，也是中国的出路所在。晏阳初认为中国的经济、政治、人口等基础在乡村，造成"民族衰老、民族堕落、民族涣散"③历史局面的主要原因是中国农民普遍存在"愚""贫""弱""私"四大病症。对此，晏阳初提出了以"文艺教育""生计教育""卫生教育""公民教育"等教育内容，以"学校式""家庭式""社会式"等方式为主体的乡村建设理论，希望以"乡村建设"促进"民族再造"。"乡村现代化"是卢作孚乡村建设思想的核心，其主要路径是兴办实业推动乡村经济发展，以城带村、以工促农，同时大力兴办文化和公共事业，把整个社会造成一个教育的环境、文化的环境④。20世纪40年代前后，著名社会学家费孝通从社会学领域对近代中国乡村建设问题进行深入研究。他在进行大量田野调查的基础上提出，中国的土地制度紧紧地束缚了农村人口，使其丧失了活力，农村文化处于僵化状态，认为"中国农村的真正问题是人民的饥饿问题"，"增加农民收入"才是"最终解决中国土地问题的办法"，"恢复农村企业是最根本的措施"⑤。因此，费孝通从经济建设出发，提出了以"乡土工业"为核心内容的农村重建方案，重在解决农民的生活问题。

民国时期乡村建设运动的兴起是当时政治经济危机的产物，其主要回答的是乡村如何发展的问题，且这种"发展"多具社会转型意味，试图通过乡村的改造来挽救民族于危亡，通过解决乡村的问题来促进中国问题的解决。但在彼时特殊的政治经济环境下，乡村建设的研究及实践都存在着一定的局限，未能成为乡村建设实践者们所期望的解决近代中国问题的根本之路。

3. "三农"问题的相关研究

学界对"三农"问题的关注始于20世纪80年代中期，大致可分为四个阶段。20世纪80年代中期到90年代初，学界关注的重点是乡镇企业发展、农

---

① 梁漱溟：《乡村建设理论》，商务印书馆，2015年，第23页。
② 中国文化书院学术委员会：《梁漱溟全集（第一卷）》，山东人民出版社，1990年，第614页。
③ 宋恩荣：《晏阳初全集（第一卷）》，湖南教育出版社，1992年，第294页。
④ 苟翠屏：《卢作孚、晏阳初乡村建设思想之比较》，《西南师范大学学报（人文社会科学版）》，2005年第31期，第129—133页。
⑤ 费孝通：《江村经济（中国农民的生活）》，戴可景译，江苏人民出版社，1986年，第202页。

民收入、农村体制改革与深化等问题；20世纪90年代中期到20世纪末，学界重点关注区域扶贫、乡镇企业、农民工、农民负担等问题；21世纪初到2012年，学界重点关注小康建设、农村城镇化、对口支援、农民减负、扶贫等问题；2012年至今，学界主要关注精准扶贫、美丽乡村建设、乡村振兴等问题。

（1）"三农"问题的表现。

20年代80年代中后期，农村在快速发展的同时，也开始显现出系列问题，有学者直言"农民真苦，农村真穷"[①]。"三农"问题最突出的矛盾是农民收入增长缓慢、收入低，农民生存压力大[②]，农民就业渠道狭窄，城乡居民收入与消费差距不断拉大[③]。在农民增收困难的同时，他们的生活保障也存在严重问题，农村医疗、教育、环境、卫生等资源配置不平衡。有学者进一步指出，农民问题说到底是生存权和发展权的问题[④]，如劳动待遇、社会资源享有程度、政治权利发挥等方面与城市居民差别较大[⑤]。农业基础薄弱、经营规模小、组织化程度低，农业经济处于简单的再生产状态，农业弱质化现象明显[⑥]。

进入21世纪以来，随着社会经济的发展、人口增长、消费结构改变，我国"三农"问题又表现出一些新的现象。李培林提出"农民工、失地农民和农业村落的终结"的"新三农"问题[⑦]。温铁军等认为新时期"三农"问题应该聚焦农民权益保护、农村可持续稳定与农业生态安全，更加关注农民的主体地位、乡村基层治理以及农业现代化、资本化内生的负外部性[⑧]。项继权、周长苏认为随着农村人口向城市转移，"三农"问题主要表现为土地撂荒、农村空心化、农民工融入城市难等问题[⑨]。

---

① 陆学艺：《"农民真苦，农村真穷"？》，《读书杂志》，2001年第1期，第3页。
② 吴靖、罗海平：《我国现阶段"三农"问题的成因、性质与对策研究——基于农民组织化的重新审视》，《中国软科学》，2009年第3期，第18页。
③ 余朝晖、曹筱春：《"三农"问题的主要表现、基本成因和根本对策》，《宜春学院学报》，2004年第1期，第36页。
④ 王云坤：《"三农"问题的表现、成因及总体解决思路》，《红旗文稿》，2005年第5期，第7页。
⑤ 牛若峰：《中国的"三农"问题：回顾与反思》，《古今农业》，2003年第4期，第1—11页。
⑥ 高汝熹、张国安、陈志洪：《关于中国"三农"问题的思考》，《上海经济研究》，2001年第2期，第4页。
⑦ 李培林：《全球化与中国"新三农问题"》，《福建行政学院福建经济管理干部学院学报》，2006年第2期，第5页。
⑧ 温铁军、孙永生：《世纪之交的两大变化与三农新解》，《经济问题探索》，2012年第9期，第10—14页。
⑨ 项继权、周长友：《"新三农"问题的演变与政策选择》，《中国农村经济》，2017年第10期，第13页。

(2)"三农"问题的成因。

对"三农"问题产生的原因,学界更多地从制度的角度进行分析。城乡分割对立的二元社会经济结构是制约"三农"问题的主要矛盾之一,"三农"问题的病根是城乡二元结构①。在这种"城乡分治、一国两策"的体制下,城乡、工农被区别对待,严重阻碍了农村剩余劳动力的非农化转移,使农村产业结构调整缓慢、升级换代滞后,使政府制度供给在农村经济运行中严重短缺,加剧了农业比较利益的低下与流失②。

(3)"三农"问题的解决路径。

从制度角度破解"三农"问题是学界关注的重点。改革城乡分治的户籍制度、破除城乡二元社会结构体制,可以使农民在公共教育、就业、社会保障、公共服务、公共财政等方面享有平等权利③。实施城乡一体化的工农协调发展战略,可以促进城乡优势互补、分工合作,实现一、二、三产业联动④。要构建农村市场经济体制,解决要素化市场问题,由市场来配置土地、人力资源、资金,特别是要积极稳妥地创新土地产权制度,让农户对土地拥有租赁权、入股权、抵押权和继承权,确保农民对土地的长期收益权⑤。

此外,学者们还从城市化、现代化、挖掘乡村文化、产业结构调整、基础设施建设等角度就如何破解"三农"问题进行了探讨⑥。

4. 关于岷江上游羌族乡村的研究

20世纪30年代到60年代初期,学者们就从政治、经济、社会、民俗、宗教等多个方面对岷江上游羌族乡村进行了研究,形成了《羌戎考察记》《羌民之经济活动形式》《理番县羌戎之组织与生活》《羌民的习俗与宗教》等一批重要的早期研究成果。20世纪80年代,关于岷江上游羌族乡村的研究进入新的里程,冉光荣、李绍明等编著的《羌族史》、马长寿的《氐与羌》、任乃强的

---

① 陆学艺、杨桂宏:《破除城乡二元结构体制是解决"三农"问题的根本途径》,《中国农业大学学报(社会科学版)》,2013年第3期,第5页。
② 冯继康、李岳云:《"三农"难题成因:历史嬗变与现实探源》,《中国软科学》,2004年第9期,第1—9页。
③ 马宝成:《中国三农问题:现状与未来》,《山东社会科学》,2005年第10期,第122页。
④ 吴晓娟:《"三农"问题:现状、原因及政府相关政策选择》,《农业经济问题》,2003年第7期,第18页。
⑤ 吴靖、罗海平:《我国现阶段"三农"问题的成因、性质与对策研究——基于农民组织化的重新审视》,《中国软科学》,2009年第3期,第22页。
⑥ 叶敬忠:《"三农问题":被夸大的学术概念及其局限》,《东南学术》,2018年第5期,第112—123页。

《羌族源流探索》、四川省社会科学院编写的《羌族社会历史调查》等重要学术专著相继问世。基于与本研究的相关性，本书主要梳理近年来有关岷江上游羌族乡村治理、经济发展、文化等方面的研究成果。

乡村治理方面。徐平通过对羌村的社会学调查指出，以血缘关系为基础，加上衍生的地缘关系和外来行政关系，构成了羌村乡土社会基本的社会结构[①]。韩伟考察了茂县雅都乡大寨村灾后重建过程，认为必须从制度设计上保障村寨居民主动参与村寨建设的基本权利和利益[②]。辛允星对平坝羌寨旅游开发和灾后重建进行考察，发现震后地方民众的权利意识和自主观念增强，其政治抗争策略呈现"精致化"趋势[③]。邝良峰、陈书羲将民间信仰与乡村治理理论结合起来，从政治学的角度探讨了羌族乡村治理过程中民间信仰现代化的具体路径[④]。

经济发展方面。郑长德、刘晓鹰等编著的《民主改革与四川羌族地区经济发展研究》对四川羌族地区民主改革前后的经济、产业进行了较为系统的研究[⑤]。蒋彬运用人口结构的相关理论和方法，系统地考察了汶川县巴夺寨的人口结构，并对其与社会经济发展的关系进行了初步的探讨[⑥]。沈茂英较早地关注了岷江上游羌族乡村聚落生产生活方式的变化，认为传统农业在农户家庭经营中的地位逐步下降，非农业收入比重逐步上升[⑦]。羌族村寨灾后重建过程中的经济发展是学者们关注的热点。王东从国家—社会视角对汶川县雁村进行考察，认为经济体系的重建是整个社会体系重建的基础[⑧]。中央民族大学教授罗莉主编的《坪头村调查：羌族》，通过对坪头村的制度变迁、产业、政策、资源、文化等方面的考察，就其如何利用资源优势，打造"坪头模式"、发展灾

[①] 徐平：《乡土社会的血缘关系——以四川省羌村调查为例》，《中国农业大学学报（社会科学版）》，2007年第2期，第16页。

[②] 韩伟：《参与式灾后重建的实践和思考——以四川省茂县雅都乡大寨村灾后重建调查为例》，《农村经济》，2009年第10期，第46页。

[③] 辛允星：《"捆绑式发展"与"隐喻型政治"对汶川地震灾区平坝羌寨的案例研究》，《社会》，2013年第3期，第182页。

[④] 邝良峰、陈书羲：《羌族民间信仰的乡村治理价值研究》，《阿坝师范学院学报》，2020年第3期，第13—23页。

[⑤] 郑长德、刘晓鹰：《民主改革与四川羌族地区经济发展研究》，民族出版社，2007年，第1页。

[⑥] 蒋彬：《当代羌族村寨人口结构考察——以巴夺寨为例》，《西南民族大学学报（人文社科版）》，2004年第11期，第15—19页。

[⑦] 沈茂英：《中国山区聚落持续发展与管理研究》，中国科学院研究生院（成都山地灾害与环境研究所），2005年，第2页。

[⑧] 王东：《国家—社会视角下羌族村庄经济转型研究——以汶川县雁村为个案》，中央民族大学，2011年，第2页。

后经济进行了探讨①,是近年来对羌族村寨经济研究较为细致的成果。

文化方面。蒋彬主编的《民主改革与四川羌族地区社会文化变迁研究》揭示了民主改革对羌族地区制度统一、思想解放及文化发展等方面的深远影响②。徐平③、郑瑞涛④对小农经济向市场经济转型过程中,羌村的社会关系、民族文化嬗变做了详细研究。灾后重建过程中羌族乡村文化的保护与传承是学界关注的重点。徐学书、喇明英等对羌族特色文化资源体系及其保护与利益进行了系统、综合研究,就如何促进国家级羌族文化生态保护区建设、提高羌族特色文化保护与利用水平进行了深入探讨⑤。喇明英指出羌族村寨的建设要重视建筑与文化的关系,克服重居住功能而忽视文化功能的倾向⑥。王海燕对理县盘沟村的城镇化历程进行了考察,认为岷江上游羌族乡村在现代化城镇化过程中要注重发挥地方传统知识的作用,避免民族文化与主体的缺失⑦。

二、关于乡村振兴的研究

(一) 关于乡村振兴的理论研究

1. 乡村振兴的必要性

当前我国乡村发展不充分和城乡发展不平衡的客观现实要求实施乡村振兴战略。一是从城乡发展的角度来看,我国农村发展不充分,城乡发展不均衡⑧,村寨的不断消失或空心化,城乡发展不平衡,区域差距扩大等问题突出⑨。二是从产业的角度来看,我国农村农业生产要素高速非农化、农村社会

---

① 罗莉:《坪头村调查:羌族》,中国经济出版社,2014年,第1—5页。
② 蒋彬:《民主改革与四川羌族地区社会文化变迁研究》,民族出版社,2007年,第1页。
③ 徐平:《文化的适应和变迁:四川羌村调查》,上海:上海人民出版社,2006年,第4页。
④ 郑瑞涛:《羌族文化的传承与嬗变》,中央民族大学,2010年,第1页。
⑤ 徐学书、喇明英:《羌族特色文化资源体系及其保护与利用研究》,民族出版社,2015年,第4—7页。
⑥ 喇明英:《羌族村寨重建模式和建筑类型对羌族文化重构的影响分析》,《中华文化论坛》,2009年第3期,第111页。
⑦ 王海燕:《从"共同体"到"集合体":岷江上游羌村"城镇化"进程的省思》,《青海民族研究》,2018年第29期,第82页。
⑧ 康永征、薛珂凝:《从乡村振兴战略看农村现代化与新型城镇化的关系》,《山东农业大学学报(社会科学版)》,2018年第1期,第10页。
⑨ 吴晓萍:《论乡村振兴战略背景下民族地区的乡村建设与城乡协调发展》,《贵州师范大学学报(社会科学版)》,2017年第6期,第55页。

主体过快老弱化、农村人口结构失衡[1]，集体经济式微与农村社区经济基础的弱化[2]，极大地限制了农村产业的发展。三是从生态环境的角度来看，农村环境凋敝落后[3]，农村建设用地日益空废化、农村水土环境严重损坏，这与全面建成小康社会的目标背道而驰，极大地限制了广大农民对美好生活的追求。四是从乡村治理的角度来看，当前我国农村存在人口流动性大、乡村空巢化、农村社区共同价值观淡化、社区边界的扩张与行政化加剧等现象，乡村文化及民族文化的不断削弱、村寨社区认同弱化和离心力越来越强，这些都加剧了基层治理的难度。

2. 乡村振兴战略的实施基础

我国的综合经济实力持续提高和脱贫攻坚工作为乡村振兴奠定了经济基础。脱贫攻坚改善了乡村基础设施和公共服务，提升了乡村发展能力，完善了乡村治理体系[4]，为乡村振兴打下了坚实基础。新型城镇化通过促进城乡资源要素自由流动，合理配置和引导人才、资源技术等延伸至农村[5]，带动乡村发展；通过推进城乡一、二、三产业的融合，实现乡村深度变革[6]，成为乡村振兴的重要驱动力量。

3. 乡村振兴的顶层设计

有序推进乡村振兴要理清其基本方向、发展目标和总体要求，"坚持农业农村优先发展"是方向，"推进农业农村现代化"是目标，"产业兴旺、生态宜居、乡风文明、治理有效、生活富裕"是总体目标[7]。乡村振兴要注重其整体性。乡村振兴不仅仅是实现农业现代化，还包括农村现代化；不仅仅包括产业的振兴，而且也是文化的振兴、教育卫生事业的大力发展、乡村社会的有效治

---

[1] 郑小玉、刘彦随：《新时期中国"乡村病"的科学内涵、形成机制及调控策略》，《人文地理》，2018年第2期，第101页。

[2] 陶元浩：《近代中国农村社区转型中的两次"相对性衰落"》，《江西社会科学》，2018年第3期，第127页。

[3] 郭园庚、鲁俊辉：《准确把握当前乡村发展难题深刻理解乡村振兴战略的目标和任务》，《经济论坛》，2018年第2期，第75页。

[4] 左停、刘文婧、李博：《梯度推进与优化升级：脱贫攻坚与乡村振兴有效衔接研究》，《华中农业大学学报（社会科学版）》，2019年第5期，第21页。

[5] 李梦娜：《新型城镇化与乡村振兴的战略耦合机制研究》，《当代经济管理》，2019年第5期，第10页。

[6] 苗国强：《乡村振兴与新型城镇化、工业化融合对策研究——以河南省为例》，《当代经济管理》，2019年第5期，第119页。

[7] 蒋永穆：《基于社会主要矛盾变化的乡村振兴战略：内涵及路径》，《社会科学辑刊》，2018年第2期，第16页。

理、居民生态宜居、环境优美等①，打造乡村美农民富的新时代新农村，让乡村成为人们向往的美好家园，让城镇化成为记得住乡愁的城镇化，让现代化成为有根的现代化②。

（二）有关民族地区乡村振兴战略初步实施的研究

贫困问题是制约民族地区经济和社会发展的重要因素，打赢脱贫攻坚战是实施乡村振兴战略的前提与基础。受自然条件、发展基础、社会发育程度和市场环境等多种因素制约，少数民族地区经济发展较为缓慢、社会发展较为滞后③。民族地区需要通过多维识别贫困人口、多维帮扶贫困对象、多力协作扶贫管理、多维考核脱贫成效以实现其稳定脱贫④。民族地区乡村振兴要注重生态扶贫与生态开发、传统牧业与现代农牧业、民族文化与现代科学文化、东部沿海地区与民族贫困地区的深度衔接⑤，注重多元参与主体的相互协同，发挥各主体在资本、信息、资源、技术等方面的优势⑥，通过生态搬迁、发展绿色生态农业、旅游扶贫、发展民族文化产业等途径实现民族地区的乡村振兴⑦。

乡村治理是民族地区乡村政治建设的重要内容，是乡村振兴的基础前提和制度保障。当前民族地区面临着社会阶层的分化、城镇化进程中乡村的衰落、村民自治参与度低等乡村社会治理的实践障碍⑧，乡村治理面临着组织、发展、文化和激励等方面的困境⑨。提升民族地区乡村治理要加强农村基层党建、重视人才队伍建设、深化村民自治、推进法治建设、提升德治水平，构建

---

① 郭晓鸣、张克俊、虞洪等：《实施乡村振兴战略的系统认识与道路选择》，《农村经济》，2018年第1期，第13页。

② 彭万勇、王竞今、金盛：《中国"三农"发展与乡村振兴战略实施的四重维度》，《改革与战略》，2018年第5期，第56页。

③ 郭纹廷：《乡村振兴背景下西部民族地区脱贫攻坚的路径优化》，《中南民族大学学报（人文社会科学版）》，2019年第3期，第163页。

④ 杨帆、徐伍达：《乡村振兴背景下少数民族地区贫困治理的新思路》，《山西农业大学学报（社会科学版）》，2018年第17期，第11页。

⑤ 雷兴长：《民族贫困地区脱贫攻坚与乡村振兴的深度衔接研究》，《兰州财经大学学报》，2019年第2期，第83页。

⑥ 李军、龚锐、向轼：《乡村振兴视域下西南民族村寨多元协同反贫困治理机制研究——基于第一书记驻村的分析》，《西南民族大学学报（人文社会科学版）》，2020年第1期，第194页。

⑦ 李硕：《西部民族地区乡村振兴的困境、原因及对策》，《区域金融研究》，2018年第8期，第85页。

⑧ 季晨、周裕兴：《乡村振兴背景下少数民族农村社会治理面临的新问题及应对机制》，《贵州民族研究》，2019年第4期，第29页。

⑨ 朱华丽：《乡村振兴战略下广西边境民族地区实现乡村治理有效研究》，《广西社会主义学院学报》，2019年第1期，第94页。

现代乡村社会治理体制[①]。同时，要注重发掘传统乡村治理的制度性资源在文化传承与保护、完善"三治"相结合的治理体系、促进乡村经济和治理体系现代化方面的独特价值[②]，整合诸如长老组织、寨老组织、头人组织[③]、村寨能人[④]等传统社会组织的力量，通过多元协同治理，促进乡村良治。

丰富多样的文化是民族地区的优势资源，在民族地区乡村振兴战略的推进中要充分发挥民族文化的基础性与战略性作用，依托优秀传统文化促进经济发展、坚定文化自信，以振兴优秀传统文化为主线推动乡村振兴战略[⑤]。同时，要认识到当前民族地区文化振兴在资源投入、人才培养、陋习破除、传承保护、融合发展方面存在的现实困难。在乡村振兴战略推进过程中，要正确处理好"传统"与"现代"的关系，做到"扬"与"弃"的有机统一[⑥]，运用"文化+"思维，积极发展壮大民族文化产业、加强民族地区乡村文化人才队伍建设、建立健全乡村文化振兴保障机制，用乡村文化振兴推进乡村振兴战略目标的实现[⑦]。

（三）有关岷江上游羌族地区乡村振兴战略及其初步实施的研究

乡村振兴战略提出以来，学界对岷江上游羌族地区乡村振兴战略及其初步实施给予了必要的关注，关注点主要集中在产业发展与文化传承保护方面。

学者们对岷江上游乡村产业振兴的关注主要集中在发展旅游产业、促进产业融合方面。张莞对羌族地区旅游产业融合进行了系统分析，对羌族地区旅游产业振兴提出了建议[⑧]。徐顽强等认为乡村振兴战略的提出为阿坝州文化资源开发利用带来了全新机遇，通过分析区域文化产业发展现状，从产业结构、产

[①] 管前程：《乡村振兴背景下民族地区村庄治理的发展走向》，《贵州民族研究》，2019年第2期，第50—55页。

[②] 刘超、唐婷：《乡村振兴中民族地区乡村治理的传统制度性资源：价值、困境与转型路径》，《四川行政学院学报》，2019年第1期，第53页。

[③] 廖林燕：《乡村振兴进程中"直过"民族传统社会组织的创造性转化研究》，《西南民族大学学报（人文社会科学版）》，2018年第10期，第208页。

[④] 张中奎：《乡村振兴背景下民族村寨治理权威嬗变与能人权威的兴起》，《广西民族研究》，2019年第2期，第83页。

[⑤] 朱玉福、廉潘红：《论传统文化在人口较少民族地区乡村振兴中的作用——以西藏边陲南伊珞巴民族乡才召村珞巴族文化为例》，《西藏民族大学学报（哲学社会科学版）》，2019年第1期，第95页。

[⑥] 李军、龚锐、罗永常：《乡村振兴视域下民族文化何以影响民族经济——基于贵州南脑村的调研》，《原生态民族文化学刊》，2019年第5期，第77页。

[⑦] 毕晓红、杨欢、杨琴等：《民族地区乡村文化振兴面临的困难与对策探析——以云南省为例》，《云南农业大学学报（社会科学）》，2019年第6期，第55页。

[⑧] 张莞：《羌族地区旅游产业融合发展研究》，西南民族大学，2019年，第1页。

品创新、人才培养、运行机制等方面提出了振兴文化产业的策略[①]。肖怡然等通过对阿坝州产业结构、就业结构及三次产业结构偏离度的分析发现，推进旅游产业振兴是转移区域农村剩余劳动力的有效途径[②]。

非物质文化遗产的保护与传承是学界关注的另一重点。陈家明等认为，少数民族传统体育文化在乡村振兴中发挥着重要作用，有助于增强人们的文化自信、增强民族认同、优化乡村治理[③]。刘超从人类学的角度对松潘县小姓乡"毕曼"歌节进行考察，认为依托非物质文化遗产资源打造村寨文化品牌，是乡村文化振兴的重要路径[④]。传承人是非物质文化遗产传承的主体，在乡村振兴战略实施过程中，借助传承人在乡村社会的影响力，不仅能够促进地方文化的传承与发展，还能与产业、生态、乡村治理等形成良好互动[⑤]。

除产业与文化，学者还从脱贫攻坚[⑥]、生态建设[⑦]、传统村落运行[⑧]、民间信仰与村治[⑨]等角度对岷江上游乡村振兴战略的初步实施进行了探讨。

三、关于民族村寨旅游的研究

（一）国外民族村寨旅游的相关研究

1. 旅游与原著社区经济发展

Dyer 等通过对澳大利亚雅加布卡（Djabugay）土著人的调查，认为由于

[①] 徐顽强、任勇俊：《乡村振兴战略下阿坝州旅游文化资源保护与开发探析》，《阿坝师范学院学报》，2019年第1期，第58页。

[②] 肖怡然、李治兵、董法尧：《乡村振兴背景下民族地区农村剩余劳动力就业问题研究》，《农业经济》，2019年第9期，第69页。

[③] 陈家明、蒋彬：《少数民族传统体育融入乡村振兴路径研究——以川西北地区为例》，《云南民族大学学报（哲学社会科学版）》，2020年第4期，第62页。

[④] 刘超：《非物质文化遗产与乡村文化振兴：松潘小姓乡"毕曼"歌节的人类学研究》，《阿坝师范学院学报》，2018年第4期，第22-26页。

[⑤] 刘超：《乡村振兴背景下羌族非物质文化遗产传承人现状调查研究》，《阿坝师范学院学报》，2020年第3期，第11页。

[⑥] 耿静：《兜底扶贫成效探析——基于高山羌寨扶贫户的个案考察》，《民族学刊》，2020年第1期，第44页。

[⑦] 何星：《乡村振兴背景下民族地区旅游扶贫中的生态化建设——以阿坝州为例》，《云南民族大学学报（哲学社会科学版）》，2019年第2期，第73页。

[⑧] 黄利利：《羌族传统村落类型、分布与运行研究》，西华师范大学，2018年，第1页。

[⑨] 邝良峰、陈书羲：《羌族民间信仰的乡村治理价值研究》，《阿坝师范学院学报》，2020年第1期，第13页。

经济基础差、缺乏资金投入，旅游业的经济收益很大部分被外来投资者获取，土著人获得的收益很少[1]。Sumana 认为民族旅游的发展对印度拉贾斯坦邦（Rajasthan）偏远落后地区的经济增长、减贫、就业起到了重要作用，但在经济社会发展的同时要解决因旅游发展而生的系列问题[2]。Kayoko Ishii 等对泰国山地部落的旅游发展进行了研究，认为民族旅游提高了当地少数民族社区的收入[3]。Mohd 等对马来西亚贫困社区旅游发展进行了研究，认为民族地区的自然资源和文化资源可以开发成旅游产品，并提出通过对原著居民加强旅游职业教育的方式来减缓社区的贫困[4]。

2. 旅游与原著社区生态环境变化

Wall 指出大量旅游接待设施的建设占据了大片有价值的农田，消耗了大量的水资源，农田减少，灌溉能力降低，以自然资源为基础的生存产业受到影响[5]。Mervi 对芬兰别居旅游进行了分析，认为住房、生活、海岸线建筑物对乡村的生态环境和景观可持续发展影响非常明显[6]。民族旅游发展对环境影响不全是消极的。Garcia 等认为乡村旅游发展比较关注周围环境，会尽量维护乡村景观，增加环境的美学价值，在一定程度上可以改善乡村环境[7]。Beunen 等认为在环境承受范围内的少量游客活动并不会引发环境问题，只有游客数量超过了环境的可承受范围，才会造成不可恢复的破坏[8]。

3. 旅游与原著社区文化变迁

Jamison 以马林迪（Malindi）沿海地区民族旅游为例，指出旅游在社区成

---

[1] Dyer P, Aberdeen L, Schuler S. Tourism Impacts on an Australian indigenous community：A Djabugay case study. Tourism management, 2003, 24 (1)：83－95.

[2] Sumana V Pandey. Impact of tourismon rural life. World Leisure Journal, 2006, 48 (4)：42－52.

[3] Kayoko Ishii. The impact of ethnic tourism on hill tribes in Thailand. Annals of Tourism Research, 2012, 39 (1)：290－310.

[4] Mohd Yusop A. B Hadi, Rohayu Roddin, Abdul Rasid Abdul Razzaq, et al. Poverty eradication through vocational education (Tourism) among indigenous people communities in Malaysia：pro-poor tourism approach (PPT). Procedia-social and behavioral sciences, 2013 (93)：1840－1844.

[5] Wall G. Perspectives on tourism in selected Balinese village. Annals of Tourism rescearch, 1996, 23 (1)：123－137.

[6] Mervi J Hiltunen. Environmental impacts of rural second home tourism—Case Lake District in Finland. Scandinavian Journal of Hospitality and Tourism, 2007, 7 (3)：243－265.

[7] Garcia-Ramon M D, Canoves G, Valdovinos N. Farm tourism, gender and the environment in Spain. Annals of Tourism Research, 1995, 22 (2)：267－282.

[8] Beunen R, Regnerus H D, Jaarema C F. Gateways as a means of visitor management in national parks and protected areas. Tourism Management, 2008, 29 (1)：138－145.

员的身份认同中扮演了重要角色①。Seija 对萨米人（Sami）在旅游中的行为进行了研究，认为萨米人在积极参与旅游发展的过程中已经熟知旅游者的需求和自己应该扮演的角色，通过旅游发展来进行文化重建和强化族群认同②。旅游作为一种涵化形式，会使东道主地区的文化发生变迁。Evans 对波尔多瓦拉塔旅游胜地的社区进行适应性策略考察，发现通晓两种语言的文化经济人和常住游客的存在是加速当地文化变迁的重要因素③。Grunewald 以巴西塞古鲁港的帕塔修族（Pataxó）印第安人为例，指出东道主的文化变迁主要体现在为满足游客需求而进行的舞台化商业性展示方面④。

4. 旅游与社区管理

Frederic 等通过对柬埔寨拉达那基里省（Ratanakiri）的旅游研究发现，旅游发展加速了偏远地区价值交换与行为习惯的变化，进而使这些地方出现人口减少、土地减少、社区结构腐化、债务危机、卖淫以及人口贩卖等问题⑤。Lawson 等运用社会承载理论对新西兰 10 个小镇的旅游进行了研究，表明处于发展初期或中期的旅游地的居民获益较高，随着旅游的进一步发展，当地居民的获益感知逐渐下降⑥。Katherine 对加拿大不列颠哥伦比亚省的吉塔嘉特人（Gitga'at）社区的旅游进行调查，指出资源由当地原著居民掌握并管理、公平分配各种利益、强调环境和文化的可持续性是社区有序发展的三个原则⑦。

---

① Jamison D. Tourism and ethnic, the brotherhood coconuts. Annals of tourism research, 1999, 26 (4): 944-967.

② Seija Tuulentie. The Dialectic of identities in the field of tourism. The Discourses of the Indigenous Sámi in Defining their own and the Tourists' identities. Scandinavian Journal of Hospitality and Tourism, 2006, 6 (1): 25-36.

③ Evans N H. Tourism and cross cultural communication. Annals of tourism research, 1976, 3 (4): 189-198.

④ Grunewald R D A. Tourism and cultural revival. Annals of tourism research, 2002, 29 (4): 1004-1021.

⑤ Frederic Thomas, Aarti Kapoor, Phi Marshall. Tourism development and behavioral changes: evidence from Ratanakiri province, kingdom of Cambodia. Journal of Tourism and Cultural Change, 2013, 11 (3): 208-219.

⑥ Lawson R W, Williams J, Young T, et al. A comparison of residents towards tourism in 10 New Zealand destinations. Tourism Management, 1998, 19 (3): 247-256.

⑦ Katherine L Turner, Fikret Berkes, Nancy J Turner. Indigenous perspectives on ecotourism development: a British Columbia case study. Journal of Enterprising Communities: People and Places in the Global Economy, 2012, 6 (3): 213-229.

（二）国内关于民族村寨旅游的研究

1. 旅游与民族村寨产业发展

村寨旅游的发展促使民族村寨经济结构的改变和少数民族群众生活方式的转变。村寨旅游业的发展改变了村寨的经济类型，旅游经济与农业经济、手工经济、商贸经济、林业经济、畜牧业经济是当前我国旅游村寨普遍存在的几种经济形式[①]。付保红、徐旌对西双版纳勐罕镇曼春满村寨旅游发展进行了研究，发现在旅游发展的过程中，当地传统产业逐渐减少，旅游业逐渐成为家庭经济收入的主要来源，村民的思想意识等方面受到外来者的影响，在人际关系中融入了经济因素和竞争意识[②]。薛玉梅等对西江千户苗寨的旅游发展进行了分析，发现旅游发展使村寨居民的经济价值观发生变化，形成了既有别于儒家传统价值观又不完全等同于市场经济价值观、道德经济价值观的独特的经济价值观[③]。

2. 旅游与民族村寨文化传承与保护

旅游的发展对民族村寨社会文化产生了较大影响，村寨社会结构、村寨居民思想观念、民族传统文化在与以旅游为主导的外来事物的融合碰撞中变迁。旅游的介入给村寨制造了一个中心与边缘、现代与传统交流对话的平台，在带来地方文化变迁的同时，也促进了地方民族文化认同感的强化[④]，很好地促进了村落社会文化的重组和整合[⑤]。少数民族村寨旅游开发是一种跨民族、跨文化的市场行为，除了为民族旅游地的经济发展、对外交流提供产业支撑外，少数民族特定环境和村寨传统在面对外来经济文化的压力时往往显示出脆弱的一面[⑥]。兰措卓玛从关系视角出发对青海民族村寨旅游进行研究，认为旅游发展使村寨居民在人际关系上发生了从"利他"到"利己"的转变，在人与自然关

---

① 肖琼：《我国民族旅游村寨经济类型研究》，《广西民族研究》，2011年第3期，第177—181页。

② 付保红、徐旌：《曼春满村寨民族旅游中村民社会角色变化调查研究》，《云南地理环境研究》，2002年第3期，第43页。

③ 薛玉梅、向艳：《少数民族旅游村寨经济价值观的变迁与解读——以贵州西江为例》，《贵州民族学院学报（哲学社会科学版）》，2009年第4期，第128页。

④ 吴其付、陈静：《旅游与社会文化变迁下的民族文化认同：羌族实例》，《地方文化研究辑刊》，2015年第2期，第179页。

⑤ 李金发：《旅游经济与民族村寨文化整合——以云南红河州慕善彝村为例》，《西南民族大学学报（人文社会科学版）》，2011年第3期，第70页。

⑥ 崔露：《少数民族村寨旅游开发存在的冲突与调适》，《贵州民族研究》，2016年第10期，第170—173页。

系上从"敬畏—依赖—和谐"向"无畏—开发破坏"转变,人与文化的关系从"继承传统"向"消费传统"转变①。郭文、杨桂华对翁丁瓦寨仪式进行观察,发现旅游介入后,传统仪式实践被村民当作赚钱和娱乐的工具大肆利用,造成了社区共同体在政治、经济和社会层面的分化与隔离②。

3. 旅游与民族村寨生态环境保护

我国民族地区大多处于生态环境脆弱地区,环境承载能力有限,学界认为旅游发展带来的生态环境的负面影响较多。由于村寨居民生计方式的改变,旅游业对自然资源的利用强度提高,对自然环境的影响变得复杂而微妙③,"开发性破坏""乱砍、乱烧、乱排"等现象频出④。肖琼认为旅游活动的外部不经济性、旅游环境的公共产品特性、对村寨居民利益的忽视、旅游资源的过度利用、利益相关者行为与目标不一致是导致民族旅游村寨环境问题的主要原因⑤。梁玉华针对民族村寨生态旅游开发的薄弱点,提出将大众旅游转型为生态旅游、加强游客管理、组织村民积极参与完善生态旅游产品结构等措施来促进民族村寨旅游的可持续发展⑥。张忠奎提出民族旅游村寨要树立绿色发展理念,以绿色发展理念推动村寨的可持续发展⑦。

4. 旅游与民族村寨治理

旅游发展为民族村寨带来了经济利益和财富空间,但由于利益不能公平分配,导致利益冲突问题频发。何景明认为在民族地区旅游市场形成之后,政府角色转换不及时,引发了一些矛盾和冲突⑧。马东艳对云南迪庆藏族自治州、西双版纳傣族园和四川甲居藏寨进行分析后指出,政府或开发商等对旅游发展

---

① 兰措卓玛:《关系视角下旅游发展对青海民族村寨的影响分析》,《青海社会科学》,2016年第2期,第127页。

② 郭文、杨桂华:《民族旅游村寨仪式实践演变中神圣空间的生产——对翁丁瓦寨村民日常生活的观察》,《旅游学刊》,2018年第5期,第92页。

③ 孙九霞、刘相军:《生计方式变迁对民族旅游村寨自然环境的影响——以雨崩村为例》,《广西民族大学学报(哲学社会科学版)》,2015年第3期,第78页。

④ 王克军:《民族村寨旅游利益博弈下的环境问题研究——以四川甲居藏寨为例》,《干旱区资源与环境》,2014年第28期,第198页。

⑤ 肖琼:《民族村寨旅游环境困境及路径选择》,《广西民族研究》,2009年第4期,第184页。

⑥ 梁玉华:《少数民族村寨生态旅游开发与旅游可持续发展探讨——以贵阳花溪镇山村旅游开发为例》,《生态经济》,2007年第5期,第113—117页。

⑦ 张中奎:《绿色发展理念下民族村寨的未来发展研究——以贵州黔东南民族村寨为例》,《贵州大学学报(社会科学版)》,2016年第9期,第51页。

⑧ 何景明:《边远贫困地区民族村寨旅游发展的省思——以贵州西江千户苗寨为中心的考察》,《旅游学刊》,2010年第2期,第59—65页。

的绝对控制、农民集体法人资格的缺失、现有法律制度的不完善、产权激励弱化以及农民合法利益长期无法得到满足，导致社区居民对旅游发展的抵触情绪愈加强烈[1]。王汝辉运用巴泽尔产权模型对民族村寨资源开发进行研究，提出政府、社区和开发商等利益主体之间的冲突与矛盾的根源是缺乏产权约束和监督制度[2]。肖琼等分析了政府、开发商、农户、村一级组织、村旅游协会等村寨旅游利益相关者的行为，认为各利益主体对利益诉求的不同决定了在旅游活动中行为抉择的差异，提出在民族村寨这样复杂的微观经济文化区域里建立适宜的利益协调机制是减少利益矛盾冲突的必要途径[3]。李湮对民族村寨旅游社区内部和外部利益冲突类型进行了分析，其主要表现为村民之间、村民与旅游开发商之间、村民与基层政府之间、旅游开发商与基层政府之间的内外部冲突，各利益相关者之间缺乏利益保障制度和国家层面正式制度的不完善是利益冲突的根源[4]。

四、关于岷江上游羌族村寨旅游发展的研究

在汶川特大地震发生以前，羌族旅游发展受到的关注并不多，研究对象集中在理县的桃坪羌寨、汶川的萝卜寨等震前就较为知名的旅游村寨。汶川特大地震以后，学者们对岷江上游羌族村寨旅游的关注度迅速提高，主要探讨了灾后恢复重建、文化的保护传承与旅游开发、生态环境保护、利益相关者与社区参与等问题。

贾银忠、覃江荣对阿坝州灾后旅游业受损情况进行实地调研，从基础设施恢复、羌族传统文化抢救、旅游品牌建设、游客心理恢复、政策支持等方面提出阿坝州灾后旅游业恢复重建的对策[5]。游勇认为羌文化的传承、创新是羌族村寨旅游产业恢复重建的重要组成部分，并从资源整合、品牌塑造、产品创

---

[1] 马东艳：《民族村寨居民抵制社区旅游的内在机理及对策研究》，《云南社会科学》，2014年第3期，第89—93页。
[2] 王汝辉：《巴泽尔产权模型在少数民族村寨资源开发中的应用研究——以四川理县桃坪羌寨为例》，《旅游学刊》，2009年第24期，第35页。
[3] 肖琼、赵培红：《我国民族旅游村寨利益相关者行为分析》，《西南民族大学学报（人文社会科学版）》，2012年第9期，第143—146页。
[4] 李湮：《少数民族村寨旅游社区内部和外部利益冲突类型及根源分析》，《江苏商论》，2011年第11期，第100页。
[5] 贾银忠、覃江荣：《汶川地震后阿坝州旅游业重建调研报告》，《西南民族大学学报（人文社科版）》，2008年第8期，第121页。

新、产品营销、民族文化保护、融资模式、旅游规划等方面提出了灾后羌族地区村寨旅游产业发展的主要措施①。徐学书、喇明英提出在灾后重建中构建"羌族文化生态旅游区",将羌区经济发展和羌族文化的生产性保护、活态传承与创新发展结合起来②。

任耘从利益相关者理论的视角,以四川理县桃坪羌寨为例,认为旅游者、社区居民、地方政府、管委会与外来投资商等利益主体之间的利益失衡成为民族村寨旅游开发必须关注的问题③。王汝辉等以桃坪羌寨旅游为例,总结其旅游开发经历的三种模式,认为民族村寨开发模式开发历程是由政府强制注入与"精英分子"带头示范相互作用下的创新生长机制、重复博弈模型下的社区居民学习传播机制、专业化效率要求下的分工合作机制、利益驱动下的选择调整机制四大动力机制相互作用的结果④。

邱硕立对羌族村寨旅游环境污染问题进行了探讨,认为旅游在促进羌族村寨经济社会发展的同时,也带来诸如汽车尾气、噪声等污染问题,造成羌村传统自然风貌破坏、自然生态系统失衡等系列问题,成为羌族村寨旅游可持续发展的阻碍因素⑤。庄小四、杨德伟根据"压力－状态－响应"模型,运用其构建的乡村旅游生态系统安全评估体系,评价了岷江上游羌族地区村寨旅游生态系统的不安全度⑥。

五、关于乡村振兴战略与乡村旅游业关系的研究

由于乡村振兴战略提出的时间不长,故将其与乡村旅游业发展结合的研究总体上还较少,相关研究主要是探索两者的关系或在某方面如何对接乡村振兴战略的要求。

乡村振兴战略从多角度、多领域规划了未来我国农村、农业和农民发展的

---

① 游勇:《四川灾后旅游业恢复重建中羌族文化传承、创新与"经典"的探讨》,《西南民族大学学报(人文社科版)》,2012年第5期,第133-137页。
② 徐学书、喇明英:《构建羌族文化生态旅游区研究》,《中华文化论坛》,2010年第3期,第146页。
③ 任耘:《基于利益相关者理论的民族村寨旅游开发研究——以四川理县桃坪羌寨为例》,《贵州民族研究》,2013年第2期,第112-115页。
④ 王汝辉、幸岭:《少数民族村寨旅游开发模式变迁:来自新制度经济学的阐释——以四川理县桃坪羌寨为例》,《云南师范大学学报(哲学社会科学版)》,2009年第3期,第128页。
⑤ 邱硕立:《羌族村寨旅游环境污染探析》,《贵州民族研究》,2014年第2期,第118页。
⑥ 庄小四、杨德伟:《乡村旅游地生态系统安全评估研究——以岷江上游干温河谷区为例》,《环境科学与管理》,2013年第10期,第185页。

方向，是乡村旅游发展的政策基础[①]。乡村振兴战略的实施既为乡村旅游业带来新的发展机遇，也赋予其新的内涵。乡村振兴战略背景下，乡村旅游业是乡村文化生产、经济转型、资本投入、人才培养、环境治理以及伦理整肃的平台[②]。乡村旅游必须积极回应乡村振兴战略总体要求，产业定位上实现从"点到线"的转变，生态开发上实现从"块到面"的转变，在主客交流上实现从"游客为上"到"主客共享"的转变，在运行机制上实现从一元主体到多元主体的转变，在经济效益上实现从短期性向长期性的转变[③]。

乡村旅游可助推乡村产业、人才、文化、生态、组织等方面的振兴和农民生活富裕[④]，与乡村振兴战略要义具有极高匹配度，旅游开发是部分乡村实现振兴的重要手段和有效途径之一。乡村旅游助推乡村振兴的机制可以分为市场、乡村社会、政府的三元驱动。随着现代社会的发展，越来越多的人选择"城乡两栖"的生活方式[⑤]。乡村地区具有丰富的自然资源和农业资源、淳朴的民俗民风和深厚的文化底蕴，能够满足旅游者多样化的需求[⑥]。发展乡村旅游能够增加农民收入[⑦]、增长农民知识与技能[⑧]等，乡村社会希望通过发展旅游解决自身面临的所有问题，成为乡村旅游助推乡村振兴的主要内部驱动力；政府对乡村旅游业的鼓励扶持措施，有效降低了参与乡村旅游的风险与成本，为乡村旅游助推乡村振兴提供了重要的外部驱动力[⑨]。

[①] 张众：《乡村旅游与乡村振兴战略关联性研究》，《山东社会科学》，2020年第1期，第137页。

[②] 刘战慧：《乡村振兴视角下乡村旅游的功能重构》，《湖州师范学院学报》，2018年第5期，第28—31页。

[③] 银元、李晓琴：《乡村振兴战略背景下乡村旅游的发展逻辑与路径选择》，《国家行政学院学报》，2018年第5期，第184页。

[④] 贾未寰、符刚：《乡村旅游助推新时代乡村振兴：机理、模式及对策》，《农村经济》，2020年第3期，第20—21页。

[⑤] 曹诗图、范安铭、吴依玲：《基于旅游视角的衰落乡村拯救与振兴问题探讨》，《旅游论坛》，2019年第12期，第73页。

[⑥] 陆林、任以胜、朱道才等：《乡村旅游引导乡村振兴的研究框架与展望》，《地理研究》，2019年第38期，第102—118页。

[⑦] 王鹏飞、王瑞璠：《行动者网络理论与农村空间商品化：以北京市麻峪房村乡村旅游为例》，《地理学报》，2017年第8期，第1408页。

[⑧] 路幸福、陆林：《乡村旅游发展的居民社区参与影响因素研究》，《资源开发与市场》，2011年第27期，第1054页。

[⑨] 杨桂华、孔凯：《脱嵌与嵌入：乡村旅游助推乡村振兴机制分析——以四川省XJ村为例》，《广西社会科学》，2020年第6期，第64页。

六、对已有相关研究的简要评价

国外学者较早地采用科学的研究方法，从社会学、人类学、政治学、经济学等角度对中国乡村百年来的变迁发展进行了长时段的研究，使海外中国乡村研究呈现出多学科背景的特点。新中国成立前积贫屡弱的国势与崩塌的乡村经济社会，以及改革开放以来乡村在取得巨大发展成就的同时所面临的诸多问题，使国内乡村研究偏向于实证研究，而对理论的探索有所不足。党的十九大提出实施乡村振兴战略以来，学者们从自身的研究领域和学术视角出发，对乡村振兴战略的若干问题进行了探讨。由于乡村振兴战略提出的时间较短，目前研究成果多集中于理论解读，对具体实施路径的研究较少，尤其是对民族地区乡村振兴的研究十分有限。

国外关于民族村寨旅游的研究较少，主要围绕"民族旅游"和"乡村旅游"两个概念进行研究。从研究方法来看，体现出多学科共同关注的特点，综合运用旅游学、人类学、社会学、经济学、生态学、心理学、统计学等多学科理论展开跨学科研究，研究内容偏重于基础理论的支撑和拓展。从研究方法来看，注重通过田野调查获取一手资料，注意引入数理统计、模型来分析村寨旅游各要素之间的关系，研究结论的准确性、创新性较高。相对而言，国内关于民族村寨的研究较多，但偏重于个案研究，理论支撑相对薄弱。虽然多学科参与民族研究的态势已经形成，但对此领域的研究还有待深入。从研究内容来看，虽然研究的涉及面较广，但理论支撑不足，众多研究还停留在就事论事的层面，学理性不足。从研究方法来看，虽然采用定性和定量研究的成果较多，但将二者有机结合的研究成果较少。

乡村振兴战略是新时代"三农"工作的总抓手，是未来较长时间段里国家重要的发展战略，是未来数十年中国乡村发展的全方位指南，有具体任务、指标体系和阶段发展要求，因此对乡村旅游具有重要的统领、指导和约束作用。探索乡村振兴与乡村旅游业发展关系，首先要深入认识乡村振兴战略进程下中国农村经济社会发展方式、人地关系、城乡关系等方面的重大转向，进而深入理解乡村振兴战略赋予乡村旅游业的新内涵与新的发展机遇。村寨旅游本身具备的产业发展、经济富民、社会稳定、文化传承、生态环境保护等效应与乡村振兴战略的目标与要求高度契合。探明村寨旅游与乡村振兴的内在联系、相互作用及互动机制，才能避免就旅游谈旅游，为新的时代背景下的乡村旅游发展提供有效参考。

第三节 研究视角与方法

一、研究视角

本书以习近平新时代中国特色社会主义思想为指导,依据中共中央提出的乡村振兴战略、十九届五中全会制定的双循环经济发展战略、中共中央关于制定国民经济和社会发展第十四个五年规划和二〇三五年远景目标的建议,综合运用民族学、经济学、旅游学、社会学等学科理论,对乡村振兴战略进程下的民族村寨旅游进行考察。本书首先分析岷江上游羌族村寨、乡村振兴战略实施及村寨旅游发展等方面的基本情况,在此基础上构建村寨旅游发展及其对乡村振兴贡献的评价体系。其次,运用数理分析、田野调查等方法对汶川县老人村、理县桃坪村、茂县坪头村进行个案分析。最后,对在乡村振兴战略进程下的岷江上游羌族村寨旅游优化发展做出学理性思考。

二、研究方法

本书在民族学、经济学、旅游学、社会学等理论的指导下,考察以老人村、桃坪村、坪头村等为代表的岷江上游羌族地区乡村振兴和村寨旅游发展情况,综合运用理论与实证相结合、定性与定量相结合、多学科交叉研究的方法来研究岷江上游乡村振兴和民族村寨旅游融合发展问题,具体包括文献研究法、田野调查法、比较分析法、多学科交叉研究法、定量分析法等。

(一)文献研究法

围绕本书研究主题,对所搜集的相关文献进行研读,对文献的主要观点进行分析、归纳和整理,梳理出所研究对象的历史脉络与研究现状,深化对所研究问题的深度和广度层面的认识。在论述研究背景和研究意义的基础上,对既有乡村振兴和村寨旅游等研究成果进行综述和评价,深化对乡村振兴和民族村寨旅游的理论认识,奠定相应的理论基础。同时,广泛搜集汶川、理县、茂县等岷江上游民族地区以及阿坝州、四川省的统计年鉴、政府工作报告、统计报表等材料,为本书积累扎实的资料基础。

（二）田野调查法

本书运用田野调查法深入实地进行系统性考察和研究，对政府、企业、村委会、村民进行多角度的调查，获取一手资料，确保研究的准确性与科学性。通过三次深入汶川、理县、茂县三县县城、乡镇、村寨等地进行近30天的田野调查，采用参与式观察、深度访谈、问卷调查等方式展开调查和实证研究。

（三）比较分析法

本书在田野调查的基础上，对老人村、桃坪村、坪头村的旅游发展进行比较分析，找出三个案例村村寨旅游发展的共性问题和个性问题，并对其原因进行深入分析。

（四）多学科交叉研究法

本书为问题导向型的跨学科研究，围绕乡村振兴和村寨旅游发展涉及的产业融合、生态保护、基层治理、文化传承与保护等问题，交叉运用民族学、经济学、旅游学、社会学、管理学、地理学等多个学科的理论知识，进行多学科的整合研究。

（五）定量分析法

在定性分析和大量采集相关数据的基础上，运用数理统计计算方法和模型，构建了案例村村寨旅游对乡村振兴综合贡献的评价指标体系，测算了三个村的旅游业发展及其对乡村振兴的实际综合贡献与差异，基本保证了评价的客观性、研究的科学性和结论的正确性。

三、田野调查点的选择

笔者在岷江上游羌族地区工作、生活多年，利用精准扶贫评估、教学、科研等机会深入多个羌族村寨，与政府工作者、基层干部、群众多次交流，对该区域情况较为熟悉。本书共选择三个田野调查点，分别是汶川县老人村、理县桃坪村、茂县坪头村，理由如下：

第一，空间分布的差异。一是从岷江上游三个羌族聚居县（汶川、茂县、理县）各选取一个案例村作为田野调查点，以便考察各县村寨旅游发展差异；二是三个村均是九环线上的知名村寨旅游景点，地理位置距成都等城市由近及远,老人村距成都约70千米,桃坪村距成都约163千米,坪头村距成都约190千米;三是三个村在川西北高原的海拔高度呈梯次上升状况,老人村海拔约800米,桃坪村海拔约1500米,坪头村海拔约1600米。

第二,三个田野点的村寨旅游和乡村发展具有典型性。老人村是国家5A级旅游景区,获"全国文明村""中国传统村落""四川省四好村""阿坝州精品旅游示范区"等称号;坪头村是国家4A级旅游景区及"中国乡村旅游示范村""四川省新农村建设试点村""阿坝州精品旅游示范村";桃坪羌寨是国家4A级旅游景区及"国家文物重点保护单位""中国传统村落""四川乡村振兴示范村"。在村寨旅游发展过程中,三个田野点村寨的经济、文化、生态环境、基层治理均取得一定成效,具有一定的典型性。

第三,从村寨旅游发展的角度来看,三个田野点表现出较大差异。一是发展历程的差异,三个田野点涵盖了岷江上游羌族村寨旅游发展的各个阶段;二是发展类型的差异,三个田野点村寨旅游发展类型包含了城镇带动型、景区带动型等;三是经营模式的差异,三个田野点旅游经济模式包含自主经营模式、合作社模式、公司+农户+村两委等模式。将不同历程、类型、经营模式的村寨旅游与乡村振兴进行关联研究,有助于更好地探索其发展的共性和差异,为区域村寨旅游与乡村振兴发展提供建议。

在合村并乡过程中,部分村寨名称、村域、人口等发生变化,本书仍以原有村寨名称、村域为考察对象,主要基于以下考虑:一是田野调查工作在合村并乡工作开展之前完成,相关资料均以原村为基础获得;二是合村并乡后,各村的范围、人口、产业等变化较大,而数据、资料整理以及干部调整等工作仍在进行中;三是目前四川省人民政府批复的乡镇合并涉及行政区划调整,民政部门尚未公布相关村名及行政代码。

第四节 研究内容和重点难点

一、研究内容

本书在系统梳理中国乡村、乡村振兴、民族村寨旅游学术文献的基础上,寻找研究的切入点和突破口,对岷江上游羌族村寨旅游业发展相关问题展开研究。

第一，在指导思想与理论基础部分对乡村振兴战略、当代中国民族理论、乡村旅游理论、产业融合理论、乡村文化变迁与文化保护理论、中国当代产权理论等进行梳理辨析，并对乡村振兴与民族村寨旅游发展的内在联系进行分析，为后续研究奠定思想与理论基础。第二，对岷江上游羌族村寨、乡村振兴战略的实施、村寨旅游发展等方面基本情况进行分析，并建立村寨旅游发展及其对乡村振兴贡献的评价体系。第三，选取老人村、桃坪村、坪头村进行案例分析，考察村寨旅游发展及其对乡村振兴的贡献程度。第四，对乡村振兴战略进程下的岷江上游羌族地村寨旅游优化发展进行学理性思考。

梳理现有研究成果、国家政策并结合研究区域实际情况，本书对相关概念界定如下。

乡村。本书认为乡村在地理空间形态上是与城镇相对的概念，包括土地、建筑等分布形态；在行政区划上是指县（县级市或市辖区）以下的基层行政单位，包括其所辖的行政村及其下的自然村；在文化上既是村民生产与生活的空间，又是包含语言、文字、服饰、习俗、民间信仰、民间习俗、民间知识等传统文化和地方文化的发源地和根基。由于农村产业结构和人口就业结构发生变化，农村已经不是简单从事农业生产的区域，而是集经济、政治、文化、社会、生态于一体的复杂系统。因此，本书认为在新的时代背景下，把农村问题放到乡村经济社会的大背景中，更有助于系统设计政策，整体、综合、内生促进乡村经济社会发展，书中所有有关"农村"的提法，均视为"乡村"的一部分。同时，由于历史、地理、资源等多重因素的影响，与发达地区相比，民族地区经济社会发展相对滞后，城镇的发育程度相对较低。因此，本书在研究岷江上游羌族村寨旅游时，将该区域的建制镇纳入乡村的空间范围。

民族村寨。在当代语境下，村寨多与少数民族聚落相联系，指因特定族群的自然空间建筑格局形成的聚落形态，是乡村聚落的实景表现，属于乡村的构成形态之一。在少数民族聚居区，"村"和"寨"是不同的概念。"寨"一般与自然村相对应，村民委员会所在的自然村被称为中心村。"村"通常具有行政色彩，"寨"则更强调日常栖息功能。本书将"民族村寨"定义为：依托特定的资源与环境要素，是历史形成的具有鲜明民族性的承载居民生产、生活与文化创造的有机场域，是具有共同组织生活、服务设施、利益诉求、文化习俗的少数民族聚居的自然村或行政村。本书所指的民族村寨不包含基于商贸、文化演艺等目的而异地移植或再造的具有民族主体公园性质的"民族村寨"。

民族村寨旅游及民族村寨旅游业。在我国，"民族村寨旅游"也被表述为

"民族村落旅游、民俗文化村寨旅游、民族文化村寨旅游"等①。罗永常②、黄海珠③、范丽娜④等对民族村寨旅游概念进行了探讨，认为民族村寨旅游的目的地是少数民族村寨，民族文化及其乡土景观是核心吸引物，主要目标市场为异族游客。本书将"民族村寨旅游"定义为：依托民族村寨人居环境及其地域空间，以原住民文化及乡土景观为核心吸引物，满足市场特定的文化认知与生活体验的旅游形式。民族村寨旅游业是以经营村寨旅游经济活动而获取经济利益的旅游产业，是乡村旅游业在西南民族地区的主要形式，属于第三产业。本书关注岷江上游羌族村寨旅游业发展，其空间范围特指岷江上游羌族旅游村寨，并不包含该区域的汉族以及其他少数民族村落。

二、研究的重点与难点

（一）研究重点

一是基本弄清岷江上游羌族地区乡村振兴和村寨旅游发展的情况，对该区域羌族村寨、乡村振兴、村寨旅游发展进行全面梳理。二是构建岷江上游羌族地区村寨旅游发展及其对乡村振兴贡献的评价体系。三是重点分析三个田野点村寨旅游发展现状及其对乡村振兴的贡献程度。四是分析岷江上游羌族地区村寨旅游发展成绩与问题，对其如何在乡村振兴战略进程下进一步发展提出思考和建议。

（二）研究难点

第一，本书研究内容具有一定难度。一是乡村振兴战略为党的十九大提出的新战略，现有研究成果较少，如何准确把握其内涵及价值，并将其与村寨旅游发展有机结合，是本研究的一大难点。

第二，资料获取具有一定难度。本书内容涉及大量的历史、文化、农业、商贸、旅游等相关数据和地方文献资料，数据和资料不易界定和获取，需要对

---

① 笪玲：《贵州民族村寨旅游扶贫研究》，西南民族大学，2020年，第41页。
② 罗永常：《民族村寨旅游发展问题与对策研究》，《贵州民族研究》，2003年第2期，第102－107页。
③ 黄海珠：《民族旅游村寨建设研究》，中央民族大学，2007年，第14页。
④ 范莉娜：《民族村寨居民文化适应及其对旅游支持行为意愿的影响——以黔东南侗族村寨为例》，杭州：浙江大学，2016年，第10页。

政府、村委会、村民、旅游企业和游客等进行访谈以获得资料，田野调查的范围广、内容多，具有一定的难度。同时，受新冠肺炎疫情影响，2020年度村寨旅游业下滑严重，加之合村并乡工作的推进，部分旅游村寨与非旅游村寨合并，部分数据缺失或不具备代表性。因此，本书主要采用2019年相关数据。

第三，田野调查存在一定难度。笔者在选题和论文写作的近两年时间里，多次深入岷江上游羌族地区进行田野调查，行程数千公里，尽可能地收集研究所需资料。但由于该区域地处丘陵向川西高原过渡地带和龙门山地震活跃区，海拔落差大、地势陡峭险峻，夏季多雨，滑坡、泥石流等地质灾害频发，冬季气候寒冷，冰冻、霜冻、强降雪等极端气候时间较长，易造成道路阻断，对田野调查的可进入性造成较大影响。

第五节　本书的创新和不足之处

一、创新点

（一）选题和研究内容具有新意

旅游业具有产业关联度大、综合性强、贴近人民生活等产业特性，在促进资源整合、调整产业结构、稳定经济增长等方面具有重要作用。民族村寨所拥有的自然风光、田园景观、生态环境、历史遗迹、民俗文化、民族风情等都能够在旅游业的带动下与乡村的产业、生态、文化、治理等产生良性互动。乡村振兴战略对村寨旅游业提出了新的要求。在乡村振兴战略进程下，民族村寨旅游的发展已经不是单纯的产业发展问题，而是涉及政治、经济、文化、生态、基层治理等多个方面的复合问题。

本书尝试在案例研究中，按乡村振兴的维度和要求，具体探讨村寨旅游在产业、村民收入、文化、生态、村治等方面的贡献，论述其作为乡村振兴的可行路径。同时，也深入探讨村寨旅游业存在的短板、不足及挑战。当前，这样的研究具有学术探索价值，并具有一定的创新性。

（二）研究视角和方法具有一定新意

乡村振兴是党的十九大提出的建设和发展乡村的新战略，包括经济、文化、生态、基层治理等丰富内涵。研究视角方面,本书通过运用民族学、经济学、旅游学、社会学等理论,将民族村寨旅游与乡村振兴联系起来考察,在丰富民族村寨旅游相关研究的同时,进一步深化民族学、民族经济学的研究,具有一定的学术价值和现实意义。研究方法方面,现有研究成果多采用定性分析方法考察乡村振兴战略进程下的村寨旅游业发展,而定量研究方法较少。本书构建了村寨旅游业发展及其对乡村振兴初步实施阶段贡献的评价体系,设置较有系统的数据量表和评价模型,应对今后全面推进乡村振兴战略时期的同类研究具有一定的参考价值。

（三）比较系统地探讨了民族村寨旅游对乡村振兴的贡献

本书通过案例村的比较研究,较系统深入地探讨了民族村寨旅游作为乡村振兴的产业路径选择,对产业经济、村民生活、乡村生态环境、民族文化、民族团结与铸牢中华民族共同体意识、乡村社会治理等各方面的综合贡献;也研究了民族村寨旅游发展可能给乡村振兴体系的某些方面带来的新的挑战。因此,本书不论在理论上还是实践上均有新意。

（四）提出了一些较有新意的观点

乡村振兴战略是岷江上游以及所有民族地区村寨旅游发展的指导纲领。羌族村寨旅游业发展的实证研究证明,民族地区部分村寨发展旅游业是当地推进乡村振兴的有效路径,也是乡村产业振兴的有效切入点。村寨旅游业发展不仅可以带动实现乡村产业兴旺和村民生活富裕,还可以对乡村生态环境、文化传承与建设、民族团结与乡村治理等做出全面而综合的贡献。同时,如果村寨旅游背离乡土文化或无序发展,也可能给乡村振兴带来负面影响。本书在较为细致的个案研究以及对区域综合观察的基础上,对村寨旅游业发展中的资源利用、产业融合、资本参与、基层党建、村治等方面提出了一些较有新意的思路和观点,为岷江上游羌族村寨旅游以及类似民族地区村寨旅游发展提供了一定的参考。

二、不足之处

第一,因疫情影响和田野调查地区多次发生洪水、泥石流、滑坡等灾害,本书收集的部分资料及数据还不够理想。

第二,乡村振兴战略提出的时间较短,同时国内外对乡村振兴各维度的评价尚未出台指标体系，故本书的评价指标体系是探索性的，还有诸多不足之处。目前，包括岷江上游羌族地区在内各地区的乡村振兴战略还处于初步实施阶段，加之当今国内外形势发展变化迅速，故未来村寨旅游业发展进程存在一定变数。因此，本书关于在乡村振兴战略进程下民族村寨旅游发展的相关建议还有待其他案例的检验。

第一章 指导思想与理论基础

第一节 指导思想

一、乡村振兴战略

(一) 乡村振兴战略的基本架构

1. 前提：农业农村的优先发展

近年来，我国着力推进城乡一体化发展，城镇化水平不断提高，农业农村发展环境得到极大改善。但由于历史问题，城乡二元结构依然存在，城乡、工农之间的差距依然较为明显，主要表现在城乡要素配置、基础建设、公共服务等方面。优先发展农业农村是站在建设社会主义现代化强国的高度推进乡村的全面振兴，并不局限于农业、农村某单一范畴。在机制体制方面，进一步完善城乡融合发展政策，推动城乡共享改革和发展的红利；在要素配置方面，优先向农业农村倾斜，促进城乡要素双向流动；在基础设施建设方面，加大农村基础设施建设力度，推动农村基础设施现代化；在公共服务方面，加强农村公共服务政策制度供给，逐步促进城乡公共服务均等化，缩小城乡差距，塑造新型城乡关系[1]。

2. 目标：农业农村现代化

没有农业农村的现代化，就没有国家的现代化，实现农业农村的现代化是

---

[1] 蒋永穆：《基于社会主要矛盾变化的乡村振兴战略：内涵及路径》，《社会科学辑刊》，2018年第2期，第16页。

乡村振兴最直接、最基础的目标。农业农村的现代化是农村社会整体的、全面的、系统的、深刻的社会经济变革过程，包含产业、生活、文化、治理等方面的现代化。产业现代化是指将文创、休闲、旅游等产业有效导入农村，推进三次产业的有机融合，形成产业创新融合，重构乡村产业结构，而并不局限于农业的现代化。生活现代化即通过基础设施的提升、公共配套与服务的完善、生态环境的整治，推进城乡公共服务均等化，实现乡村宜居生活。文化现代化需要在保护和传承乡村优秀传统文化的基础上，与现代文化有机融合，同时还要加强乡村公共文化服务建设，构建符合现代需求的新乡村文化体系。治理现代化需要化解治理人才匮乏、治理方式单一等现实问题，以基层党的建设为引领，将社会多层级治理与乡村居民主动参与治理有机结合，提升乡村自组织、自治能力，不断完善治理体系与治理结构。

3. 动能：建立健全城乡融合的体制、机制和政策体系

建立健全城乡融合发展体制、机制和政策体系，要注重市场和政府在资源配置中的角色与作用。要充分发挥市场在资源配置中的基础性作用，激活农村资源、要素，激发农村新业态、新模式的发展活力，培育乡村产业发展新增长点；要发挥好政府在资源配置中的调节作用，优先加强"三农"政策兜底和"保基本"公共服务功能，优化国民收入分配格局和公共资源配置格局，推进公共政策导向和公共资源配置向乡村适度倾斜，促进城乡发展的权利、机会均衡配置，破除妨碍城市产业、企业、人才和要素进入乡村的障碍，防范因市场失灵而导致农民权利受损的风险。

4. 保障：加强党对农村工作的领导

解决好"三农"问题是中国共产党工作的重中之重，党管农村工作是中国共产党的一个传统，也是一个重要原则。加强和改善党对"三农"工作的领导，是推进乡村振兴过程中必须高度重视的基点。历史经验与现实情况显示，乡村的发展需要内生性的凝聚力和主心骨[①]。加强党对农村工作的领导不仅有助于干部配备、要素配置、公共服务等方面合理向乡村倾斜，也有助于健全党在农村的基层组织，确保党的路线方针政策和决策部署得以有效贯彻落实，更有助于提升党对"三农"工作的领导水平。

---

① 徐俊忠：《十九大提出"乡村振兴战略"的深远意义》，《经济导刊》，2017年第12期，第14页。

（二）乡村振兴战略的特性

1. 系统性

乡村振兴战略是针对乡村全面发展和城乡关系重构提出的总体规划，是农业农村发展全领域的总体部署和中国特色社会主义现代化经济体系的重要战略，在战略目标、战略内容和战略实施主体等方面均具有显著的系统性。目标方面，实现农村现代化是乡村振兴战略最直接、最基础的目标，乡村现代化是一个综合性题目，涉及乡村社会经济文化等各个领域，主要包括产业现代化、生活现代化、文化现代化和治理现代化，各个子目标之间又相互关联、相互影响，构成一个有机整体，是多元目标的系统集成。内容方面，乡村振兴战略并不局限于农村产业发展、新农村建设等内容，而是经济建设、文化建设、生态建设、福祉建设、政治建设等多位一体的系统集成。主体方面，乡村振兴战略的主体不仅仅是农民和政府，还包括返乡人员、流动乡村产业职工、城市乡居客、养老养生客、城市资本、社会团体、集体经济组织、专业合作社等多元实施主体，这些主体存在着多元的利益诉求，需要在利益关系上实现有机整合。

2. 融合性

乡村振兴战略具有明显的融合特征，既包括城乡规划布局、产业发展、基础设施、公共服务、生态环境等领域的融合，又包括政府、农民、各类新型经营主体、社会组织等乡村振兴主体，市场机制与政府动力，本地居民和外来居民之间、农民与农民之间、农民与集体经济组织之间、农民与各类新型经营主体之间利益联结关系的融合[①]。

3. 差异性

独特的地理环境和文化特征决定了村庄之间在禀赋特征方面存在差异，这种差异使我们不能笼统地、不加区分地探讨实施乡村振兴战略的策略。习近平总书记指出，要推动乡村振兴健康有序进行，科学把握各地差异和特点，不搞一刀切，不搞统一模式。实施乡村振兴战略，要注重因村而异、分类施策，根据村庄的类型、区域、资源禀赋等情况，制定符合发展实际的规划，探索多元化的乡村振兴道路。

---

① 郭晓鸣：《实施乡村振兴战略的系统认识与道路选择》，《农村经济》，2018年第1期，第14页。

4. 阶段性

乡村振兴战略贯穿于全面建成小康社会、全面建设社会主义现代化国家的整个过程，是一个复杂的系统工程和长期工程。乡村振兴战略的实施要秉持长期发展理念，有步骤、有次序、渐进地推进各项策略，避免急功近利、揠苗助长的短期行为，不能以短期的逐利行为破坏乡村长期的可持续发展。

乡村振兴战略是当前及将来较长一段时间内乡村基层党建、产业、文化、生态保护、基层治理等多项工作的时代背景和总体指导。本书对岷江上游羌族村寨旅游业的考察是在乡村振兴战略初步实施这一背景下进行的，对其发展成效、存在的问题及下一阶段发展的思考均与乡村振兴的各个维度紧密结合。

二、乡村振兴战略与民族村寨旅游业发展的内在联系

（一）乡村振兴战略是未来民族村寨旅游业发展的统领方略

乡村振兴战略对当代乡村价值做出了全新的判断。相较于此前的"统筹城乡"和"新农村建设"等乡村发展战略，乡村振兴的实施对象从"农村"转变为"乡村"，这意味着对"村"的认识从生产性的，以农业经济主导、农业生产方式和生活方式为基础的聚居形态扩大到产业类型更多元、空间要素更丰富的社会实体[1]。乡村振兴战略强调城乡要素自由流动、平等交换、城乡融合；强调绿色发展，增加农业生态产品和服务供给；强调农村民生保障水平，塑造乡村新风貌。这些措施的提出是基于对乡村在经济、生态、社会等方面的价值的考量。

不难看出，在新的历史发展时期，乡村的发展已经被赋予新的内涵和价值。由于受地理、自然、历史等多重因素的影响，我国民族地区乡村发展较为滞后，是实施乡村振兴战略的关键一环。在新的时代背景下，民族地区村寨旅游业发展必须全面对接村寨生产、生活、生态、文化等多重价值功能。简而言之，民族村寨旅游业发展已不是单纯的产业发展问题，而是涉及经济、文化、生态、基层治理等多个方面的复合问题，在今后较长一段时间内，民族村寨旅游业都必须围绕乡村振兴战略谋篇布局，乡村振兴亦对民族村寨旅游业发展具有重要的统领指导意义。

---

[1] 孙九霞、黄凯洁、王学基：《基于地方实践的旅游发展与乡村振兴：逻辑与案例》，《旅游学刊》，2020年第3期，第40页。

（二）乡村振兴战略对民族村寨旅游业发展具有重要的引领作用

乡村振兴战略作为新时代"三农"工作的总抓手，有具体任务、指标体系和阶段发展要求，必然要求所有涉及"三农"的工作、事业和产业自觉响应乡村振兴战略总要求，自觉融入乡村振兴战略之中，对村寨旅游具有重要的统领、指导、约束作用。

从产业融合的角度来看，民族地区村寨旅游已经从最初的农家乐、羌家乐、藏家乐等自发形式，开始向康养、休闲、度假、体验转变，但主要是村寨旅游产品形态的演化，其农产品精加工、生态产业、康养产业、文化创意产业和休闲农业等仍存在较大的发展空间。在乡村振兴战略的实施过程中，民族地区需要一、二、三产业进一步融合，逐步构建起包括农产品精加工、生态产业、康养产业、民俗产业、文化创意产业和休闲农业在内的村寨旅游产业集聚格局，推进产业结构调整，提升村寨旅游全产业链价值。

生态宜居包括整洁的村容村貌、优美的生态环境、怡人的居住条件等，蕴含着生产、生态、生活融合发展的内在要求。乡村振兴战略进程下民族村寨旅游可以促进生态宜居村寨建设，但这不是简单的对旅游服务设施的建设与维护，而是要突破规划建设内容上的"板块化"割裂，把村寨旅游发展诉求与促进村寨生态建设、推动村寨自然资本增值、提高村寨居民居住环境质量等要求结合起来，统筹安排功能分区和业态布局，使民族地区的生态特色和绿色优势成为村寨旅游发展的强大动力。同时，民族地区在发展村寨旅游过程中，要认识到村寨生态环境是一个全域空间，在空间利用上需要将村寨外部与内部、村寨景观与村寨环境按照系统工程的思路，进行整体规划开发，将"生产、生活、生态"融合至村寨旅游目的地的打造之中。

文明乡风不仅是乡村社会文明程度的体现，也是乡村旅游的重要吸引物。一方面，在村寨居民与游客关系上要从单向的"游客至上"转变为"主客共享"，在服务游客的同时，要注重村寨居民的权益与利益，建立和完善公共服务体系，使村寨居民有机会享受到更多健康文化娱乐服务，丰富其精神生活。另一方面，鼓励和支持村寨居民参与旅游发展，使村寨居民在本土文化与乡村文明的彰显中增强对当地传统文化的自信心，使本土文化和良好乡风在多种展示、演绎和阐释中得以传承和延续，使乡村伦理和人性人心在村寨旅游发展中得以约束和规范。

从制度经济学的角度看，行之有效的乡村治理体系本质上是能够提高效率、降低交易成本,充分激活乡村活力的一套机制①。乡村振兴战略进程下,资本、劳动力、土地、信息等多种要素在城乡之间双向流通,村寨旅游业逐渐成为多种要素融合发展的产业,特别是新型经营组织、社会组织的进入对基层治理机制提出了创新要求。在乡村振兴战略进程下,民族地区村寨旅游需要承担基层多元治理的平台角色,为寻求建立适用于"人—人、人—地、人—物、人—业和谐的生态、文化、产业、社会的全方位治理系统"②提供支持,为充分发挥政府、市场、社会组织、村寨居民在乡村治理中的作用搭建平台。

在乡村振兴战略进程下,生活富裕根本上是要保证村寨居民能够通过发展村寨旅游获取稳定的、可持续的经济收益,实现这一要求仅靠单一的村寨旅游产品、项目或者分散的经营业主是难以实现的。因此,在乡村振兴战略进程中,民族地区需要从创新村寨旅游组织形式、优化经营模式、培育新型经营主体等方面着力,提高村寨旅游的组织化、集约化程度。此外,要积极引导村寨居民将闲置房屋、土地等资源投入村寨旅游发展,将生产资料变为经营资本再变为股本,进一步激活村寨资源要素,为村寨居民提供可持续的旅游经济收益。

(三)村寨旅游业是具有旅游发展条件的民族村寨实现乡村振兴的有效路径与选择

产业是实现乡村振兴的关键因素。民族地区多是生态环境脆弱区、自然灾害频发区和防范返贫的关键地区,加之地理区位、历史等原因,加大了民族地区产业发展难度。从农业来看,民族地区在耕地面积、气候等方面均处于相对劣势,依靠传统农业致富难度较大。从工业来看,工业产业具有规模经营和集聚效应特征,民族地区乡村在资源、区位等方面都不具有优势,且在当前生态约束进一步加强的情况下,重新通过乡村工业化道路推进乡村发展亦不可行。因此,发展新业态是民族地区产业兴旺的重要途径。

旅游业是一种典型的复合型产业,涉及的行业广、综合带动作用大③。其本质特性是生产与消费的"同时性"与"同在性",要素的回流、主体的重聚、

---

① 高源:《发展乡村旅游对乡村治理的影响探析》,《中国旅游报》,2018年3月20日第3版。
② 黄细嘉、赵晓迪:《旅游型乡村建设要素与乡村振兴战略要义》,《旅游学刊》,2018年第7期,第5页。
③ 李治兵、肖怡然、毕思能等:《深度贫困地区旅游精准扶贫的多维约束与化解策略——以四川藏区为例》,《湖北民族学院学报》,2019年第3期,第142页。

社会资本的发展使得旅游在一定程度上能推动乡村地区走向全面振兴①。民族地区发展村寨旅游业可以促进乡村产业融合，推动乡村产业兴旺；可以改善村寨自然生态和人文环境，促使当地生态宜居环境建设；可以拓宽就业渠道，增加村寨居民收入，促进村寨生活富裕；可以促使村寨居民形成良好的生活习惯、提升文明素质，促进乡风文明；可以减少村寨人口外流，缓解留守老人和留守儿童困境，促进村寨有效治理。一些民族地区经过多年的建设，已经具备较好的村寨旅游发展基础。以岷江上游羌族地区为例，截至2020年已有近百个村发展旅游，其中省级以上旅游示范乡镇9个、旅游示范村35个、乡村酒店和星级农家乐187家，汶川县、理县、茂县被四川省人民政府授予"四川省乡村旅游强县"称号。不难看出，在一些具备村寨旅游发展条件的地区，村寨旅游已经成为推进乡村振兴的有效路径与优先选择。

需要注意的是，旅游发展可以作为新时代背景下乡村振兴的有效路径，但并不能将其视为实现乡村振兴的万能解药，发展村寨旅游必须具备区位条件和旅游资源条件，不能盲目发展村寨旅游。

（四）民族村寨旅游业发展效应与乡村振兴战略的目标与要求高度契合

村寨旅游业与乡村振兴在地理空间、资源要素、组织管理等方面具有很高的关联性。在地理空间上，民族村寨旅游多发生在具有旅游发展条件的民族村寨，这些地区恰好也是乡村振兴的重要阵地之一，二者需要在同一空间发挥效能；在资源要素上，村寨旅游业发展所需要的土地、水源、生态环境、文化、设施设备等，乡村振兴也同样需要；在组织管理上，村寨旅游业发展需要充分依托乡村振兴的规划，具备旅游发展基础的民族地区的乡村振兴规划也要考虑到村寨旅游业。村寨旅游业与乡村振兴二者互为依存，共同发展。

一方面，乡村振兴战略作为新时期党的执政理念的有机组成部分和全面建成小康社会宏伟目标的有效路径，是村寨旅游业发展的基础和根本，也是村寨旅游业的发展目标。产业兴旺是乡村振兴的支撑要素，要求多样化的要素投入，使民族地区村寨从以农业为主的传统产业结构转化为多产并存或融合，为村寨旅游发展提供了产业机遇。生态宜居是乡村振兴的基础要素，要求民族地区将良好的自然生态环境和独特的民族文化、传统文化作为资源要素投入经济

---

① 孙九霞、黄凯洁、王学基：《基于地方实践的旅游发展与乡村振兴：逻辑与案例》，《旅游学刊》，2020年第3期，第40页。

生产，为村寨旅游发展提供资源基础和基本发展动力。乡风文明是乡村振兴的精神要素，致力构建人、地、物和谐共生的发展格局，为村寨文化保护、传承提供正确指引，为民族地区村寨旅游业发展提供优良的人文环境。治理有效是乡村振兴的支持要素，要求构建和完善村寨治理机构和管理机制，保障村寨居民安居乐业和社会稳定，为民族地区村寨旅游发展提供良好的外部环境。生活富裕是乡村振兴的目标要素，村寨居民收入水平提高，城乡之间差距的缩小，为民族地区村寨旅游的进一步发展提供持续的内生动力。

另一方面，民族地区村寨旅游业本身具备的产业发展、经济富民、文化传承与开发、生态环境保护、民族团结和社会稳定等效应，与乡村振兴战略的要求高度契合。

从产业来看，村寨旅游可以促进产业整合，催生新产业、新业态，如与农业结合形成休闲、观光、采摘等新业态，与文化结合形成演艺、研学等新业态，与医疗结合形成康养、游憩等新业态。从人居环境来看，村寨旅游发展所需基础设施建设、环境整治也为民族地区村寨营造了宜居的社会生活环境。从乡土风情来看，村寨旅游的发展注重村寨传统文化的回归，注重民风、民俗、民情等非物质文化和古村落、古建筑等物质文化遗产的保护与开发，为振兴村寨的传统文化提供支持。从基层治理来看，旅游的发展融合了村寨多重要素，引发治理机制的创新，为构建村寨和谐的治理系统提供动力。从提高村寨居民收入水平来说，村寨旅游业产生的经济效益是村寨居民增收的重要途径，切合了乡村振兴中"生活富裕"的要求。

同时，从推进路径来看，村寨旅游与乡村振兴也具有相似性，都必然是政府主导、市场运行，依靠当地干部、群众，同时引入外部资源和力量有序推进。

（五）民族村寨旅游业与乡村振兴融合发展对铸牢中华民族共同体具有重要意义

中华民族共同体本质上是一个命运共同体，具体表现为政治共同体、经济共同体、社会共同体、文化共同体、生态共同体几个维度[①]。村寨旅游业在产业、生态、文化等方面的积极效应与乡村振兴战略高度契合，二者的融合发展是民族地区铸牢中华共同体的有效路径之一。

---

① 邹丽娟、赵玲：《边疆民族地区实现高质量发展与铸牢中华民族共同体意识的辩证逻辑》，《云南民族大学学报（哲学社会科学版）》，2020年第6期，第13页。

从政治层面来看，各族人民都是历史的创造者和推动者，国家保障各族人民在政治、经济、文化、社会生活等所有领域平等，同时也强调各族人民作为一般性公民在法律面前享有平等的权利和义务。民族地区村寨旅游业与乡村振兴的融合发展离不开基层党组的建设、法治建设和政策体系的完善，这些因素将进一步保障各族人民的主体地位和平等性，铸牢中华民族政治共同体。从经济层面来看，国家认同不仅缘于血缘、地缘以及历史传统，还缘于人们的利益和意志[1]。对中华民族共同体的认同、中华民族共同体意识的生成，在很大程度上取决于本民族的经济发展程度以及共同体对个体利益的满足程度[2]。村寨旅游业与乡村振兴融合发展对民族地区产业结构调整、经济增长方式、增加人民群众收入等方面具有促进作用，有助于民族地区进一步融入社会主义市场经济体系，铸牢经济共同体。从社会发展层面来看，实施乡村振兴战略、发展村寨旅游业有助于持续改善民族地区基础设施、教育、医疗、就业条件，通过持续改善民生，让民族地区群众过上好日子，这是铸牢社会共同体的应有之义。从文化方面来看，推动各民族文化的传承保护、交流交融和创新利用，树立和突出各民族共享的中华文化符号和中华民族形象，是铸牢文化共同体的重要内容。文化是村寨旅游业的核心吸引物，中华文化的根脉在乡村，加强民族文化的保护、传承创新与交流交融既是旅游发展的需要，也是乡村振兴的重要组成部分，更是增强文化自信、铸牢文化共同体的有效路径。从生态方面来看，人与自然的生命共同体是中华民族共同体的基础，在铸牢中华民族共同体意识的整体性要求下，必须要树立人与自然的生命共同体观念[3]。发展村寨旅游业离不开村寨周边良好的生态环境，加强对生态自然空间的整体保护、修复和改善乡村生态环境又是当前乡村振兴的重要组成部分，与铸牢生态共同体紧密相关。

---

[1] 林尚立：《现代国家认同建构的政治逻辑》，《中国社会科学》，2013年第8期，第32页。
[2] 顾超：《西北地区中华民族共同体意识培育研究》，兰州大学，2020年，第223页。
[3] 顾超：《西北地区中华民族共同体意识培育研究》，兰州大学，2020年，第231页。

第二节 理论基础

一、当代中国民族理论

(一) 当代中国民族理论的基本内涵

当代中国民族理论是以马克思民族理论为来源，以毛泽东中国特色民族理论为理论基础，凝聚了改革开放以来历届党中央领导集体的政治智慧。第一，我国是统一的多民族国家。现代社会的中华民族以中华人民共和国立于世界民族之林，有明确的领土版图和主权利益，独立自主地处理国际国内事务，是"统一领土之上最高政治法律共同体"，具有明显的政治属性[①]。第二，我国的民族结构是"多元一体"格局。"一体"是指同一国家、同一理想、同一目标和同一任务，"多元"是指多民族、多语言、多文化、多传统[②]。第三，我国各民族的关系是平等、团结、互助、和谐的社会主义民族关系。我国各民族呈大杂居、小聚居分布状态，各民族相互交融、彼此团结、互相帮助、互相尊重、共同繁荣，形成了一个你中有我、我中有你、谁也离不开谁的大家庭。

(二) 各民族共同繁荣是党的民族理论与政策的归宿

由于地理、历史等因素影响，少数民族和民族地区经济社会发展相对滞后。长期以来，党和政府通过西部大开发、兴边富民行动、扶持人口较少民族、开展精准扶贫等政策，极大地促进了少数民族和民族地区经济社会和文化发展。但与东部发达地区相比，大部分民族地区的经济社会发展明显滞后。没有民族地区的全面小康，就没有全国的全面建成小康社会。民族地区的共同繁荣是事关全面建成小康社会全局性的大事，是顺利实现建设社会主义现代化强国宏伟目标的必要前提。民族地区存在的矛盾和问题是经济社会发展不平衡不充分的问题，最终需要靠发展来解决，各民族共同繁荣是党的民族理论与政策

[①] 陈瑛：《中华民族共同体意识核心认同研究》，西南民族大学，2020年，第28页。

[②] 丹珠昂奔：《中华民族共同体意识的概念构成、内涵特质及铸牢举措》，《民族学刊》，2021年第1期，第4页。

的归宿。

各民族共同繁荣不是某一方面的繁荣,而是各民族的经济和社会得到发展,自身素质得到提高,并且各民族的特点得到展现,共同走向富裕文明的社会[①]。它既包括少数民族和民族地区的繁荣发展,也包括汉族和其他地区的繁荣发展;既包含少数民族自身族体的繁荣发展,也包含民族地区社会的繁荣发展[②]。具体来讲,一是各个民族的经济、政治、科技、教育、文化、卫生等事业高度发展;二是各个民族的优秀文化传统得到充分发扬;三是各个民族的身体素质、政治素质、道德素质、文化素质等达到现代文明的标准;四是各个民族之间的发展差距逐步缩小,实现全国性的协调发展[③]。

(三) 铸牢中华民族共同体意识

2014年,习近平同志在新疆工作座谈会和中央民族工作会议上提出"坚持打牢中华民族共同体的思想基础",在2015年西藏工作座谈会上再次强调要大力培育中华民族共同体意识。2017年,党的十九大报告提出铸牢中华民族共同体意识,加强各民族交往交流交融,并在随后写入新修订的党章中。2019年,习近平同志在全国民族团结进步表彰大会上提出,实现中华民族伟大复兴的中国梦,就要以铸牢中华民族共同体意识为主线,把民族团结进步事业作为基础事业抓紧抓好。"铸牢中华民族共同体意识"是中华民族在同心实现伟大复兴中国梦过程中对百年未有之大变局挑战的回应,是新时期做好民族工作的创新之举。

中共中央办公厅、国务院办公厅印发的《关于全面深入持久开展民族团结进步创建工作 铸牢中华民族共同体意识的意见》指出:中华民族各民族是一荣俱荣、一损俱损的命运共同体,在历史发展中逐步形成了你中有我、我中有你、谁也离不开谁的多元一体格局。中华民族和各民族的关系是一个大家庭和家庭成员的关系,各民族之间的关系是一个大家庭里不同成员的关系。文件从国家观、民族观和民族关系等角度阐释了中华民族共同体意识的内涵。

我国民族地区在军事、政治、文化、生态等方面均具有重要的战略地位,但民族地区发展相对滞后的现实与其战略地位不相符。村寨旅游业是民族地区具备旅游发展基础的乡村实现产业振兴的路径选择之一,并对当地生态、文化

[①] 吴仕民:《民族问题概论》,四川人民出版社,1997年,第221页。
[②] 胡华征、青觉:《论社会主义时期各民族共同繁荣发展的内涵》,《云南民族大学学报(哲学社会科学版)》,2006年第23期,第30页。
[③] 龚学增:《民族、宗教基本问题读本》,四川人民出版社,1999年,第105页。

等多方面具有带动作用。民族地区乡村振兴事关民族地区的安定团结，事关各民族的共同繁荣。岷江上游羌族地区地处青藏高原东南缘，不论是历史上还是今天，都是各族人民交流交往的重要通道。区域内生活着包含羌族在内的多个民族，各民族相互影响、互动、交融，共同造就了区域多彩多样的文化，共同维护了安定和谐的社会局面。村寨旅游发展、乡村振兴战略的实施必将进一步加强各民族的交流与交融，进一步促进区域经济社会发展，有助于区域内各民族群众进一步铸牢中华民族共同体意识。同样，铸牢中华民族共同体意识也将从更深层次推动区域经济社会发展。

二、乡村旅游理论

（一）乡村旅游的基本特征

1. 乡村性

乡村性是乡村旅游的核心和独特卖点，是吸引旅游者进行乡村旅游的基础和界定乡村旅游的重要标志。从地理角度来看，乡村是一个空间概念，其地域辽阔、人口密度较小，与城市是相对的。乡村旅游只能是发生在"乡村"这个空间之中的旅游。从资源的角度来看，乡村旅游开发应依托乡村所特有的旅游资源。乡村旅游资源主要包括三个方面：一是指以乡野风光为主的自然旅游资源，二是指以乡村建筑、聚落、饮食、服饰、农事活动等为主的人文旅游资源，三是以民俗、文化、音乐等为主的无形旅游资源。乡村旅游产品应根植于乡村旅游资源，其旅游活动应与乡村生活紧密相关，即有乡村性的旅游活动。

2. 体验性

除具备传统旅游项目的共性外，乡村旅游使旅客在主体行为上具有很大程度的参与性、娱乐性，它的本质在于体验[①]。乡村旅游的主要消费者为城市居民。工作紧张、生活节奏快与日益严重的环境问题，触发城市居民产生回归自然、返璞归真的愿望[②]。传统的乡村生活和环境成为最具吸引力的旅游资源之一。乡村的自然景观、民风、民俗、劳作方式等均是乡村旅游产品的重要载体，旅游者在进行乡村旅游活动时，可以体验到乡村生产、生活、生态的乐

[①] 邹统钎等：《乡村旅游：理论·案例》，南开大学出版社，2017年，第5页。
[②] 安徽大学农村改革与经济社会发展协同创新中心课题组：《乡村旅游：中国农民的第三次创业》，中国发展出版社，2016年，第7页。

趣，满足其回归自然、返璞归真的愿望。

3. 当地居民的高参与性

乡村居民可以从多个层面参与乡村旅游。一方面，乡村居民作为乡村生活方式、民风民俗的重要载体，已经是乡村旅游活动的重要参与者，向旅游者展示当地特有的生产、生活方式。另一方面，乡村旅游在激活农村资源、拓展农业功能、开发与利用当地特色文化的同时，给当地居民带来创业和就业机会，他们可以通过劳动、经营等参与方式从乡村旅游中获益。同时，随着土地"三权分置"等政策的落实，当地居民还可通过土地经营权流转进行资本性参与，大大拓展了当地居民在乡村旅游中的参与面与参与程度。

（二）乡村旅游的动力、生命周期及可持续性

1. 乡村旅游的动力

乡村旅游的发生由供给与需求及其两者的关系所决定[1]。乡村旅游需求推动了乡村旅游产品的生产和供给，乡村旅游供给的特色和创新对需求有引导作用，并能诱发出新的乡村旅游市场需求[2]。收入水平提高、闲暇时间变多、乡土认同增强、"逆城市化"现象出现等是城市居民产生乡村旅游需求的重要因素，驱动农民供给乡村旅游产品的因素是获取经济利益。

2. 乡村旅游地的生命周期

Walter Christaller 等学者对旅游地生命周期进行了一些前期研究。目前，被国内外学者普遍接受的是巴特勒（Butler）于 1980 年提出的 S 型曲线和六阶段模型。参照巴特勒的模型，乡村旅游地的生命周期可分为探索、参与、发展、巩固、停滞、衰落或复苏六个阶段。影响旅游地生命周期的因素较多，主要包含环境质量与容量、商业化、区位、交通、基础设施、资源、居民支持度、旅游形象、竞争力、发展速度、外部投资、政策、客源市场、外部环境等[3]。

3. 乡村旅游的可持续性

自可持续发展理论产生以后，旅游的可持续发展迅速引起人们关注。1995

---

[1] 安徽大学农村改革与经济社会发展协同创新中心课题组：《乡村旅游：中国农民的第三次创业》，中国发展出版社，2016 年，第 8 页。

[2] 高林安：《基于旅游地生命周期理论的陕西省乡村旅游适应性管理研究》，东北师范大学，2014 年，第 25 页。

[3] 徐致云、陆林：《旅游地生命周期研究进展》，《安徽师范大学学报（自然科学版）》，2006 年第 6 页，第 600 页。

年，联合国教科文组织通过了《可持续旅游发展宪章》；1997年6月，世界旅游组织发布了《关于旅游业的21世纪议程》。旅游可持续发展有三个方面的实质含义，即公平性、持续性、共同性。民族村寨旅游业的可持续发展包括经济、社会、文化、生态等多方面的发展，涉及的主体包括村寨居民、村寨组织、政府、企业以及其他利益相关者[①]。

（三）乡村旅游的分类

1. 按形成机理分

根据乡村旅游系统中各方所起作用的差异，可将其分为需求拉动型、供给推动型和政策扶持型三种。需求拉动型主要受市场需求影响，一般位于城市周边或景区等客源地周边，如四川省成都市的三圣乡、郫县农科村等地。供给推动型主要受旅游供给的影响，与旅游资源高度关联，具有一定的经济基础，具备投入开发乡村旅游产品的实力，如陕西袁家村。政策扶持型主要受政策推动影响，多分布于西部地区或贫困地区乡村，如旅游扶贫村。

2. 按依托资源分

按照乡村旅游依托资源的不同，可将其分为历史文化型、自然生态型和农业元素型等。历史文化型依托古民居、古街巷、古民俗等历史文化价值较高的乡村文化遗产，以文化的保护与利用为核心，围绕文化遗存发展旅游，形成文化记忆浓厚、文化体验性强的文化主导型的乡村旅游发展模式[②]。自然生态型以乡村自然生态为核心吸引力，构建欣赏乡村景观、认知自然、培养与体验生态的旅游环境，如桂林的龙脊梯田。农业元素型主要依托乡村原有或可引进的农林畜牧等产业资源发展主题旅游，以主题产业的生产、生活体验为特色，带动乡村产业结构调整优化，形成产业引导性的乡村旅游发展模式。

3. 按区位条件分

根据乡村旅游的区位条件，可将其分为城镇依托型、景区依托型和交通依托型三种。城镇依托型主要分布于城郊或环城带，以城镇居民为主要客源，依托城镇的配套服务和空间延伸，提供差异化、特色化的乡村旅游产品和服务。景区依托型一般分布于景区周边或内部，属于景区部分功能和业态的外溢与延伸，主要发展食、住、购等业态作为依托景区的补充。交通干线依托型一般沿

---

① 肖琼：《民族旅游村寨可持续发展研究》，经济科学出版社，2013年，第34页。
② 干永福、刘锋：《乡村旅游概论》，中国旅游出版社，2017年，第16页。

具有目的地性质的景观道分布，形成具有特色的乡村旅游聚集点，客源来自景观道的自驾或团队群体。

4. 按参与主体分

按参与主体在乡村旅游活动中所起作用的差异，可将其分为农民主导型、政府主导型、企业主导型及混合型四种类型。农民主导型是由农民对自己所拥有的旅游资源进行管理，各自承担风险并独享经济收益，常见模式有"农户+农户"、个体农庄、村集体主导等。政府主导型由政府统筹规划开发与运营管理，以旅游发展收益反哺资源保护投入，并为当地居民提供就业机会，促进农民增收[①]。企业主导型以成熟的公司组织架构来投资开发并运营管理乡村旅游项目，多分布于资本经济活跃度高、市场相对成熟、土地与资金政策较完善的地区。混合型是指由农民、政府、企业、投资商等多方共同参与乡村旅游的开发运营管理，主要有股份制和合作制两种经营模式。

需要指出的是，乡村旅游的分类并不是截然分离的，它们有时相互涵盖，一些乡村旅游目的地同时包含多种类型特征。

乡村旅游理论对本书的指导意义主要有两方面。第一，村寨旅游是西南民族地区乡村旅游的主要表现形式，其基本特征、发展动力、生命周期、可持续性及分类与乡村旅游具有较大关联。第二，岷江上游羌族村寨旅游业经过二十余年的发展，虽取得了一定成绩，但在产业发展方面也面临着诸多问题，运用乡村旅游理论作为指导，既可有效总结村寨旅游发展经验，也有助于针对问题科学探索其优化发展路径。

三、产业融合理论

（一）产业融合的定义

由于研究环境及研究视角的差异，不同学者对产业融合的定义也存在差异。通过梳理国内外相关文献，本书将产业融合的定义归结为三类。

一是从技术的角度定义。早期关于产业融合的研究多从技术角度进行切入，美国学者 Nathan Rosenberg 在对美国机器工具产业的研究中发现技术的扩散现

[①] 干永福、刘锋：《乡村旅游概论》，中国旅游出版社，2017年，第19页。

象,并将其定义为"技术融合"。其后,Gaines[①]、Fai & Tunzelmann[②]、卢东斌[③]、周正华[④]等相继从技术的角度对产业融合进行了界定。囿于当时产业融合发展实际,这些观点将技术发展作为产业融合的关键因素,对制度、需求、社会转型等方面的因素研究不足。二是从产品的角度定义,如欧洲委员会、Yoffie[⑤]、Stieglitz[⑥]等对产业融合的定义,强调不同产业采用了相同技术后,原来相对独立的产品出现了相似特征,使产业的边界模糊、产品难以区分。三是从产业的角度定义,这种视角突破了从技术和产品本身的角度来看待产业融合,使产业融合的内涵得到了拓展性的表述,认为产业融合具体包括产业组织、产业发展、产业系统等内容,如日本学者植一草[⑦]、我国学者厉无畏[⑧]等均持这种看法。除上述三种视角外,一些学者还从创新视角、模块理论、产业分离与融合的关系等方面定义产业融合。

虽然学者们对于产业融合的定义角度不同、各有侧重,但基本达成共识:产业融合是一种从信息产业逐渐扩散到其他产业的经济现象;产业融合已经成为产业发展的趋势,其正在重塑传统产业的结构形态,并将广泛影响产业演变方式。

(二) 旅游产业融合的动力

旅游产业自身发展、转型、升级、优化结构的需求是其产业融合的原生动力,市场经济体制下企业的逐利行为和寻求利益最大化是这种原生动力的根源。旅游需求是旅游产业融合的拉力。随着经济社会的发展,人们对旅游的需求呈多样化、细分化、复合化特点,传统旅游单一的业态难以满足多样化的市场需求,传统的旅游形式不断寻求新的突破和创新。同时,传统的农业、工业、文化等产业也需要进行转型与升级,产业之间的互动、交叉、融合成为可

---

① Gaines B R. The learning curves underlying convergence. Technological Forecasting & Social Change, 1998, 57 (1-2): 7-34.

② Fai F, Tunzelmann N V. Industry-specific competencies and converging technological systems: evidence from patents. Structural Change & Economic Dynamics, 2001, 12 (2): 141-170.

③ 卢东斌:《产业融合:提升传统产业的有效途径》,《经济工作导刊》, 2001年第3期,第4页。

④ 周振华:《信息化进程中的产业融合研究》,《经济学动态》, 2002年第6期,第12-14页。

⑤ Yoffie D B. Competing in the age of digital convergence. California Management Review, 1996, 38 (4): 31-53.

⑥ Stieglitz N. Digital Dynamics and Types of Industry Convergence: The Evolution of the Handheld Computers Market. Social Science Electronic Publishing, 2003: 179-208.

⑦ 植草益:《信息通讯业的产业融合》,《中国工业经济》, 2001年第2期,第24-27页。

⑧ 厉无畏:《产业融合与产业创新》,《上海管理科学》, 2002年第4期,第4-6页。

能。政府政策、经济环境、社会文化、技术创新等环境因素是旅游产业融合的推力。在民族地区政府政策对旅游产业融合的推力最为明显，政府通过制定相关产业政策、调整管理机制、放松产业管制、降低准入门槛等方式促进了旅游产业的多元化发展。同时，技术创新也是推动旅游产业融合的关键因素，如信息技术、互联网技术催生了旅游＋电商、旅游＋直播等新兴业态。

（三）旅游产业融合形态及效应

旅游业与第一产业的融合形态包括与农业、林业、畜牧业、渔业等产业的融合。农旅融合最直接的形式是农业旅游，其具体形式又包含农业观光、休闲农业、创意农业、乡村旅游等。旅游与林业的融合形态主要是森林旅游，其载体有湿地公园、生态林场、植物园、野生动物园等。旅游与畜牧业融合的主要形态是休闲畜牧业，其载体有观光休闲牧场、亲子牧场、牧家乐等。旅游与渔业的融合产生新型渔业，其载体有渔家乐、水族馆、海洋博物馆等。旅游与第一产业的融合，可以通过市场机制整合资源，带动农民就业，促进农村地区经济发展，完善农村基础设施，保护和传承乡土文化等。

旅游业与第二产业的融合形态主要包括工业旅游、旅游装备制造、旅游工艺品生产等。工业旅游是工旅融合的主要产物，是以工业遗产资源为核心，结合现代化展示手段，向游客提供生产体验的一种旅游形式。工旅融合有助于促进传统工业的转型升级和产业结构调整，培育了工矿企业新的经济增长点，同时也拓展了旅游业发展领域，使资源得到优化配置。

旅游本身属于第三产业，旅游与其他第三产业的融合形态包括旅游业与餐饮、住宿、文化、商贸、交通、会展、体育、医疗、教育、康养、技术等多个行业的融合，其中文旅、商旅、康旅等融合形式在民族地区较为常见。文化产业与旅游产业的融合主要表现为文化旅游，具体有影视＋旅游、文创＋旅游、非遗＋旅游、节事＋旅游、演艺＋旅游等多种形式。需要注意的是，文化旅游只是文旅融合的一种形式，文化旅游的表现形式丰富多样且仍朝着多样化、个性化方向发展，新的产品类型和产业形态仍将不断出现。商旅融合的主要形式有购物旅游、城市游憩商业区、文化旅游商业街区等。康旅融合主要有康复疗养、养老、养生、保健等业态形式，目前，专业人才短缺、高端医疗设备不足成为民族地区康旅融合的阻滞因素。

产业融合理论对本书的指导意义主要是两个方面。一是羌族村寨旅游资源具有多元性特征，文化、农业、生态等多元并存，多种旅游资源的互动、融合是羌族村寨旅游发展的资源基础。二是乡村振兴战略指导下的产业振兴，不仅是农业的振兴,更是农村一、二、三产业的融合发展,旅游产业本身具有高关联、高互动的产业特性,旅游与其他产业的融合也仍将是民族村寨旅游业发展的重心。

四、乡村文化变迁与文化保护理论

(一) 乡村文化的变迁性

在人类学视野中,文化变迁一般指的是文化自身的发展或异文化间的接触交流造成的文化内容或结构的变化[①]。任何一个社会都在发展变化,体现其特征的文化也随之变化,均衡是相对的、暂时的,变迁才是绝对的、永恒的[②]。适应生存和发展、与时俱进、不断更新是文化的特质,文化只有在不断变迁中才能获得发展和进步[③]。随着工业化、城镇化、信息化不断地加快,中国乡村的传统体制被打破,乡村的空间结构、社会结构不断变化,乡土文化价值取向变得多元,乡村文化处于不断变迁之中。

(二) 乡村文化变迁的动因

文化变迁的内因是一种文化内部社会生产方式的变革,生产方式的变革导致各种社会现象的变化,既而增加或减少文化形态,引起文化变迁;文化变迁的外因是一种文化受到外来文化的冲击和影响,从而引起文化变迁[④]。

乡村旅游的推进,影响着乡村文化的变迁。乡村的生态、生产、生活等是乡村旅游发展的重要资源。乡村旅游不仅具有审美价值和娱乐价值,更具有市场价值。一方面,旅游作为一项产业进入乡村,必然会带来新的生产方式,其旅游设施、设备及基础设施建设等方面会促进乡村旅游地的技术进步和工艺发展;同时,人们运用新的生产方式进行生产,必然会导致文化变迁。另一方面,旅游作为一种文化活动、社会活动,会促进外部信息、文化进入乡村,会对乡村旅游目的地的社会、文化产生冲击,导致其文化变迁。在旅游需求的驱

[①] 陈国强:《简明文化人类学词典》,浙江人民出版社,1990年,第136页。
[②] 宗晓莲:《布迪厄文化再生产理论对文化变迁研究的意义——以旅游开发背景下的民族文化变迁研究为例》,《广西民族学院学报(哲学社会科学版)》,2002年第2期,第22页。
[③] 陈煦、李左人:《民族・旅游・文化变迁:在社会学的视野中》,四川人民出版社,2009年,第5页。
[④] 朱沁夫:《旅游与目的地文化变迁》,《旅游学刊》,2013年第11期,第7页。

使下，乡村旅游目的地的经济结构、生产方式、风貌、社会结构、服饰、饮食、习俗、节庆等均会发生一定程度的变迁。一般来说，旅游开发介入越早、程度越深，乡村文化的外在变化就越明显、内在变迁就越深入。

需要指出的是，旅游是促进乡村旅游目的地文化变迁的重要力量，但引起文化变迁的因素是多方面的。如乡村文化变迁与国家制度安排有着必然联系，法律典章、战略规划、区域布局等使得乡村地理样貌、经济行为、社会结构和文化空间发生巨大变化，乡村文化时空的变迁也无不折射出制度安排的内在逻辑[①]。

（三）乡村文化的保护

当今，区域文化、民族文化、传统文化正经受着最为严峻的考验，人们对于全球化可能带来的文化同质性感到担忧。其实，全球化使地方文化出现同质性的同时，地方文化异质性的一面也凸显了出来。旅游活动本身就是建立在不同区域文化的差异性之上，旅游中商品化的文化正是对文化个性的强调和认同，有利于乡村文化的传承和保护。在市场需求及利益的驱使下，旅游开发下的乡村为了满足游客对区域特色文化的好奇心，往往会在景观建设、文化塑造上下功夫，刻意保持原始、追求回归，客观上起到了复兴与传承乡村文化的作用。

随着经济社会的发展，岷江上游羌族村寨的文化处于不断变迁之中。近年来，在社会主义新农村建设、灾后重建、精准扶贫以及旅游业发展等因素推动下，羌族村寨文化变迁速度进一步加快。在乡村振兴进程中，正确看待羌族旅游村寨文化变迁以及促进文化的保护与传承，既是振兴乡村文化的战略要义，也是村寨旅游业发展需要面临的现实课题。

五、中国当代产权理论

人们对产权理论的关注由来已久。在中国传统文化中也不乏关于产权思想的论述，如"大道之行也，天下为公""民之为道也，有恒产者有恒心，无恒产者无恒心"等。我国当代产权制度的建设主要受马克思主义产权理论影响，在建立和完善社会主义现代产权制度的过程中，逐步形成了中国当代产权

---

① 高静、王志章：《改革开放40年：中国乡村文化的变迁逻辑、振兴路径与制度构建》，《农业经济问题》，2019年第3期，第50页。

制度。

(一) 产权可以被细分

马克思主义产权理论认为产权是指财产权，财产权并不是单一的权利，而是一组权利的组合体，包括所有权、占有权、使用权、支配权、经营权、索取权、继承权和不可侵犯权，在财产权这一组合体中，财产的各种权利可以是统一的，也可以是分离的[①]。我国产权制度改革从农村开始，家庭联产承包责任制打破了人民公社体制下的平均主义，通过包产到户、包干到户等形式激发农民参与劳动的积极性，让农户成为真正的经营主体[②]。十一届三中全会开启了国有企业改革序幕，其改革重点是所有权与经营权的分离。把经营权从统一所有权中分化与独立出来交给企业，国家保持其资产的所有权。企业资产的国家所有权主要表现为国家掌握终极所有权和经济上的收益权，而占有即支配使用权、部分收益权和部分处置权则归企业[③]。

(二) 社会主义公有制产权有多种表现形式

生产关系要适应生产力发展的需要，一定的生产力发展水平需要一定的生产关系形式，这是马克思主义的基本观点。1949年后，我国进行了三大改造，建立了单一公有制结构。改革开放后，家庭联产承包责任制等多种形式的联合体成为农村集体经济形式的新模式，跨区域、跨行业、跨所有制的经济联合体大量出现，国有控股、国有参股等股份公司出现，公有制经济的实现模式不断多元化[④]。党的十八大以来，我国在全民所有制和集体所有制基础上开始推进混合所有制这种新型公有制实现形式。社会主义经济建设实践证明，社会主义公有制产权形式并不是固定的。

(三) 混合所有制经济是我国基本经济制度的重要实现形式

混合所有制并不是新生事物，在国有企业股份制改革的过程中，混合所有制已逐步发展。党的十八届三中全会提出要积极发展混合所有制经济，允许更

---

① 李炳炎：《马克思产权理论与我国现代产权制度建设》，《学习论坛》，2005年第1期，第12页。
② 方茜：《中国所有制理论演进与实践创新》，《社会科学战线》，2020年第9期，第62页。
③ 张文贤：《中国产权改革的顶层设计和产权理论的学术前沿——刘诗白经济思想研究之二》，《经济学家》，2012年第7期，第8页。
④ 何玉长：《公有制实现形式的历史演进与现实思考》，《学术月刊》，1998年第7期，第44页。

多国有经济和其他所有制经济发展成为混合所有制经济[①]。发展混合所有制是破解公有制和市场经济相结合命题的一种必然选择,它符合现代市场经济的本质要求和社会主义的本质要求[②]。国有资本、集体资本、非公有资本等交叉持股、相互融合的混合所有制经济是基本经济制度的重要实现形式。

(四)非公有制经济是社会主义市场经济的重要组成部分

从党的十三大到十七大,中国不断深化以公有制为主体、其他经济形式为补充的经济体制改革。党的十五大确立了多种所有制经济共同发展的社会主义初级阶段的经济制度,明确提出非公有制经济是我国社会主义市场经济的重要组成部分。党的十六大、十七大又进一步指出要毫不动摇地发展非公有制经济。党的十八届三中全会把以公有制为主体、多种所有制经济共同发展的基本经济制度提高到社会主义制度的"重要支柱"和社会主义市场经济的"根基"的高度来认识。2017 年,党的十九大报告再次强调"毫不动摇巩固和发展公有制经济,毫不动摇鼓励、支持、引导非公有制经济发展"。因此,在社会主义初级阶段,不断调整所有制结构,大力发展非公有制经济是一项全局性、战略性的决策。

中国当代产权理论对本书主要有三方面的指导意义。第一,村寨旅游业主体所有制结构和经营模式从始至今都是多元化的,以中国当代产权理论为指导有助于保证和促进各类旅游业主体的健康发展。第二,从中央政策来看,深入推进土地"三权分置"、农地入股、股份合作等是当前农村产权改革的重点。第三,下一步村寨旅游与乡村振兴将更多地赋权于村民以激发其创新能力,整合资源,坚持深化产权制度改革。

本章小结

本章对本书所要涉及的重要思想、理论进行了梳理,对乡村振兴与民族村寨旅游发展的内在联系进行了讨论。

中央提出和实施乡村振兴战略是基于改革开放以来我国"三农"问题发展

[①] 程俊杰、章敏、黄速建:《改革开放四十年国有企业产权改革的演进与创新》,《经济体制改革》,2018 年第 5 期,第 91 页。

[②] 彭巨水:《我国社会主义初级阶段混合所有制研究》,中共中央党校,2019 年,第 71 页。

变化和国内发展不平衡不充分问题依然突出、农村是发展不平衡不充分的薄弱环节的现实，以推进我国农业农村现代化为宗旨，以产业、人才、文化、生态、组织为一体，多元化解乡村衰落问题的综合性方略。岷江上游羌族地区在四川省内和全国民族地区中均属欠发达地区，农村发展不平衡不充分的问题更加突出。同时，岷江上游羌族地区又是自然旅游资源和民族文化旅游资源禀赋十分优越的地区，乡村旅游业也起步较早，又经历了灾后对口支援和旅游业重建振兴，故在这一地区大力实施乡村振兴战略具有紧迫性，而以发展民族村寨旅游业为其产业振兴路径和切入点是具有现实可行性的选择。

乡村振兴与民族村寨旅游业发展具有紧密的内在联系。民族地区发展村寨旅游业必须置于乡村振兴这一大的历史进程之中；乡村振兴是未来数十年中国乡村发展的全方位指南，有具体任务、指标体系和阶段发展要求，对村寨旅游业具有重要的引导作用。民族地区乡村因特殊的区位、自然生态、历史等方面原因，传统农业、工业对乡村振兴的作用有限，必须走新型产业发展道路，村寨旅游业是具有发展旅游条件的民族村寨推进和实现乡村振兴的有效路径和优先选择。民族村寨旅游业本身具备的产业发展、经济富民、民族团结和社会稳定、文化传承与开放、生态环境保护等效应与乡村振兴战略的目标与要求高度契合，两者具有内在的逻辑联系。同时，村寨旅游业与乡村振兴的融合发展，对民族地区铸牢中华民族共同体、加强民族团结进步、促进民族地区长治久安与各民族共同繁荣，具有重要的意义。

第二章　岷江上游羌族村寨基本情况与乡村振兴战略的初步实施

第一节　岷江上游羌族地区概况

一、羌族与岷江上游羌族地区

（一）羌族

羌族是中国本土古老的民族群体，他们以牧羊为主，最早活动于甘肃、青海之交的黄河上游及渭水上游一带[①]，《说文解字》《资治通鉴》《后汉书》《华阳国志》《太平御览》《风俗通义》等古籍资料对其多有记载。徐中舒先生在《羌族史》序中指出："羌族是古代西戎牧羊人，分布在中国西部各地。"[②] 这里的羌并不是某个单一民族，而是泛指西部"逐水草而居"的"古羌"或"氐羌族群"。古羌分布甚广，族类复杂而繁盛，并不断向外迁移，与今天的汉、藏、彝、哈尼、傈僳、普米、拉祜、怒、基诺、景颇、阿昌、独龙等多个民族有非常密切的族源关系，被费孝通先生称为"一个向外输血的民族"。

羌族自称"尔玛"，意为本地人，主要分布在阿坝州的汶川、理县、茂县、黑水、松潘，以及绵阳市北川县、平武县等地，还有少量散居于成都周边。汶川特大地震中，其聚居的汶川、北川、茂县、理县等地受灾严重，羌族的经济、文化、社会、环境等遭到严重破坏。这一地区得到国家的极大关注，灾后重建后，羌族地区面貌一新。

[①] 何光岳：《氐羌源流史》，江西教育出版社，2000年，第1页。
[②] 冉光荣、李绍明、周锡银：《羌族史》，四川民族出版社，1985年，第1页。

（二）岷江上游羌族地区

四川拥有全国唯一的羌族聚居区，羌族人口集中分布在汶川、理县、茂县和北川四县，黑水、松潘的部分区域也有羌族人口聚居。除北川位于涪江流域，其余各县均位于岷江上游区域。羌族是岷江上游地区主要民族之一，主要分布在岷江及其支流杂谷脑河和黑水河的干旱河谷。本书着重考察汶川、理县、茂县羌族村寨旅游业发展情况，文中的"岷江上游羌族地区"主要指汶川、理县、茂县三地。

二、自然地理概况

（一）地质

岷江上游羌族地区是青藏高原的东向延伸部分，地质环境处于不断变化之中。在漫长的地质历史发展过程中，各构造区域孕育了各自不同的岩相构造，历经晋宁－澄江运动、印支运动、喜山运动等多次地质变动，相互间干扰、穿插或者结持，形成各种构造复合现象[1]。褶皱和断裂发育，尤其是深大断裂发育，如茂汶断裂、岷江断裂、松坪沟断裂、米亚罗断裂等，使出露的地层从元古界到新生界都有，以中生代三叠系地层分布最广；出露的岩石主要为陆相碎屑岩、火山碎屑岩、碳酸盐岩和区域变质岩。在河谷地带古生界泥盆系月里寨群和志留系茂县群的千枚岩、板岩、变质砂岩间夹碳酸盐岩的岩层广泛露出，其岩性软弱，在多期地质构造运动作用下岩体破碎，是泥石流、滑坡等山地灾害发育的物质基础[2]。

（二）地貌

岷江上游羌族地区属第一阶梯青藏高原向第二阶梯即四川盆地及其边缘山地过渡地带，在中国的地貌区划中属于青藏山原昆仑山与横断山系、青南藏东川西滇西山原与高山、青南藏东川西山原。在四川省地貌区划中，该区域地貌属于四川西部高山高原区、川西北丘状高原山地二级区、岷山邛崃山高山区。

---

[1] 包维楷、王春明：《岷江上游山地生态系统的退化机制》，《山地学报》，1999年第18期，第58页。
[2] 吴宁、刘庆：《山地退化生态系统的恢复与重建——理论与岷江上游的实践》，四川科学技术出版社，2007年，第20页。

汶川一带，岷江有四级阶地，一级基座阶地相对高度5米，阶面平坦，宽80~90米；二级相对高度10~12米，宽50~70米；三级相对高度50~55米；四级为侵蚀阶地，高出江面150~160米①。岷江上游羌族地区地貌类型以高山及深切河谷为主，岷山山岭高程在4000米以上。区域内山高、坡陡、切割深，为地质灾害的产生提供了条件，低山、中山、高山地貌区泥石流、滑坡等自然灾害频发，严重影响当地居民的生产生活。

（三）气候

岷江上游羌族地区大部分区域的气候明显具有青藏高原季风气候特征，大致可以分为三种气候类型。漩口至绵虒地区为北亚热带半湿润河谷气候，茂县沙坝区中心地区为暖温带半干旱河谷气候，茂县镇坪一带以上为温带半湿润河谷气候。区域内日照随高程升高而增加，茂县、汶川、理县三县春秋季长，夏季短；旱期与雨期分明。区内气温分布自西北向东南递增，降水量分布则自西北的松潘县向东南的茂县逐渐减少，又自汶川县向南、自灌县（今都江堰市）向西北的寿溪河上游、白沙河上游激增。雨日自北、西、南向茂县、汶川一带渐减；水面蒸发量则自北、西、南向汶川一带渐增；相对湿度自北向南递增②。

由于岷江上游羌族地区地势起伏较大，区内各地气候、降水及其他自然地理要素亦随之变化并形成多种气候类型，在海拔高度上孕育了从亚热带、暖温带、寒温带到寒带的多种气候类型。在水平分布方面，以温度为例，具有从河流下段至上段，从河谷至山地递减的趋势。如汶川县年平均气温在13℃左右，茂县在11℃左右。年降水量分布以岷江上游下段及寿溪口至都江堰两侧山地为最多，可达1000~1500毫米；而茂汶—汶川段河谷一般只有400~700毫米③。

（四）动植物

岷江上游两岸海拔较低地区自然植被稀疏，植被呈多刺、叶小、质厚、匍匐的旱生群落；高山区域森林资源丰富，以冷杉、云杉、桦木、落叶松、柏木等为主；高山区以上多为高山灌丛草甸带，主要植物有高山柳、杜鹃等。山区

---

① 冯广宏、张文渊、陈跃均：《岷江志》，四川省水利电力厅，1990年，第170页。
② 冯广宏、张文渊、陈跃均：《岷江志》，四川省水利电力厅，1990年，第125页。
③ 吴宁、刘庆：《山地退化生态系统的恢复与重建——理论与岷江上游的实践》，四川科学技术出版社，2007年，第20页。

盛产各种菌类、药材。松茸、猴头菇、羊肚菌、木耳等菌类产量丰富，虫草、贝母、黄芪、木香、羌活、大黄、天麻、党参等天然中药材有数百种，是区域内百姓的重要收入来源。岷江上游羌族地区草场资源丰富，干旱河谷灌丛草地、山地灌丛草地、高山草甸草地、亚高山草甸草地、高寒灌丛草甸草地随海拔依次分布。

岷江上游羌族地区野生动物资源丰富，兽类、鸟类、鱼类、两栖爬行类、昆虫等各类动物 2000 余种，其中包含大熊猫、金丝猴、白唇鹿、牛羚、小熊猫、林麝、马鹿、云豹、雪豹、猞猁、红腹角雉等国家级保护动物数十种。

（五）矿产

岷江上游羌族地区地质构造复杂，地层发育完整，岩浆岩分布广，矿产资源丰富，出产金、银、铜、铅、锰、锌、黄铁等金属矿和石榴子石、大理石、硅石、白云石、水晶石、石灰石、磷、煤等非金属矿产。

三、历史文化概况

（一）历史沿革

岷江上游羌族地区历史文化悠久，新石器时代就有人类生息、繁衍。茂县波西、营盘山和沙乌都等新石器时代遗址的发掘，表明在距今 4500~6000 年前后，该区域已具有相当高的文明程度。

秦汉时期，中央王朝先后设置蜀郡、汶山郡等管辖今岷江上游地区。唐代时期，由于吐蕃的崛起及其向东扩张，唐蕃双方在岷江上游地区频繁征战，在该区域形成吐蕃居民与诸羌部落居民杂处的局面。自宋代开始，藏族人据有岷江上游北端，羌族人占有南端的局面逐渐形成。明朝时期，朝廷通过茶马互市、设置土司等方式完成了对岷江上游地区的行政建制与政治、军事控制，大量汉民也在此时进入岷江上游地区，进一步促进了岷江河谷与低山地带的开发。清初，朝廷仍沿袭明朝土司制度，并在今汶川、理县、茂县等地又册封一批土司；乾隆十七年（1752 年），灭杂谷土司，置杂谷厅，其土司所属领地重新划分，实行同内地汉区相同的地方行政管理制度[①]。民国时期，四川省第十六行政督查区在汉藏、汉羌杂居地推行县、区、乡（镇）保甲制，汶川、茂

---

① 阿坝藏族羌族自治州地方志编纂委员会：《阿坝州志》，民族出版社，1994 年，第 173 页。

县、理县等地在列，新行政管理制度逐渐深入该区域。

新中国成立后，汶川、茂县和理县相继解放并成立人民政府。20世纪50年代，岷江上游羌族地区各县按照民族区域自治制度规定，建立了区和乡一级自治政权。在完成民主改革和社会主义改造后，岷江上游羌族地区进入新的发展阶段。1958年4月，汶川、茂县和理县部分地区合并成为茂汶羌族自治县，辖13区、45乡和3镇，县政府驻地威州镇。1963年3月，汶川、理县恢复建制，茂汶县只辖茂县，县政府驻地凤仪镇。1987年，茂汶县改为茂县。1990年，阿坝州撤销区级建制，实行县、乡两级管理。如今，岷江上游羌族地区社会稳定、民族团结，各县事业稳步发展，人民生活水平不断提高。

（二）语言

羌语属藏缅语族羌语支，分为南北两大方言。北部方言主要分布在茂县黑虎、三龙、较场一线以北的羌族聚居区，这一线以南的沟口、渭门和汶川、理县地带的羌族聚居区则主要为南部方言①。北部方言区接近牧区，口语中反映牧区生活的词比较丰富；南部方言区的居民主要从事农业，口语中反映农区生活特点的词语比较多。由于受汉语和藏语影响，羌语方言中出现了一些汉语和藏语借词，南部方言主要从汉语中吸收借词，北部方言从藏语中借词较多，内容涉及政治、经济、工农业生产、文化教育、卫生及军事等方面②。由于和汉族往来频繁，使用汉语的羌族人民众多。在现代化的今天，四川话已经成为大多数羌族人民的日常语言。

（三）宗教信仰

羌族人相信万物有灵、众神皆各具法力③。羌族崇信的神有三十余种，大致可分自然界诸神、家神、劳动工艺神和地方神四种。自然界神有天神、地神、山神、火神、羊神、牲畜神等，家神主要是祖先崇拜，劳动工艺神有建筑神、石匠神、铁匠神、木匠神等，地方神有石狗、羊等。

羌族人民所信仰的这些神都与其所从事的农、牧、林业生产与日常生活有着密切的关系，除火神以锅庄代表外，其余诸神均以一种乳白色的石英石作为

---

① 阿坝藏族羌族自治州地方志编纂委员会：《阿坝州志》，民族出版社，1994年，第426页。
② 阿坝藏族羌族自治州地方志编纂委员会：《阿坝州志》，民族出版社，1994年，第429页。
③ 徐学书、喇明英：《羌族特色文化资源体系及其保护与利用研究》，民族出版社，2015年，第127页。

象征，被广泛地供奉在山上、屋顶、地里以及石砌的塔中[①]。

羌族的祭祀活动繁多，以祭山最为隆重。祭山会又名"山神会""塔子会""山王会"，它是古羌人祭祀山神，祈求人畜兴旺、五谷丰登、林木茂盛、地方太平的大典[②]。祭山会时由释比作法，演唱羌族历史传说及史诗，内容一般为团结友爱、维护羌人共同利益、乡规民约、封山育林、保护庄稼等。此外还有吊狗祭山、搜山祈雨等宗教活动，理县和北川等地还流行川主会，祭祀川主神李冰父子。

羌族的宗教活动由释比主持，他们是不脱离生产的宗教职业者，专门从事诸如祭山、还愿、安神、驱鬼、治病、除秽、招魂、消灾以及男女合婚、婴儿命名、死者安葬和超度等活动[③]。释比在羌族社会中具有崇高的地位，只能由男性充任，除少数父子相传外，一般为师徒相授，其技艺全凭口传和在实践中学习。传授内容是经过几十代、上百代释比师承的羌族文化[④]。因此，释比也是羌族文化的传承者。

除了自身的原始宗教之外，羌族地区自清中叶改土归流以来，内地佛教和道教亦从汉区相继传入。清末明初，在交通沿线的城镇及部分乡村，又相继传入了西方的天主教、基督教[⑤]，但信仰者不多。这些外地传入的宗教与羌族的原始宗教并存，而原有的释比则与和尚、道士、喇嘛并存。

（四）习俗

1. 居住

羌族村寨一般分布在高山、半山腰或河谷台地上，规模大小不等。羌族住房多是平顶，呈方形，四周墙壁均用乱石砌成，一般高达6~12米，分为2~3层。底层为圈，用来养牲畜；中层住人，除卧室外有起居室，室中设有火塘、神龛[⑥]。除住房以外，羌族村寨多建有坚固高大的碉楼，一般高耸于房屋一侧和村的周围以及关口要塞等地。碉楼的种类与类型十分丰富。从建筑材料来分，有石碉和土碉；从外观造型来分，有三角碉、四角碉、五角碉、十二角

[①] 冉光荣、李绍明、周锡银：《羌族史》，四川民族出版社，1985年，第340—341页。
[②] 《羌族简史》修订本编写组：《羌族简史》，民族出版社，2008年，第191页。
[③] 《羌族简史》修订本编写组：《羌族简史》，民族出版社，2008年，第194页。
[④] 四川省少数民族古籍整理办公室：《羌族释比经典（上卷）》，四川民族出版社，2008年，第2页。
[⑤] 冉光荣、李绍明、周锡银：《羌族史》，四川民族出版社，1985年，第345页。
[⑥] 阿坝藏族羌族自治州地方志编纂委员会：《阿坝州志》，民族出版社，1994年，第459页。

碉、十三角碉等七类；从功能来分，有家碉、经堂碉、寨碉、战碉、烽火碉、哨碉、官寨碉、界碉、要隘碉等；此外按当地民间说法，还有所谓公碉、母碉、阴阳碉、姊妹碉、房中碉等①。岷江上游羌族地区民居及碉楼是在特定的地形、气候、建筑材料、生产生活方式和生产力水平等因素共同影响下形成的，它与区域的民族、社会、历史和文化紧密相连，具有较高的科学价值、审美价值、教育价值和经济价值等。

2. 服饰

在羌族传统服饰中，男子一般包青色和白色头帕，穿自织的长过膝的白色麻布或蓝布长衫，外套一件羊皮褂子，脚着草履，少数人穿布鞋或牛皮靴，裹羊毛或麻织成的绑腿，称为"毪子"，束腰带②。羌族妇女喜缠青色或白色头帕，青年妇女常包绣有各色图案的头帕或将瓦状的青布叠顶在头上，用两根发辫盘绕做髻；一般冬季包四方头巾，上绣各色图案，春秋季包绣花头帕，穿有花边的绣花飘带；喜戴银牌、领花、耳环、圈子和戒指等饰物③。羌族在与周边藏族、汉族的交流交融过程中，服饰也受到一定影响。靠近西藏文化区的羌民，衣着受藏族影响较大，男子也穿大领长袖、长袍的衣衫，妇女着裙；男女均束腰带，着高筒皮靴。与汉族毗邻的羌民，则受汉族服饰的影响，多着汉装，节假日才穿戴本民族服饰。

3. 饮食

羌族人民的主食有玉米、小麦、青稞、荞麦以及胡豆、黄豆、豌豆等，常食用的蔬菜有圆根萝卜、莲花白、白菜、辣椒等。羌族特色饮食有大米和玉米面拌合蒸制成的"金裹银""银裹金"，还有猪肉制成的"猪膘"等，其中"猪膘"以烟熏干，存放愈久、颜色愈黄而愈加珍贵。此外，羌族人民还喜欢饮用青稞、大麦等酿制而成的咂酒，饮时启坛注入开水，插上竹管，轮流吸吮。

4. 医药

羌族人民在与疾病作斗争中积累了丰富的医疗经验，羌医、羌药独具特色。羌医认为，人体由石、水、火、气、血以及精微物质构成，外为躯体，内为脏腑，由管道相通连接，石、水、火、风是构成大自然的四种基本物质，也是致病的四种因素，四者协调是健康的状态，四者失调，就会使人生病；羌医

---

① 石硕、刘俊波：《青藏高原碉楼研究回顾与展望》，《四川大学学报（哲学社会科学版）》，2007年，第5期，第74页。
② 冉光荣、李绍明、周锡银：《羌族史》，四川民族出版社，1985年，第332页。
③ 阿坝藏族羌族自治州地方志编纂委员会：《阿坝州志》，民族出版社，1994年，第460页。

用看、闻、听、问和把脉等方法来为病人诊病，针对不同的病采用内服、外敷、推拿、针灸和手术等方法来治疗，表现出鲜明的同病异治、异病同治、内外结合、综合治疗的特色；在用药方面，羌医治疗多用植物药鲜品，就地取材，极少炮制，配方严谨、简练，以单位药为主，一种药常常可以治疗多个病种，使用时会根据实际情况采用煎、散、酒、熏洗、含漱以及膏敷等不同方法①。

由于羌族没有自己的文字，传统的医药知识多以师徒口传形式传承，具有强烈的经验性。羌族人民多有上山采药的习惯，家里常年保存羌活、柴胡、贝母、松贝等常用药材，成年羌族人民大多能用羌药配置简单的药方用以治疗感冒、腹泻等常见疾病。

（五）文化艺术

1. 民间文学

羌族民间文学是羌族人民集体的创造，反映了羌族人民的历史、生活、习俗和思想感情，表现了羌族人民的审美观和艺术情趣，其内容丰富，题材广泛，体裁多样，有神话、传说、寓言、故事、童话、谚语、歌谣等②。羌族民间文学中有许多思想性和艺术性都很高的作品，如《开天辟地》《斗安珠和木姐珠》《羌戈大战》《黑虎将军》《太子坟》《卡普歌》《泽基格布》等。

2. 舞蹈与乐器

舞蹈是羌族文化生活中不可或缺的重要部分。羌族舞蹈种类多样，大致可分为自娱性、祭祀性、礼仪性和集会性四类。自娱性舞蹈多载歌载舞，如《莎朗》《哟初布》等；祭祀性舞蹈源于释比作法时的宗教舞蹈，现多演变为庆祝丰收、节日的群众性舞蹈，如《羊皮鼓舞》《盔甲舞》等；礼仪性舞蹈一般在隆重的集会活动中展示，向宾客表示尊敬和欢迎；集会性舞蹈是带有军事性质的男子舞蹈，用于村寨、部族盛大的集会或出征前的誓师等场合③。

羌族的民族乐器也很丰富，人们往往通过演奏乐器来抒发自己的思想感情，如通过羌笛、月琴或口弦倾诉爱情，叙述旧社会的苦难；用唢呐表现自己

---

① 张丹、孟凡、范刚等：《岷江上游生物多样性与羌族医药可持续协调发展研究》，《中央民族大学学报（自然科学版）》，2011年第20期，第36页。
② 冉光荣、李绍明、周锡银：《羌族史》，四川民族出版社，1985年，第347页。
③ 《羌族简史》修订本编写组：《羌族简史》，民族出版社，2008年，第211页。

心中的欢乐等①。羌笛是著名的羌族民间乐器，曾经在古老的神州大地广为流传，成为汉、唐、宋、明各代文人学士都描述过的著名乐器之一，在历经数千年后的今天，仍然广泛流传于岷江和涪江上游一带②。如今羌笛演奏的曲调已不再是凄凉的古曲，而多是欢畅悠扬的《拜堂调》《忆苦思甜曲》《迎宾曲》《丰收乐》等。此外，羌族人民常用的乐器还有小锣、手铃、羊皮鼓等。

3. 民间工艺

建筑技艺和纺织技艺是羌族最具特色的两项民间工艺。羌族的特殊传统建筑技艺主要包括砌石技艺和夯筑技艺两大类，代表着这两大技艺最高水平的"羌族碉楼营造技艺"被列入国家级非物质文化遗产名录。羌族的纺织技艺主要包括羊毛纺织、纺麻织布、刺绣、布贴等。其中，刺绣最负盛名，在羌族群众的腰带、围腰、鞋带、头帕、袖口、衣襟甚至袜底都随处可见。羌族的刺绣在构图、配色、针法等方面都极具民族特色，题材多取于生活中的自然景物，如花草、瓜果、鸟兽等。汶川特大地震后，羌绣作为被扶持的产业，其技艺和题材都有所创新。

此外，羌族工匠在索桥、栈道建造，银器制作以及石器雕刻等方面都具有相当的工艺水平。

4. 节庆

羌族人有自己传统的民族节日，这些节日大多与农事活动、宗教信仰密切相关，其中以"祭山会"和"过小年"最为重要。祭山会这天，每家都要在房顶上插杉树枝，在室内神台上挂剪纸花并点松光、烧柏枝；在祭祀天神"木比塔"时，释比敲着羊皮鼓，唱本民族史诗，并宰羊作祭品。十月初一过小年也很隆重，全寨人停止劳动，由释比宰牛、羊祭祀天神，而后，由四人抬着白石游遍全寨；有的家户还要用面粉做成各种形状的小牛、小羊、小鸡等祭品，用以供奉天神祖先；有的地方，还要在神林里由释比跳神，宰祭羊，并洒血在神坛前，羊肉则分给各家带回，再邀请亲友饮酒、歌舞，持续五至七天，以庆祝当年的丰收③。此外，还有独雄大会、羊神祭、吊狗祭山、青苗会、山神祭、观音会、领歌节、川主会、日麦节、牛王会等多个民俗节日。同时，在与汉族相同的春节、清明、端午、中秋等节日期间，羌族人民也要举行各类活动。

---

① 冉光荣、李绍明、周锡银：《羌族史》，四川民族出版社，1985年，第358页。
② 《羌族简史》修订本编写组：《羌族简史》，民族出版社，2008年，第216页。
③ 冉光荣、李绍明、周锡银：《羌族史》，四川民族出版社，1985年，第338—339页。

（六）风物特产

岷江上游羌族地区日照时间较长，昼夜温差较大，水果、蔬菜等品质较高。有机蔬菜、甜樱桃、青红脆李、苹果、花椒、核桃及核桃花、食用菌等果蔬产品盛名在外。茂汶苹果、茂县李、汶川车厘子等被列为地理标志产品，羌脆李、甜樱桃、番茄、莴笋等被列为绿色认证产品，腊肉、鸡蛋、萝卜、白菜等产量较大。

此外，野生道地药材、漆树等品质也较高，市场声誉较好。雕刻、银饰、羌绣等手工艺产品也久负盛名。

四、经济社会发展概况

（一）经济发展概况

岷江上游羌族地区农耕历史较长，古羌先民在秦汉时期已从事农业，汉代已种麦，至迟唐代已使用牛耕。尽管农业活动历史悠久，但羌族地区人民的耕作却长期停留在刀耕火种、二牛抬杠等粗放的生产方式上。新中国成立后，政府大力发展生产，通过建立农业技术推广站、举办农技培训班，帮助农民改进耕作技术、推广良种、防御自然灾害、提高产量；工业、交通建设也逐年发展，民族贸易日趋活跃，物价稳定[①]。改革开放以来，岷江上游羌族地区利用特殊的光、热及地理区位条件，大力发展水果、蔬菜、药材等经济作物。同时，乡镇企业也得到迅速发展，种植、建筑、采掘、食品、木材加工、轻化工、水力发电、建材、农机具、交通运输、商业等行业不断发展。20世纪末，岷江上游羌族地区的第三产业发展加快，旅游业、金融业等服务行业兴起，第三产业比重稳步提升。进入21世纪，岷江上游羌族地区产业结构不断调整，农村经济和农业现代化逐步推进，工业化水平进一步提高。

汶川特大地震使岷江上游羌族地区损失惨重，在国家的政策支持和社会各界的援助下，公路、电力、通信、供水等基础设施迅速恢复，重要商品的仓储、批发、转运、流通、产业园区等产业设施的建设，为区域产业、经济进一步发展奠定了良好基础。

在第一产业方面，岷江上游羌族地区重点发展生态农业和特色畜牧业，优

[①] 《羌族简史》修订本编写组：《羌族简史》，民族出版社，2008年，第105页。

化产业布局。汶川县按照"南林北果"①加特色畜牧的战略布局，深入推进农业结构供给侧结构性改革，累计建成产业基地95万亩、畜禽规模化标准养殖场31家，特色水果基地13.6万亩，县"三品一标"农畜产品达15个。理县大力发展无公害农业，建设高标准核心种植示范基地8个，建成标准化养殖小区23个，巩固提升发展2个万亩产业基地，水果产量达1万吨，蔬菜产量达12万吨，形成了以大白菜、甜樱桃、青红脆李为代表的特色农产品品牌集群。茂县围绕建设"川西北高原生态农业发展高地"的农业发展定位，调整和优化现代农业产业布局，突出农业基础设施新建或改扩建，引进推广农业种植新模式、新技术和新品种，大力发展有机蔬菜、青红脆李、甜樱桃、苹果、花椒、食用菌类、道地中药材等生态农林产品，在优化产业布局的同时，促进新型农业经营组织逐步发展。理县发展农业专业合作组织近400家，带动7000余户农牧户产业发展；茂县成立农业龙头企业协会，培育龙头企业3家，成立农民专业合作社108家，家庭农场16家，获得"四川省现代农业产业基地强县""四川省农产品质量安全监管示范县""四川省无公害农产品整体推进县"等称号②。

岷江上游羌族地区是阿坝州的工业中心，在震后恢复重建中，各县按照绿色、环保、低碳、循环发展思路，推动产业结构转型升级。汶川县大力发展铝、锂、电子材料、人工晶体、硅、电力等产业，同时加快新能源、新材料、新医药等新型工业发展，推动工业产业由单一型资源开发向复合型加工制造转变。理县充分利用资源优势，发展绿色食品、清洁能源、循环工业等产业，加快传统工业改造升级。茂县将建设"川西北高原绿色循环工业示范地"作为全县工业发展方向，支持传统高载能工业企业实施技术改革升级和产业转型。同时，引进培育农牧产品加工、羌医药研制、羌民族文化工艺品生产等特色产业，走新型循环工业发展之路。

在一、二产业稳步发展的同时，羌族地区旅游、文创、民俗文化、电子商务等第三产业快速发展，并逐渐成为拉动区域经济增长的主要力量。汶川县建成国家级电子商务进农村示范县，依托"互联网+"，建设川青甘高原物流产业园区，吸引电商物流企业、电商主体、"微商"入驻，通过网络平台有效地展示了汶川旅游资源、农特产品、文创产品。理县积极培育和扶持文化产业，

---

① 三江镇、映秀镇、漩口镇、水磨镇、耿达镇、卧龙镇等县域南部区域，重点发展林业及相关产业；威州镇、灞州镇、绵虒镇等北部区域，重点发展特色水果种植产业。

② 茂县人民政府信息公开工作办公室：《茂县持续优化产业结构》，http://www.maoxian.gov.cn/mxrmzf/c100050/201908/421c61c7da554f268689b7077fb346c0.shtml。

围绕"羌绣"文化资源进行文化创意产品和手工艺品的商业开发,全县注册文化企业和农民专业合作社 50 余家,从业人员近 500 人,年产值近 2000 万元[①]。茂县以打造"全国羌文化旅游目的地"为载体,深挖特色优势资源和羌族文化底蕴,举办国家级羌族文化生态实验保护区建设成果展、羌年庆典、"瓦尔俄足"、"水神节"、"转山会"等非物质文化遗产活动,加快发展演艺娱乐、工艺美术等文化产业,建设了一批具有羌族地区特色的文化创意、影视制作、演艺娱乐和民族传统手工艺等产业示范基地。

基础设施不断完善、产业结构的优化调整使区域经济稳步增长(见表 2-1)。2019 年,岷江上游羌族地区地区生产总值为 141.22 亿元、社会消费品零售总额为 25.55 亿元、财政收入 6.93 亿元、旅游收入 91.92 亿元,分别占阿坝州总额的 36.2%、30.79%、26.25%、40.39%,在全州 13 个县(市)中排名前列;城乡居民可支配收入超过四川民族地区平均水平,接近四川省平均水平。综合看来,岷江上游羌族地区是阿坝州经济发展的增长极,在全省民族地区也属发展较好区域。

表 2-1 岷江上游羌族地区经济发展概况(2019 年)

县域	地区生产总值(亿元)	三次产业结构(%)	固定资产投资增长度(%)	公路总里程(千米)	社会消费品零售总额(亿元)	财政收入(亿元)	财政支出(亿元)	旅游收入(亿元)	城镇居民可支配收入(万元)	农村居民可支配收入(万元)
汶川	72.64	14.8:43.3:41.9	9.3	616.46	10.84	3.76	20.21	28.73	3.47	1.48
理县	27.98	10.5:27.4:62.1	-26.3[②]	816.25	5.26	1.30	12.97	40.68	3.48	1.42
茂县	40.60	18.2:39.4:42.4	22	1292.00	9.78	1.87	19.06	22.39	3.45	1.44

资料来源:根据《汶川县 2019 年国民经济和社会发展公报》《理县 2019 年国民经济和社会发展公报》《茂县 2019 年政府工作报告》整理。

(二)社会发展概况

在灾后重建、精准扶贫等工作的推动下,近年来岷江上游羌族地区的人口、教育、文化、医疗卫生、民族团结与社会治安等方面进步明显。

1. 人口

到 2019 年末,岷江上游羌族地区户籍人口为 24.49 万人(见表 2-2)。以

---

① 相关信息和数据来源于与理县政府工作人员的深度访谈。
② 由于汶马高速理县境内部分工程基本竣工,该年度固定投资额度大幅减少。

1990年人口数为基数,该区域总人口增长了10.8%。从人口的分布来看,该地区人口在自然地域、城乡分布、民族等方面呈现出多种分布特点。从自然地域角度来看,随着地势由西北向东南展延缓降,理县人口偏少,茂县、汶川人口相对较多。从城乡分布角度来看,汶川、理县、茂县城镇化率分别为49.21%、39.52%、43.14%,远高于阿坝州28.19%的平均水平。从民族类别角度来看,岷江上游各民族人口总体分布呈现出大杂居、小聚居的特点,其中西北端的山原高原地带藏族人口分布较为集中,羌族人口集中居住在高山峡谷。

表2-2 岷江上游羌族地区人口结构(2019年)①

县域	户籍人口数(人)	男性人口比例(%)	女性人口比例(%)	羌族人口比例(%)	城镇化率(%)	人口自然增长率(‰)
汶川	92476	51.72	48.28	39.50	49.21	4.68
理县	43078	50.65	49.35	33.53	39.52	3.91
茂县	109390	50.88	49.12	92.50	43.14	5.10

数据来源:根据《汶川县2019年国民经济和社会发展公报》《理县2019年国民经济和社会发展公报》《茂县2019年政府工作报告》整理。

2. 教育

加速发展现代教育是促进区域经济社会发展的根本途径,岷江上游羌族地区各级政府把教育放在了十分重要的位置。通过全面落实《四川省民族地区教育发展十年行动计划》、十五年免费教育、"9+3"免费职业教育、"一村一幼"等政策,岷江上游羌族地区形成了完备的现代教育体系,截至2019年,拥有幼儿园65所、小学49所、普通中学12所、普通高等学校2所以及特殊教育学校1所,在校小学生14150人、中学生12530人,专任小学教师1785人、中学教师1403人②,普通本(专)科在校学生人数11184人、专任教师549人③。通过实施义务教育均衡发展战略,学前三年入园率接近100%,小学学龄儿童、初中生入学率达到100%。各县中学为高等学校输送了大量高中毕业

---

① 截至2021年3月,汶川、理县、茂县均未公布2020年人口相关数据,故此处采用2019年数据。

② 四川省统计局、国家统计局四川调查总队:《四川统计年鉴(2020)》,中国统计出版社,2020年,第284页。

③ 四川省统计局、国家统计局四川调查总队:《四川统计年鉴(2020)》,中国统计出版社,2020年,第467页。

生，2019年汶川县、茂县高中升学率分别达96.5%、97%。该地区教育事业取得的进步还包括大量的师资培训、学历达标、教育改革、扫除青壮年文盲、职业教育和教育对口支援等工作。

3. 文化

多样的民族文化是中华文化的宝贵财富。近年来，各级政府和社会各界重视羌族文化的保护与传承。第一，羌族民间文艺成果的收集整理出版。震后重建以来，岷江上游羌族地区各县加强了对羌族民间故事、谚语、歌谣、音乐、舞蹈的收集、整理、编印工作，使其得到传承，并使其作为羌族人文资源在旅游经济中得到开发和利用。第二，羌族民间工艺的保护和传承。羌绣、羌雕、剪纸、建筑技艺等逐渐得到恢复，羌族碉楼营造技艺被纳入国家级非物质文化遗产名录，汶川杨华珍藏羌织绣文化传播有限公司成为国家级非遗文化生产性保护基地。第三，羌族艺术创作和表演。羌族音乐、舞蹈等具有浓厚的原生态特征，经艺术工作者的收集、整理、再创作后，可带给观众强烈的艺术感染力。当地相继推出《羌魂》《萨朗姐》《花儿纳吉》等大型原生态歌舞节目，羌族多声部民歌、卡斯达温舞、羊皮鼓舞、铠甲舞等表演在旅游展演和羌族传统节庆中广受游客和羌族群众欢迎。第四，民族体育得到发展。羌族推杆、摔跤、武术、抱蛋、骑马马、押加等传统体育项目得到推广。汶川县已连续举办数届羌族传统体育运动会，推广和发展羌族传统体育。第五，羌族博物馆建设。汶川特大地震后，羌族博物馆建设得到重视，茂县羌族博物馆得以重建，岷江上游羌族地区被纳入"羌族文化生态实验区"，桃坪羌寨、黑虎羌寨等以村寨为载体的民族生态聚落博物馆不断建设，萝卜寨村、老人村等多个村寨被纳入《中国传统村落名录》加以保护。除此之外，羌族古籍整理、羌族社会科学研究成果不断涌现，在推动岷江上游羌族地区文化繁荣方面发挥了重要作用。

加强农村公共文化建设是促进乡风文明的重要举措。岷江上游羌族地区各县已基本形成县、镇、村三级公共文化服务体系，博物馆、图书馆、文化馆、文化站、农家书屋等设施配套齐全；政府定期举行公益电影放映、送文化下乡活动，组织居民开展年俗、民俗文化活动等。各县广播、电视人口综合覆盖率接近100%，茂县被评为省级"现代公共文化服务体系示范县"。各县成立融媒体中心，利用微信、微博等新媒体平台发布各项信息。

4. 医疗卫生

近年来，岷江上游羌族地区医疗卫生事业发展迅速。一是县、镇、村三级医疗卫生服务网已具有相当规模（见表2-3）。各县均建有村级卫生室并配有专职卫生人员，医疗卫生服务延伸到各个村寨，医疗卫生网实现全覆盖。部分县级医院、乡镇卫生院实现了远程医疗，村民可享受更快捷、优质的医疗资源。二是卫生防疫网络体系逐渐健全。各县均设立疾控中心，医疗单位、学校等场所配备专门的防疫医生，使传染病和地方病的流行得到有效遏制。三是全民健康管理水平提升。汶川县对居民健康情况进行调查统计，2017—2019年连续三年发布汶川县居民健康指数，全民健康素养水平从13.6%上升到16.8%；理县深入推进家庭签约医生工作，居民健康建档率达93.6%；茂县建立居民健康档案10.9万份，基本掌握全县居民健康情况[①]。随着社会经济发展，羌族人民的生活水平不断提高，公共卫生环境明显改善，卫生事业对促进岷江上游羌族地区经济发展、社会进步具有不可替代的作用。

表2-3 岷江上游羌族地区医疗卫生概况（2019年）

县域	卫生机构数（个）	卫生机构床位数（张）	每千人口医疗卫生机构床位（张）	卫生技术人员数（人）	每千人口卫生技术人员数（人）
汶川	120	541	5.85	612	6.62
理县	100	243	5.64	472	10.96
茂县	218	635	5.69	828	7.57

资料来源：根据《汶川县2019年国民经济和社会发展公报》《理县2019年国民经济和社会发展公报》《茂县2019年国民经济和社会发展公报》整理。

5. 民族团结与社会治安

巩固发展平等团结、互助和谐的民族关系，铸牢中华民族共同体意识是近年来岷江上游羌族地区民族团结工作的重心，该地区将民族团结工作与经济发展、脱贫攻坚、维护稳定、凝聚人心等工作结合，共同构筑民族团结和谐关系。2019年，汶川县成功创建"全省民族团结示范县"，并有63个单位获州、县级民族团结称号；理县依托省级民族团结示范县创建工作，全县171个部门、乡镇、村社、企事业单位实现创建工作全覆盖，成功创建州、县示范（先进）单位130个；茂县自2010年以来，先后创建省级、州级、县级民族团结进步示范（先进）单位238个，全国民族团结进步教育基地1个，并于2021

[①] 相关数据来自汶川、理县、茂县《2019年国民经济和社会发展统计公报》《2019年政府工作报告》。

年被命名为第八批全国民族团结进步示范县。

近年来，阿坝州在加强地方立法、法治政府建设工作的同时，不断加强基层法治建设。岷江上游羌族地区各级政府全覆盖开展联户联情、联寺联僧、法律政策七进、"两联一进"群众工作，"零距离"开展民意僧情走访、法律政策宣讲、助民解困帮扶工作。汶川县构建自治、共治、德治、法治、网格化"4+1"社会治理格局，创建"省级法治示范县"。理县依托国家级法治示范县创建工作，创建"阿坝州依法治村示范村"和"阿坝州村民自治模范村"各26个。茂县推动法律顾问进村、进社区，实现全县152个村（社区）专职法律顾问全覆盖。

第二节 岷江上游羌族村寨的基本情况

一、岷江上游羌族村寨的数量和所属行政区划

岷江上游羌族地区村寨规模大小各异，既有超百户的大寨，也有三五户的小寨，寨一般对应自然村。为了行文方便，本书主要以行政村的口径来统计岷江上游羌族村寨数量（见表2-4）。按照羌族人口数量，这些村寨主要分布在汶川的5个镇、理县的2镇3乡和茂县的11个镇。

表2-4 岷江上游羌族村寨数量及所属行政区划

县	乡（镇）	行政村（个）	代表性羌族村寨
汶川	威州镇、灞州镇、绵虒镇、映秀镇、水磨镇	96	牛脑寨村、禹碑岭村、布瓦村、萝卜寨、老人村、月里村、联合村、龙溪村、俄布村、阿尔村、大寺村、木上村、克枯村等
理县	薛城镇、桃坪镇、通化乡、木卡乡、蒲溪乡	32	桃坪村、佳山村、曾头村、休溪村、蒲溪村、甘溪村、通化村、色尔村等
茂县	凤仪镇、南新镇、富顺镇、土门镇、叠溪镇、赤不苏镇、洼底镇、沙坝镇、黑虎镇、渭门镇、沟口镇	149	安乡寨、白腊村、甘清村、牛尾村、沙湾村、坪头寨、牟托村、水西寨、小河坝村、杨柳村等
合计	21	277	

资料来源：各县2019年农业经济报表（不含社区）。

汶川县位于四川盆地西北部边缘，居阿坝州东南部；地理坐标为北纬30°45′~31°43′、东经102°51′~103°44′，东西宽84千米，南北长105千米，辖区面积4084平方千米；辖威州、灞州、绵虒、映秀、漩口、水磨、三江、卧龙、耿达9镇。岷江、杂谷脑河及其支流沿岸的威州、灞州、绵虒等地是汶川羌族村寨的主要分布地，如灞州镇羌族人口占比达98.5%，南部的水磨、映秀等地也有相当数量的羌族人口。这些地区的羌族村寨，因长期接近汉人地区，受汉文化影响较深。

理县位于四川盆地西北，阿坝州东南部，东南连汶川，西南靠小金，西接马尔康，北临茂县、黑水，西北通红原；地理坐标北纬30°54′43″~31°12′12″、东经102°32′46″~103°30′30″；县境东西长83千米，南北宽78.2千米，辖区面积4318平方千米，辖6镇8乡。理县的羌族村寨主要分布在甘堡以东，桃坪、通化、薛城、蒲溪等地都是羌族村寨的分布地区。理县自古以来就是汉人与嘉绒藏族贸易的重镇，而今又是西去阿坝州政府马尔康的中间要镇。理县羌族长期受嘉绒藏族与汉族的双重影响[①]。

茂县位于四川省阿坝州东南部，地理坐标为东经102°56′~104°10′，北纬31°25′~32°16′，地跨岷江和涪江上游高山河谷地带，东西长116.62千米，南北宽93.73千米，辖区面积3896.3平方千米，辖11镇。茂县是羌族人口比例最高的县，是典型的羌族地区，羌族人口主要分布在全县149个行政村。茂县的羌族从南至北、由东向西呈现出由汉至藏（嘉绒）的过渡现象。最西的曲谷、维城与最北面的牛尾、双泉等地受藏族影响较多，而最东边的土门一带则受汉族影响较大。

二、岷江上游羌族村寨风貌、地理分布

（一）岷江上游羌族村寨的风貌

从不同角度出发对村寨风貌可以有多种理解，但我们大致可认为村寨"风貌"直观地展现了村寨的人文和自然景观，其要素构成可分为自然风貌、建筑、文化习俗、经济产业等。

自然风貌主要包括地形、气候、水文、动植物等，它们是羌族传统村寨生

[①] 王明珂：《羌在汉藏之间：川西羌族的历史人类学研究》，中华书局，2016年，第8页。

长的根基[①]。岷江上游羌族地区地势以山地、深切河谷为主，受地理环境影响，羌族村寨主要依山势而建，可分为高山、半山、河坝等类型；考虑到岷江水患，羌族村寨多靠近山脊或远离湍急水域。建筑风貌方面，羌族村寨主要有民居、碉楼、过街楼、广场、景观小品等，各村寨也存在一定差异。羌族民居往往就地取材，建筑与自然风貌融为一体，有萝卜寨、布瓦寨等地的黄泥夯土民居，有羌峰村以木质梁架石墙体的"阪屋"，有黑虎、曲谷等地碉楼与石砌民居相结合的碉楼民居，也有震后恢复重建的石砌与混凝土结合的民居等。文化习俗方面，各村寨结合旅游业的发展，挖掘和利用了一批羌族传统习俗，如牛尾村的铠甲舞、桃坪村的花儿纳吉赛歌会、蒲溪乡的夬儒节等。经济产业对村寨风貌影响较大，如以商业为重心的桃坪羌寨新寨与旧寨风貌明显不同，种植业较发达的坪头村、布瓦寨、木卡羌寨等地形成了颇具特色的羌寨田园风光。

（二）岷江上游羌族村寨地理分布

1. 在海拔高度上的分布

在岷江上游羌族地区，当地居民通常将山体分为河谷、半山（二半山）、高半山和高山等四部分。在不同的海拔高度，羌族村寨分布具有明显差异。孙松林利用ArcGIS的重分类工具对岷江上游2059个聚落点按照民族类别进行划分，发现羌族聚落主要分布在海拔1400~3200米的干旱河谷和低半山缓坡地带，达700余个[②]。河谷地带土地、水源等资源丰富，交通便利，聚集了大量羌族村寨。低半山缓坡带虽交通不便，但土地资源相对丰富，且距高山牧场、森林等距离较近，对习惯于半农半牧和兼有狩猎习惯的羌民来说，无疑是较为理想的居住之地。总体来看，岷江上游羌族村寨在海拔分布上呈"高疏低密"的分布特征。

2. 在地貌类型上的分布

岷江上游的地形地貌与海拔高度紧密相关，在不同的地形地貌上，羌族村寨的分布也存在差异。地形起伏越大的地区，适宜居住的面积越小，地形起伏越小的区域，适宜居住的面积则越大[③]。已有研究表明，羌族主要分布于中起

[①] 柳斌：《阿坝州地区灾后重建羌族村落风貌延续性研究》，湖南大学，2019年，第18页。
[②] 孙松林：《岷江上游地区藏羌聚落景观特征的比较研究》，北京林业大学，2018年，第94页。
[③] 刘颖、邓伟、宋雪茜等：《基于地形起伏度的山区人口密度修正——以岷江上游为例》，《地理科学》，2015年第4期，第468页。

伏中山、中起伏高中山两种地貌区。前者位于茂县叠溪以下至理县薛城以东的干旱河谷地带，是羌族村寨的集中分布区，如叠溪较场村、新磨村、桃花村、二八溪村等；后者主要为藏羌交界或杂居的岷江上游两岸V型河谷上部的二半山和高半山地带，如萝卜寨、月里村、西山村等。

三、岷江上游羌族村寨经济概况

（一）农业产业化

与传统的自给自足的农业相比，市场经济正深入羌族村寨生产生活的方方面面，农业与市场接轨，农业生产的专业化、商品化和社会化程度不断加深。在产业结构方面，由于耕地资源紧张和土地细碎化，村寨中粮食的产出效益较低，部分村寨已几无"粮田"，粮食消费严重依赖外部输入。相对于粮食生产，种植商品蔬菜、水果、药材等经济作物的经济效益更可观，后者的种植比例不断增加。在20世纪80年代末，汶川、理县、茂县等地就已经是成都重要的蔬菜、水果供应地之一。目前，岷江上游羌族地区已初步形成了以山地蔬菜、特色水果、酿酒葡萄、高原马铃薯、中低温食用菌、道地中药材等特色产业为主导的农业产业格局。在生产工具和生产技术推广与改进方面，政府通过农资补贴、品种选育和组织专人传授种植技术等方式推动农业的现代化与机械化，机械化的生产工具、改良的作物品种在羌族村寨已经较为普遍。在生产与经营组织方面，龙头企业、农民专业合作社、家庭农场和职业农民等新型农业经营主体逐步发展，"龙头企业＋农户""龙头企业＋合作社＋农户""龙头企业＋基地＋农户""龙头企业＋租赁雇用型农场"等经营模式在羌族村寨开始出现。如汶川以农业庄园模式推动产业化发展，有大禹农庄、拉达布农庄、水磨庄园、彭家沟农庄等；理县大力发展龙头企业，通过引进土豆、葡萄酒、中药材等生态农产品加工企业，促进农产品产销就地化并延长产业链；茂县注重产业基地培育，推广高半山特色水果基地建设模式、河坝地区多功能农业基地建设模式、河坝地区果蔬立体农业基地建设模式、半山地区青脆李专业化基地建设模式、甜樱桃标准化生产基地建设模式、高半山特色蔬菜基地建设模式等特色农业发展模式，实现规模化效益。

近年来，尽管岷江上游羌族地区第一产业比重有所波动，但产值迅速增加（见表2-5），已从2007年的4.07亿元增加到2019年的21.11亿元，增长近4.2倍。第一产业产值的迅速增加，一定程度上说明了岷江上游羌族地区农村产业化程度不断加深，农村经济发展速度加快。

表 2-5 岷江上游羌族地区第一产业产值及比重变化

年份	汶川 产值（亿元）	汶川 比重（%）	理县 产值（亿元）	理县 比重（%）	茂县 产值（亿元）	茂县 比重（%）
2007 年	1.80	6.30	0.76	12.00	1.51	16.00
2011 年	1.92	4.70	1.29	9.80	2.79	14.00
2015 年	3.25	5.90	1.77	8.10	4.83	15.00
2019 年	10.78	14.80	2.94	10.50	7.39	18.20

资料来源：根据 2008—2020 年《阿坝州年鉴》整理。

（二）村寨产业融合发展

在新的时代背景下，农村产业融合发展是农业资源的一次战略性整合，是加快农业转型升级、促进农民持续增收、让农民更好共享增值收益的重要手段[①]。随着农村产业市场化程度不断加深，岷江上游羌族村寨产业逐渐走向融合发展，主要表现为农业产业链条延伸融合和农业与其他产业交叉融合。近年来，随着岷江上游羌族地区新型农业加工企业、电商企业、现代仓储企业的发展，部分羌族村寨农产品生产、加工、销售链条不断延长，从农业生产向生产、加工、流通、销售、服务等多个领域延伸，农业产业功能进一步拓展。如汶川大力扶持茶叶生产企业，促进映秀、水磨地区茶叶种植、加工、销售融合发展；理县引进生态薯条加工企业，促进高原马铃薯生产、加工就地化，提升农产品价值；茂县发展特色水果仓储、流通产业，促进特色水果种植与仓储、电商等行业的融合。农业产业与其他产业交叉融合发展是指农业随着发展跨越农业产业边界，与其他产业相互改变产业链的过程[②]。农业与旅游业的融合是交叉融合的典型案例。在汶川特大地震灾后恢复重建过程中，旅游产业的恢复被置于重要位置。在恢复原有的旅游产业基础上，岷江上游地区的乡村旅游取得长足发展，多个地理区位较好、旅游资源较丰富的村寨被打造成精品旅游村寨。在旅游业的带动下，餐饮、住宿、文化娱乐、民族手工艺等行业在羌族村寨发展起来，村寨产业结构愈加多元，产业之间的边界逐渐模糊，村民的收入来源也不断丰富。

[①] 孙江超：《论农村产业融合发展模式及着力点》，《农业经济》，2020 年第 6 期，第 33 页。
[②] 谭明交：《农村一二三产业融合发展：理论与实证研究》，华中农业大学，2016 年，第 85 页。

四、岷江上游羌族村寨社会概况

(一) 羌族村寨人口

1. 羌族村寨人口数量

新中国成立以来,随着经济社会发展和民族政策的落实与完善,羌族人口快速增长。1953年全国第一次人口普查,羌族人口仅有3.57万人。2002年,北川成为羌族自治县,全国羌族人口增加到30万左右。到2019年底,岷江上游羌族地区三县的羌族总人口已达152333人,其中汶川36503人、理县14443人、茂县101387人。从城镇化来看,岷江上游羌族地区三县平均城镇化率为41.67%,其中理县仅有27%。在三县的城镇常住人口中,除茂县羌族人口比例较高以外,汶川、理县的羌族人口相对较少,大部分羌族人口集中在乡村。

2. 羌族村寨人口结构

民族人口的年龄、性别、受教育程度与民族地区的社会经济发展关系密切[①]。岷江上游羌族地区三县是我国羌族集中分布区域,其中三分之一的羌族人口又集中在茂县,占县总人口比例达92.4%。已有的统计数据未专门对羌族乡村人口结构进行分析,而羌族人口主要分布在乡村地区,因此,茂县的人口结构对岷江上游羌族村寨人口结构具有较大的参照性。由于最新的人口数据难以收集,本书主要采用2000年和2010年全国人口普查数据进行分析(见表2-6)。

表2-6 茂县人口结构

项目		2000年	2010年
年龄结构	0~14岁(%)	28.38	19.96
	15~64岁(%)	67.06	72.75
	65岁及以上(%)	4.56	7.28
	抚养系数(%)	49.13	37.44

---

① 蒋彬:《当代羌族村寨人口结构考察——以巴夺寨为例》,《西南民族大学学报(人文社科版)》,2004年第11期,第15页。

续表2-6

项目		2000年	2010年
性别结构	性别比（女=100）	104.9	104.8
文化教育结构	平均受教育年限（年）	6.43	7.90
	大学及以上学历人口（%）	1.43	6.09

资料来源：根据全国第五次、第六次人口普查数据整理。

关于人口年龄结构的衡量指标，国际上规定有老年系数、少年儿童系数、老少比和年龄中位数，联合国根据这4个指标把人口年龄结构类型划分为年轻型、成年型和老年型[1]。年轻型指0~14岁人口占总人口40%以上；成年型指0~14岁人口占总人口30%~40%；老年型指0~14岁人口占总人口30%以下，而65岁以上人口占到7%[2]。从表2-6可以看出，到2010年时，尽管茂县抚养系数较低，但少年儿童比例已下降到19.96%，65岁及以上人口比例则上升到7.28%，已是老年型人口结构年龄类型。参照茂县人口年龄结构类型，岷江上游羌族地区的年龄结构类型应大致接近老年型年龄结构类型，这对该区域的乡村经济社会发展将产生长期的重要影响。

性别结构是最基本的人口结构之一，是社会构成的一部分。表2-6显示，茂县男性略多于女性，但性别比仍处于103~107的正常范围内，人口性别结构较为平衡。尽管在传统的羌族社会中，男性在内外事务的处理中居支配地位，但由于妇女在劳动中占据重要地位，她们在家庭中具有一定影响力，一些村寨事实上不存在重男轻女的思想和行为。随着社会和经济的发展，妇女的权益和发展机会得到保障，男孩、女孩都受到同等对待，重男轻女的思想进一步淡化。

目前已有多种指标可用于衡量人口的文化教育结构，本书采用平均受教育年限、大学生比例来分析茂县人口文化教育结构。数据显示，茂县人口人均受教育年限低于四川省和全国平均水平；在人才储备方面，大学生数量占人口总量比例较低。总体看来，茂县人口的文化教育结构不够合理，不利于区域经济社会发展。

3. 羌族村寨人口的职业

在传统羌族社会，农业居于绝对的统治地位，村寨居民主要从事农业生

---

[1] 胡志斌、何兴元、李月辉等：《岷江上游人口特征》，《生态学杂志》，2006年第11期，第1367页。
[2] 佟新：《人口社会学》，北京大学出版社，2000年，第212页。

产，种植玉米、小麦等粮食作物和核桃、花椒、苹果等经济作物。除农业生产外，羌族村寨居民还在农闲季节普遍从事挖药材、制碱、背运茶包、做雇用工等副业生产，以增加收入；在一些村寨还有从事木匠、石匠、铁匠等手工工作的居民[1]。

随着岷江上游羌族地区产业结构的调整，羌族村寨居民的就业渠道不断细分，职业类型更加多元化。农业仍是羌寨村民从事的主要行业。汶川、理县、茂县农业从业人员在乡村从业人员中的比例分别高达68.93%、87.12%、75.68%，农业从业人员在乡村从业人员中仍占有绝对比例，他们的具体工作包括粮食和经济作物种植、畜牧养殖等。岷江上游羌族地区是阿坝州工业集中分布区，工业为羌寨居民提供了大量的就业岗位，如茂县土门、理县的杂谷脑和下孟乡、汶川的漩口和映秀一带有相当数量的村寨居民选择就近"进厂上班"，多从事水电、冶金、建筑等行业。服务业的快速发展也吸纳了部分村寨居民就业，位于交通干道沿线、旅游景区周边村寨的居民多利用区位和资源的优势从事旅游、餐饮、住宿、运输、零售等相关职业。

羌族村寨居民的就业渠道越来越丰富，职业岗位越来越细分，兼业现象较为普遍。比如以种植水果、蔬菜为主业的村寨居民在农闲时也以林下采集、外出打工等方式增加收入；在工业园区或企业上班的村寨居民在农忙时会兼顾农业生产；在一些旅游村寨，部分村民集向导、文化展演、观光农业等多重职业于一身，从不同岗位获取报酬。当然，在兼业现象普遍存在的同时，村寨居民的职业也逐渐开始分化，专职从事牧业、运输、农产品收购、旅游住宿等职业的村寨居民不断出现。

（二）羌族村寨居民生活

进入21世纪，中央政府对民族地区乡村建设的支持力度不断加强，在以工代赈、扶贫、灾后农业恢复重建、幸福美丽家园建设以及国家新能源建设项目的支持下，岷江上游羌族村寨的基础设施建设进一步完善。基本农田、小型水利、人畜饮水等项目的实施，完善了该地区的农业基础设施建设，改善了农业生产条件；通过县乡村公路的改造升级，缓解了偏僻山区居民交通出行的困难，加强了贫困地区与外界的联系；通过国家专项资金和灾后重建项目的扶持，大力发展沼气、太阳灶等农村新能源，实施改厕、改厨、改圈等工程，改

---

[1]《中国少数民族社会历史调查资料丛刊》修订编辑委员会：《羌族社会历史调查》，民族出版社，2009年，第51页。

善了农村人居环境。伴随着精准扶贫的进程，各级政府和社会各界资源的大量注入以及区域内生发展能力的不断发掘，岷江上游羌族村寨的交通、水电、医疗、教育、产业、安居、生态环境等方面得到较大改善。到2019年，汶川、理县、茂县已全部通过国家脱贫摘帽验收，基本消除区域绝对贫困。

外源力量的注入使羌族村寨面貌发生了巨大改变，也使村寨内生发展能力进一步增强。近年来，岷江上游羌族村寨居民的生活质量不断提高，在阿坝州排名前列（见表2-7）。从纵向来看，2019年，四川省农村人均纯收入为1.47万元，人均消费支出为1.41万元，恩格尔系数为34.7%，汶川县农村居民人均纯收入、人均消费支出和恩格尔系数表现均已超过四川省平均水平，理县农村居民的恩格尔系数更是比四川省平均水平低11.2个百分点。从横向来看，2019年，汶川人均消费支出及社会消费品零售总额均为最高，显示出较强的消费能力；理县的恩格尔系数最低，农村居民生活水平相对较高。除居民收入、消费水平等指标外，近年来，岷江上游羌族地区农村整体生活水平提升较快，道路、自来水、电、广播、电视、网络等基础设施逐渐完善，居民储蓄额稳步提升，小轿车、摩托车保有量也不断提高。

表2-7 岷江上游羌族地区农村居民生活水平概况

年份	汶川 社会消费品零售总额（亿元）	汶川 人均纯收入（万元）	汶川 人均消费支出（万元）	汶川 恩格尔系数（%）	理县 社会消费品零售总额（亿元）	理县 人均纯收入（万元）	理县 人均消费支出（万元）	理县 恩格尔系数（%）	茂县 社会消费品零售总额（亿元）	茂县 人均纯收入（万元）	茂县 人均消费支出（万元）	茂县 恩格尔系数（%）
2010	0.76	0.41	0.44	53.70	0.27	0.35	0.33	44.17	—	0.37	0.31	52.70
2015	2.95	1.18	1.18	34.80	0.96	0.96	0.83	32.20	1.76	0.98	0.77	32.78
2019	3.31	1.48	1.62	30.40	1.28	1.42	1.36	23.50	2.25	1.44	1.08	37.10

资料来源：根据汶川县、理县、茂县《国民经济和社会发展公报》《茂县统计年鉴》《汶川县年鉴》《理县领导干部经济工作手册》整理。

（三）羌族村寨文化

随着羌族村落经济结构从自给自足的小农经济向市场经济转型，村寨居民的语言、服饰、歌舞、节日、宗教信仰等民族文化事象也开始发生变迁。语言方面，尽管政府、专家、羌族精英人物着力推广，但羌语在普通羌族民众的生产、生活中逐渐流失确是不争的事实，在一些村寨，羌语甚至完全退出。服饰方面，羌族服饰已由之前的以实用价值为主转变为以审美、情感表达的象征功能为主。在岷江上游羌族村寨，除部分中老年人平时仍身着羌服，大多数村寨居民仅在节日或一些重要场合才重新穿上传统服装。集中展示和传承民族文化的羌族传统节日也悄然发生变化。近年来，由于受到外来文化的强烈冲击，羌族的一些民族节日在民间日渐淡化，而官方主导下的羌族节日规模宏大，日趋兴盛①。在宗教信仰方面也存在类似情形。随着生产力和现代科技的发展，原始宗教对自然环境、社会变迁的解释力不断下降，宗教仪式的神圣性与神秘性也在下降。在一些村寨，羌族传统的祭山会、羌历年等传承宗教信仰的仪式被简化，为了某些展示需求，有些原本有严格禁忌的宗教活动也被打造成一种表演形式。

尽管羌村文化在不断变迁甚至流失，但在新的历史环境下，一些村寨中原本已经濒临消失的文化又展现出新的生机。正如徐平教授在考察四川羌村时提出的，"文化的本质在于适应，适应带来变迁"②。岷江上游羌族村寨文化的变迁也可以看作当地文化对自然、人文以及外来文化传播的适应过程，它们在此基础上实现传承与发展。

第三节　岷江上游羌族地区乡村振兴战略实施背景及其重要性

一、汶川地震灾后重建及其发展

汶川特大地震是新中国成立以来震级最高、烈度最强、波及范围最广的一次地震，汶川县被列为极重灾区，茂县、理县为重灾区。地震给岷江上游羌族地区的乡村带来极大损失，全域58个乡镇、348个村全部受灾，受伤、死亡、失踪人员数以万计；交通、通信、供水、供电等基础设施大面积瘫痪；农田、水利设施损坏，农作物大面积减产；羌族碉楼、民居以及文物遭到严重破坏，民族文化的保护与传承形势严峻。

岷江上游羌族地区三县政府立足资源环境承载能力，注重恢复重建与统筹

---

① 郑瑞涛：《羌族文化的传承与嬗变——对四川羌村的追踪研究》，中央民族大学，2010年，第125页。

② 徐平：《文化的适应和变迁：四川羌村调查》，上海人民出版社，2006年，第217页。

城乡综合配套改革、新农村建设和扶贫开发相结合，开展了大规模恢复重建工作（见表2-8）。汶川地震灾后重建是政府主导的大规模发展型重建模式。在国家力量的主导下，包括政府机构、军队、媒体等在内的国家机器共同响应，并广泛动员企业、志愿者等社会力量参与①，在短时间内汇聚巨大能量，促使灾区迅速脱困并取得进一步发展，体现了社会主义制度在应对重大突发灾害时的优越性。事实也证明，经过三年重建，到2011年，岷江上游羌族地区乡村在人居环境、基础设施建设、产业、公共服务、生态治理、文化保护等方面达到或超过震前水平，为乡村振兴奠定了扎实基础。

表2-8　岷江上游羌族地区乡村震后恢复重建主要项目

分类	项目
人居环境	农房恢复重建、农村异地搬迁、农房改造（风貌、厕所、用水）等
基础设施	通乡通村公路、连户道路、乡村客运站点、农村饮水、农村电网、农田水利设施等
公共服务	乡（村）学校、乡镇卫生院、村文化活动室、农家书屋、乡村体育设施、乡镇村办公设施等
产业发展	旅游村寨建设、农产品交易市场、农产品基地建设、农畜产品加工厂建设、农业技术推广服务体系等
生态修复及环境整治	防灾避灾设施建设、自然保护区重建、野生动物栖息地恢复、森林植被恢复等
文化遗产与文物抢救	文物普查、文物抢救与修复、羌族文化生态保护试验区、非物质文化遗产保护等

资料来源：根据《汶川特大地震汶川县抗震救灾志》《汶川特大地震理县抗震救灾志》《汶川特大地震茂县抗震救灾志》整理。

在岷江上游羌族地区灾后恢复重建取得巨大成就的同时，羌族村寨的发展也产生了较大变化。如村寨重组、重建，异地搬迁与羌族村寨分布格局的改变，产业的调整与羌族村寨居民生计模式的变化等，都对羌族村寨的产业、生态、文化、治理等方面产生了持续影响，这些变化在乡村振兴中亦应引起必要的关注。

---

①　陈世栋：《废墟上的契机：汶川地震灾后重建研究》，中国农业大学，2014年，第1页。

二、灾后旅游业振兴及其问题

从汶川特大地震带来的巨大损失来看，岷江上游羌族地区震前形成的基于土地资源消耗的第一产业和基于矿产资源消耗的第二产业发展格局已不适应灾后自然环境的发展要求。在灾后恢复重建中，"限一退二进三"成为岷江上游羌族地区生产力布局和产业结构调整的有效选择。同时，从保护生态环境和经济社会可持续发展的角度来看，旅游业是构建灾区合理的环境承载能力的重要手段，通过控制游客和旅游发展规模并结合资源的要素禀赋，可以形成适宜环境承载力的旅游产业发展方向，使灾区的自然与社会实现和谐共存[1]。在此背景下，作为第三产业的主导产业之一的旅游业被作为灾后恢复重建的先导产业推向前台。

汶川特大地震后，阿坝州开展旅游"二次创业"，推动旅游产业改造升级。产业布局方面，当地在原有产业基础之上，打造了汶川映秀震中旅游区、羌族民俗风情旅游区、嘉绒藏族民俗风情旅游区等多个旅游片区，使阿坝州旅游产业从九寨沟、黄龙"一枝独秀"向多点多极转变。特别是羌族民俗风情旅游区的打造，使汶川、理县、茂县等地羌族村寨旅游快速发展。产品结构方面，推出民俗风情、乡村生态体验、康养、红色旅游、探险、地震遗迹探寻等旅游项目，使区域旅游产品结构多样化，改变了以观光游为主的传统旅游产品结构。同时，红原机场、都汶高速、汶马高速、农村通信基础设施、广播电视、乡村酒店、游客中心、旅游厕所、停车场、垃圾污水处理设施等旅游基础设施的建设，使岷江上游羌族地区的旅游接待能力大幅提升，为羌族村寨旅游快速发展奠定了扎实基础。

汶川特大地震灾后重建使岷江上游羌族村寨旅游业实现恢复并进入快速发展阶段。市场方面，客源群体数量大幅增加，村寨旅游群体数量已经占到接待游客的一半。产品方面，村寨旅游与美食、民族文化、教育、交通等产业融合，产生新业态产品，如文创基地、乡村工坊、美食村、户外亲子课堂等。空间方面，在过去点状分布的村寨旅游产品之间，借助交通线路形成轴线，并逐渐由轴线联动向空间上的全域发展转变。到 2011 年，汶川县打造了 10 个精品旅游村寨和 10 个幸福美丽村寨，建成星级宾馆 4 家、星级农家乐和乡村酒店

---

[1] 杨振之、叶红：《汶川地震灾后四川旅游业恢复重建规划的基本思想》，《城市发展研究》，2008 年第 6 期，第 7 页。

69家，乡村旅游从业人员6300余人；成功创建国家休闲农业与乡村旅游示范县、四川省乡村旅游示范县及"十一五"四川省乡村旅游发展先进县；举办了四川国际文化旅游节、四川省乡村文化旅游节、大禹文化旅游节等节庆活动①。理县以桃坪羌寨为核心，辐射带动以通化、木卡、薛城、蒲溪为支点的古羌文化体验地，打造了11个精品旅游村寨，桃坪羌寨获"十大四川最具旅游价值村落"称号。2011年，理县接待游客85.07万人次，实现旅游总收入67732万元，同比增长129.3%和159.4%②。茂县在灾后重建中打造原生态羌文化展示区，形成了以羌族文化体验、生态农业观光、休闲度假等为主要内容的特色旅游。到2011年，茂县已建成10个精品旅游村寨，涉旅农户2608户，人口9407人，其中牟托村和坪头村成为国家4A级旅游景区③。

汶川特大地震灾后重建推动了岷江上游羌族村寨旅游业的恢复与发展，促使部分村寨实现产业转型与升级，但这一过程也存在着一些问题。从规划的角度来看，尽管旅游业被作为"先导产业"进行规划设计，但由于重建顺序是先安置居民，再恢复基础设施、产业，使得城镇建设、村落建设、基础设施和公共服务设施恢复重建中很难将旅游功能一步考虑到位④。加之灾后重建规划主要是一个应急规划（2008—2010），强调的是现实性，关注的是旅游业的恢复重建期，也在一定程度上制约了规划作用的发挥，对该区域旅游的战略性发展产生一定影响，与当前乡村振兴的综合性要求相比还存在诸多差距。从区域特殊的自然地理环境来看，汶川特大地震灾后恢复重建使岷江上游羌族地区村寨旅游快速发展，成为区域旅游发展新的增长极，也是各级政府推进乡村振兴战略的主要路径之一，但是近年来频发的自然灾害使羌族村寨旅游业发展严重受挫，侧面说明震后恢复重建过程中对防灾减灾的投入仍显不足。茂县叠溪"6·24"山体高位垮塌、"8·8"九寨沟地震、汶川"8·20"强降雨特大山洪泥石流等灾害，使区域交通、旅游接待设施及人民生命财产受损严重，旅游活动被迫数度中断，部分乡镇、村寨处于再次重建阶段，给村寨旅游业发展和乡村振兴战略的实施带来较大挑战。

---

① 汶川县史志编纂委员会办公室：《"5·12"汶川特大地震汶川县抗震救灾志》，中国文史出版社，2013年，第362—363页。

② 理县统计局：《理县2011年国民经济和社会发展统计公报》，http://www.ablixian.gov.cn/lxrmzf/c100086/201204/852bfa11ea114021b9250b4011fc4e0e.shtml。

③ 茂县人民政府信息公开工作办公室：《2011年政府工作报告》，http://maoxian.gov.cn/mxrmzf/c100056/201908/bf70c3902da64196877923358f361a3a.shtml。

④ 杨振之、马琳、胡海霞：《论旅游功能区规划——以四川汶川地震灾后恢复重建为例》，《地域研究与开发》，2013年第6期，第91页。

三、单一区域性扶贫、新农村建设的成效及其问题

(一) 成效

从 20 世纪 80 年代中期开始,在国家扶贫开发、社会主义新农村建设、美丽乡村建设及精准扶贫等政策措施推动下,岷江上游羌族地区乡村快速发展。反贫困方面,随着扶贫进程的推进以及扶贫方式的完善,外源性的社会资源大量注入,内源性的发展能力被不断挖掘,岷江上游羌族地区的贫困问题得到有效缓解。到 2018 年,汶川、理县、茂县已全部通过国家脱贫摘帽验收,基本消除区域绝对贫困。基础设施建设方面,基本农田、小型水利、人畜饮水、乡村公路改造升级等项目相继实施,加强了农业基础设施建设,缓解了偏僻山区交通出行困难。人居环境方面,通过实施牧民新居、改厕、改圈、改厨、垃圾无害化处理等工程,大力发展沼气、太阳能等新型能源,进一步改善农村人居环境。产业发展方面,山地蔬菜、特色水果、中低温食用菌、道地药材等特色产业为主导的农业产业格局基本形成;多个地理区位较好、旅游资源较丰富的村寨被打造成精品旅游村寨,村寨旅游业成为拉动经济社会发展的重要一极。

(二) 问题

1. 巩固脱贫攻坚成效问题

在岷江上游羌族地区,尽管政府和社会层面长期以资源输入、不断培育其自身发展能力的方式,已经解决岷江上游羌族地区居民的经济、生活贫困问题,但从发展经济学的角度来看,该区域居民仍存在精神、能力、生态、文化、权利等多方面的综合贫困,致贫因素复杂。加上生态环境的脆弱性,在今后一段时间内,岷江上游羌族地区的返贫风险仍不能忽视,巩固脱贫攻坚成效、发展村寨旅游与乡村振兴战略实现有机对接问题,仍较为复杂。

2. 土地资源、生态环境的硬性约束与村寨可持续发展问题

农村土地资源是农民及集体最大的存量资产,也是农民收入及社会保障的基础[1]。尽管岷江上游羌族地区土地资源总量十分丰富,但土地利用以林牧草地为主,耕地和园地面积小,且主要分布在干旱河谷谷坡和河流两岸阶地上,

---

[1] 赵国玲:《农村土地资源价值提升机制探究》,《内蒙古财经大学学报》,2019 年第 1 期,第 8 页。

可利用土地资源极度紧缺且分布不均,部分村寨是"一方水土养不活一方人口"的资源贫乏村寨。加之岷江上游羌族地区作为国家重点生态功能区的重要组成部分,其生态保育功能突出。在退耕还林、退牧还草、禁止天然林采伐等国家生态政策的推动下,岷江上游羌族地区的生态环境逐步好转,但村寨产业布局、基本建设用地等方面也受到政策和生态的刚性约束。

当前,岷江上游羌族地区已经进入旅游业、农牧业、水电等特色资源开发利用的关键时期,需要大量开发用地和环境容量来支撑资源开发,如何处理好资源、生态环境、产业的关系,是实施乡村振兴战略必须关注的问题。

3. 乡村社会观念、习俗封闭与区域城镇功能发育不完善的问题

从社会观念、习俗来看,乡村社会的开放不足与城镇功能发育不完善阻碍了城乡要素流动,城乡融合发展任重而道远。在党和政府的大力投入下,岷江上游羌族地区社会发展迅速,与外界的交流融合日益密切。但由于地理、历史等方面的因素,部分区域特别是偏远山区群众的交往范围仍以地缘、血缘和亲缘范围为主。这种对亲缘、血缘和地缘关系的强调和依赖往往会使人们不自觉地自我封闭起来,很少主动建立起其他的社会关系网络,呈现出"分块型"社会特征,"块与块"之间难以建立"弱"联系[①]。这种封闭型的社会网络会使信息、创新及人力资源的传递十分困难,区域间的要素流动尤为缓慢。

从城镇发展水平来看,岷江上游羌族地区的城镇数量少、规模小、非农产业人口少,多数城镇既未形成现代城市工业经济体系,又未建立起完善的商业服务、交通运输、财政金融、信息咨询、科技教育等城市服务功能,仅是区域的政治中心或者商品集合地,难以对乡村产生较大的辐射作用和扩散效应,对促进城乡之间要素的自由流动作用有限。

四、部分羌族村寨面临的现实问题

(一)产业弱质化问题

经过长期扶贫、新农村建设和美丽乡村建设,岷江上游羌族地区的乡村产业取得明显进步,但部分羌族村寨产业弱质化问题依然存在。

从产业规模来看,部分村寨产业小、散、弱特征明显。岷江上游地貌垂直

---

① 廖桂蓉、李继红:《社会资本视角下四川藏区贫困问题研究》,《西南民族大学学报(人文社科版)》,2009年第9期,第57页。

落差大，部分村寨可利用的土地资源极为短缺。笔者在汶川南部映秀、水磨等地调研时发现，人均不足一亩地的村寨不在少数，部分村寨甚至人均不足三分地。有限的土地资源使住房、道路、饮水等基本建设用地都捉襟见肘，产业发展用地资源更是极度短缺。在区位条件方面，部分村寨位于高半山、高山，距离中心城镇以及大城市较远，加之各种复杂的地形地貌阻隔，其资源优势难以转化为产业发展优势。特殊的自然条件限制了资金、技术、人才等生产要素的汇集，不利于自然资源与其他生产要素的结合，使部分村寨产业发展难以形成规模效益。

从产业结构来看，部分村寨产业结构单一，产业融合不足。除一些区位、资源条件较好的村寨产业发展较为多元外，其余村寨大多以农业为主，二、三产业基础薄弱，这种产业特点主要体现在两个方面：一是农产品加工程度低，农业与工业结合不紧密。岷江上游羌族地区农产品深加工企业较少，农产品精深加工比例低，其产品的延伸价值难以体现。二是与第三产业融合程度低，在缺乏农产品深加工的情况下，单纯依靠简单的农产品生产销售，难以产生较大的经济效益。同时，受制于区域内中心城镇规模、市场购买力以及自然灾害对外部市场信心的影响，村寨产业发展承担了较高的市场风险，客观上也限制了其产业的发展。

从产业组织结构来看，部分村寨家庭农场、专业合作社、集体经济等新型经营组织发展不充分。一方面，由于耕地资源破碎，土地的集约耕种水平不高，部分偏远村寨农牧业的生产方式还较为传统，种养大户和龙头企业数量稀少，产业带动作用不明显。另一方面，在政府的引导下，尽管专业合作社、集体经济组织在数量方面快速增长，但其自身可持续发展能力却发展缓慢，仍有部分村寨的合作社与集体经济存在"有组织无产出"的现象，对村寨产业发展的带动作用有限。当地新型经营组织发展不充分，既无法使分散经营的小农与市场有效对接，也无法产生足量的积累投入再生产，更无力产生经济效益以发展社区公共事业。

（二）村寨空心化问题

岷江上游部分羌族村寨出现空心化现象，主要表征有两个：一是村寨建设用地的空废化，二是村寨人口结构的失衡。

建设用地空废化主要表现为宅基地"建新不拆旧"和"人走地不动"两方面。一是除部分具有特殊文化价值功能的村寨原址保留外，在生态移民搬迁的村寨中普遍存在"建新不拆旧"现象，导致村寨建设用地规模扩大、原宅基地闲置废弃加剧。同时，由于一些移民村寨迁入地土地资源紧张，缺乏必要的生计来源，居民既不愿到新的安置点居住，又不能继续在原址生活，造成建设用地双向空置，如汶川县绵虒镇草坡片区就存在这种现象。二是受城乡二元格局的影响，进城务工村民的市民化进程缓慢，本应由城市提供的社会保障功能被迫转移到农村土地之上，造成"人走地不动"现象。部分村寨居民"离土离乡"，长期在城镇生活，但受制于城乡二元体制和土地流转不畅，使村寨建设用地空置、耕地撂荒。农村建设用地空废化造成农村土地资源浪费，且不利于城乡土地的优化配置以及农村基础设施和公共服务设施的合理布局①。

从人口角度来看，岷江上游羌族村寨的空心化主要表现为农村常住人口的减少，青壮年劳动力的流失和留守老人、留守妇女、留守儿童数量的增加，村寨人口结构处于失衡状态。统计数据显示（见表2-9），近20年来，汶川、理县、茂县的农村常住人口分别下降了26.76%、22.22%、33.2%，区域总体下降率达29.08%。

表2-9　岷江上游羌族地区农村常住人口变化情况

区域	2000年（万人）	2005年（万人）	2010年（万人）	2015年（万人）	2019年（万人）	累计增长率（%）
汶川	7.1	6.6	6.6	5.4	5.2	-26.76
理县	3.6	3.4	3.4	3.1	2.8	-22.22
茂县	8.9	9.1	8.3	5.9	5.9	-33.2
合计	19.6	19.1	18.3	14.4	13.9	-29.08

资料来源：根据2001年、2006年、2011年、2016年、2020年《四川省统计年鉴》整理。

农村常住人口的减少具有双重影响。一方面，这会大幅推动人口城镇化，相当数量的进城人口收入水平、生活水平提高，是区域脱贫的主要动力之一。另一方面，因进城人群多为农村劳动力和有文化的人员，他们的离开又是农村空心化、农业难以现代化的直接因素。当前岷江上游羌族地区的农业生产方式、经营方式正在发生转变，现代农业耕作技术、新型的农业经营组织和经营方式不断出现，对农业劳动力的素质要求不断提高。人口结构的失衡使农村产业发展缺乏人力支撑，成为影响岷江上游羌族地区乡村持续发展的重要因素

---

① 郑小玉、刘彦随：《新时期中国"乡村病"的科学内涵、形成机制及调控策略》，《人文地理》，2018年第2期，第102页。

之一。

(三) 传统文化传承与现代文化建设均存在明显问题

随着经济社会的发展,岷江上游羌族村寨的经济活动模式和生活方式发生改变,由传统的农业文明模式向以现代市场经济和现代科技为先导的现代农业模式转型。根据黄承伟、赵旭东等对汶川特大地震灾区的调查,地震发生以来,地震灾区民族的传统服装、日常饮食、出行方式、节日活动、婚丧活动等生活内容都发生了不同程度的改变,当地人的市场经济意识与物质交换观念不断增强,"以经济利益为中心"的思想观念成为社会心理的主流[①]。在"以经济利益为中心"的思想观念驱使下,那些简单易学、能够产生经济效益的文化习俗更容易让人接受,而诸如释比文化、瓦尔俄足等程序复杂、难度较高的传统文化,由于短期内难以产生直接收益则面临着传承乏人的困局。截至2018年末,阿坝州共有86项非物质文化遗产项目进入省级及以上非物质文化遗产名录,"羌年"被联合国教科文组织列入世界急需保护非物质文化遗产名录,但是省级及以上传承人却不足百人,其年龄结构也相对偏大,"人众艺绝"的困境正在上演。

在传统文化的传承与发展处于困境的同时,村寨现代文化建设也存在明显问题。一方面,在国家的大力投入下,岷江上游羌族地区农村现代文化设施不断完善,乡镇文化站、村级图书室实现全覆盖,"一村一幼"工程全面推行,但总体利用率有待提高,部分村图书室开放时间及查阅率偏低,个别村级幼儿园存在空置现象。另一方面,现代科技、创新创业理念不足,在村寨建设、风貌改造、旅游建筑物打造等方面均存在重外轻内的倾向,文化内涵不足。

(四) 推进乡村治理现代化的现实问题

在党和国家的领导下,岷江上游羌族地区经过长期探索,在乡村治理体系、治理能力方面取得了重大成就,对维护民族团结、区域社会稳定及促进经济社会发展发挥了重要作用。但民族地区乡村治理兼具乡村治理和民族事务治理的双重属性,对推进国家治理现代化具有重要意义[②]。

当前,岷江上游羌族地区推进乡村治理现代化还面临一些现实问题。一是

[①] 黄承伟、赵旭东:《汶川地震灾后贫困村重建与本土文化保护研究》,科学文献出版社,2010年,第156页。

[②] 陈蒙:《新时代民族地区乡村治理现代化瓶颈及对策》,《中南民族大学学报(人文社会科学版)》,2020年第5期,第58页。

基层治理人才不足。部分村寨"空心化"特征较为明显，人才流失严重，村领导班子年龄偏大、学历较低情况较明显，学习新事物能力有限。映秀镇一位村干部在接受访谈时说："现在村上工作经常需要报送各种数据、报表，我们年龄大了，对电脑不熟悉，做起来吃力得很。"[①] 二是村寨居民参与乡村治理的积极性有所不足。一方面部分村寨留守的多为老人、儿童，参与能力有限；另一方面，部分村民主要关注个人增收致富，把精力更多地分配到经济生产方面。三是基层治理法治化程度需进一步提升。近年来，羌族村寨居民法治意识明显提高，村寨治安明显好转，但个别村寨仍存在赌博、铺张浪费等不良风气，影响村寨新风尚的建立和基层法治化建设。

五、岷江上游羌族地区实施乡村振兴战略的重要性分析

（一）对区域稳定与安全的重要性

从地理位置上来看，岷江上游羌族地区地处青藏高原东南缘，汶川、理县、茂县均属涉藏县，其经济社会发展不仅事关区域百姓民生福祉，更事关区域安全稳定大局。从区域民族构成来看，汉、藏、羌、回等多个民族杂居共处、互动交融，在这一地区铸牢中华民族共同体意识事业尤为重要。从历史角度来看，新中国成立以前，岷江上游羌族地区社会变乱、战争频繁，匪患猖獗、烟毒泛滥，这些问题大多由贫困、社会治理不当等因素引起。新中国成立后，党和国家在社会治理、经济发展、民生福祉等方面推动岷江上游羌族地区迅速发展，使区域经济社会面貌发生根本性变化，这一过程中积累的优秀经验对乡村振兴战略的实施具有借鉴意义，对维护区域稳定与安全意义重大。

（二）生态的特殊性与脆弱性

岷江上游羌族地区是国家主体功能区川滇森林及生物多样性生态功能区的重要组成部分，生态功能突出。在生物多样性方面，岷江上游羌族地区丰富多样的地形和气候类型为生物物种多样性和生态系统多样性创造了良好条件，该地区是世界生物多样性的热点地区和我国生物多样性保护的关键地区之一。在涵养水源和保持水土方面，岷江上游羌族地区为四川盆地向川西北高原的过渡区域，拥有典型的高山峡谷地貌，该区域丰富的植被生态系统在拦蓄水分、防

---

① 映秀镇东界脑村干部W语，访谈时间：2019年8月10日。

止水土流失等方面发挥了重要作用。该地区是长江上游重要的水源涵养区和水土保持区，对确保成都平原及长江中下游的经济社会发展具有重要作用。在维系生态平衡方面，岷江上游羌族地区海拔落差大，人类活动频繁、人地矛盾突出，干旱、洪涝、滑坡、泥石流等灾害频发，导致耕地土层变薄，中下游泥沙淤积，河床抬高，行洪不畅。该区域的森林和草地生态系统在减少自然灾害发生，保障区域生态安全方面具有重要意义，是重要的防灾减灾控制器[1]。

综合而言，岷江上游羌族地区在生物多样性保护、涵养水源、保持水土、维系生态平衡等方面发挥了重要作用，是我国生态保护的核心区域之一。岷江上游羌族地区的生态环境状况不仅直接影响着长江上游产业带的生态安全，还关系到整个流域的社会经济可持续发展[2]。在乡村振兴战略进程下，保护和建设岷江上游这样一个生态十分脆弱的生态屏障，既是长江上游生态屏障建设的需要，也是国家战略的需求。

（三）历史民族走廊与文化的多元性

岷江上游在历史上开发较早。距今5000年左右，黄河上游地区新石器时代的居民已经南下进入岷江上游区域。春秋战国到两汉时期，西北地区的羌人、氐人等民族或族群不断沿岷山山脉南下进入岷江上游地区，使该地形成多种民族或族群杂居的局面。魏晋南北朝时，北方胡人大量进入岷江上游北段，岷江上游成为沟通南、北之间最重要的民间贸易通道[3]。唐代岷江上游是唐与吐蕃军事冲突的前沿，二者在此反复争夺，发展各自力量，民族交往频繁。宋明之际，随着边茶贸易兴起，岷江上游成为汉、藏贸易的重要通道，中央王朝对该区域的经营逐步加强。清代改土归流和改土归屯以后，汉人大量迁入岷江上游地区，逐步形成近代汉、藏、羌等民族混居交融的局面。可以看出，自古以来，岷江上游地区就是众多民族或族群迁徙、流动的重要区域，是汉地连接羌族、藏族地区的重要通道。

民族是文化的载体，民族的多样性也就决定了文化的多样性[4]。岷江上游是汉、藏、羌的交接与过渡区，同时也居住着回族、满族、彝族、土族、壮

---

[1] 张友、肖红波、王龙：《岷江上游生态环境保护长效机制研究——基于"5·12"汶川地震灾后生态环境恢复与产业重构视角》，四川民族出版社，2009年，第109页。

[2] 吴宁、刘庆：《山地退化生态系统的恢复与重建——理论与岷江上游的实践》，四川科学技术出版社，2007年，第1页。

[3] 唐长孺：《魏晋南北朝史论拾遗》，中华书局，1983年，第183页。

[4] 来仪：《西部少数民族文化资源开发走向市场》，民族出版社，2007年，第29页。

族、白族、侗族、土家族、布依族、蒙古族等多个民族。由于该区域多民族长期共处、互相融合及在文化上的相互影响等，使得当地的民族在事实上很少保持单一的文化特点，在文化上往往形成你中有我、我中有你的情形。从民族语言角度来讲，羌语分为南部方言和北部方言，这两个方言群又各分为五种地方土语[①]。事实上，在同一土语群中的羌族群众，其语言也存在一定差异，沟与沟之间、山与山之间的羌族也不一定能够用土语进行沟通。同时，由于河流、山体的阻隔，使得"沟"成为一个个相对独立的生产生活区域，不同"沟"里的羌族村寨在文化上也存在一定差异，形成独特的沟域文化。从文化交融的角度来讲，愈靠东方、南方的羌民愈受汉文化影响，愈靠西方、北方的羌民愈受藏文化影响[②]。同样，当地的汉族因长期与羌、藏民族接触交往，其性格、习惯、行为方式等许多方面也不自觉地受其影响。可以看出，岷江上游羌族地区文化具有突出的多样性和特殊性，在我国西南地区具有典型性，作为藏彝走廊的重要组成部分，其民族文化的独特性在世界范围内也极为罕见和典型。

（四）防止返贫与巩固全面小康社会成果的关键区域

岷江上游羌族地区三县已全部实现摘帽脱贫，与全国各地一同全面实现小康社会。但由于民族地区经济基础薄弱、起点低，受自然环境、经济区位因素和生态环境的制约十分突出，一些地区的自我积累、自我发展机制还不健全。同时，民族地区在经济社会发展过程中还存在一些较为复杂的非经济因素。例如特殊的自然环境对民族文化、道德、心理等方面的影响会进一步延伸到当地的经济社会发展之中。岷江上游羌族地区既是四川涉藏州县的重要组成部分，又是藏、羌等多民族文化融合交汇的区域，长期制约区域发展的一些基本因素在今后较长的时间内仍将存在。正是在这个意义上，岷江上游羌族地区的经济社会发展事关四川省发展全局，是全省防止返贫和巩固全面小康社会建设成果的关键区域。

（五）成渝地区双城经济圈带来的发展机遇

2020年1月，中央财经委员会第六次会议提出建设成渝地区双城经济圈，使其成为继京津冀城市群、长三角城市群、粤港澳大湾区后中国经济增长极具发展潜力的区域。作为国家区域一体化战略的重要组成部分，成渝地区双城经

---

① 孙宏开：《羌语简志》，民族出版社，1981年，第177—178页。
② 王明珂：《羌在汉藏之间：川西羌族的历史人类学研究》，中华书局，2016年，第278页。

济圈建设在未来较长一段时间内都是区域合作的重头戏和国家关注的重点区域。成渝地区双城经济圈的建设也将为岷江上游羌族地区带来新的发展机遇,例如交通、信息等基础设施建设的互联互通,将进一步畅通该区域与中心城市间的旅游通道;双城社会经济共融发展,促进要素自由流动,会带来新的产业发展机会。作为成都"后花园"的阿坝州,尤其是岷江上游羌族地区如何依托国家建设成渝地区双城经济圈这一重大发展机遇,主动融入并乘势推进区域旅游发展和全面实施乡村振兴战略,值得深入探讨。

第四节 岷江上游羌族地区乡村振兴战略的初步实施

一、脱贫攻坚成果巩固与全面小康基本实现

打赢脱贫攻坚战,是全面建成小康社会的难点与关键点[1]。岷江上游羌族地区三县已于2019年退出贫困县序列。建立稳定脱贫长效机制,巩固脱贫攻坚成效是岷江上游羌族地区各级政府的重点工作之一。汶川县利用东西扶贫协作、省内对口帮扶和定点帮扶力量,通过财政涉农资金、就业培训、落实就医、就学、住房、饮水、低保兜底等保障政策,防止当地返贫。到2020年11月,汶川县37个贫困村,1294户4073人全部退出贫困序列,贫困发生率从2014年的6.8%降为0[2]。理县将旅游发展与巩固脱贫攻坚成效工作结合,通过扶持贫困人口旅游创业、提供公益性旅游就业岗位、集体经济收益扶贫等方式,促进和实现贫困群众参与旅游扶贫"全覆盖"。到2019年底,理县实现1191户4325人长效脱贫,贫困发生率降至0.01%[3]。茂县通过实施基础设施、产业发展、公共服务、生态环境、劳务等扶贫项目,使住房、饮水、道路及通信网络等基础设施不断提升,教育、卫生、文化等基本公共服务全面达标提质。到2019年底,茂县实现64个贫困村退出,2042户贫困户7872人脱

---

[1] 谢伏瞻:《全面建成小康社会的理论与实践》,《中国社会科学》,2020年第12期,第9页。
[2] 汶川县人民政府:《决胜全面小康,决战脱贫攻坚》,http://www.wenchuan.gov.cn/wcxrmzf/jrwc/202011/7d1aab27601344c282d05dbd86a37d0c.shtml。
[3] 理县人民政府:《理县2019年国民经济和社会发展统计公报》,http://www.ablixian.gov.cn/lxrmzf/c100087/202003/cdc9066313cf44d09c2e5d5d6345020f.shtml。

贫[①]。通过脱贫攻坚及持续的成效巩固，岷江上游羌族地区贫困人口大幅减少，居民收入大幅提高，生产生活条件明显改善，历史性地解决了绝对贫困问题。与21世纪初相比，岷江上游羌族地区经济社会实现跨越式发展、基本公共服务水平稳步提升、生态环境明显改善，与全国各地一同进入小康社会，为乡村振兴战略的实施奠定了扎实基础。

二、乡村振兴规划制定及相关政策体系的建立

乡村振兴战略的实施离不开制度供给。乡村振兴战略提出以来，岷江上游羌族地区各级政府对区域乡村振兴进行规划并出台配套政策（见表2-10）。阿坝州政府先后出台《中共阿坝州委阿坝州人民政府关于大力实施乡村振兴战略的意见》《阿坝州乡村振兴第一个五年规划》，对全州乡村振兴进行整体性规划。汶川县在制定县域乡村振兴总体规划的基础上，制定了11个专项规划和2个特色乡镇规划、5个特色村规划。理县编制了《理县乡村振兴战略规划》《薛城镇乡村振兴规划》，出台《理县乡村振兴战略五大行动实施方案》和31个乡村振兴示范村方案。茂县印发《关于大力实施乡村振兴战略意见的责任分工方案》《关于大力实施乡村振兴战略意见》，编制了《茂县乡村振兴战略规划（2018—2022年）》。

表2-10 岷江上游羌族地区乡村振兴规划和政策体系情况

项目区域	总体规划	乡（镇）、村规划（试点）情况	配套政策（部分）
阿坝州	《阿坝州乡村振兴第一个五年规划》	省级试点：3镇、14村；州级试点：先进乡镇5个、示范村30个；县级试点：先进乡镇18个、示范村46个	《阿坝州现代高原特色农牧业产业体系建设实施方案（2020—2022年）》《阿坝州文化产业发展扶持办法（试行）》《阿坝州下放乡镇公共服务事项清单》《依法修订完善村规民约加强基层群众自治的指导意见》等

[①] 茂县人民政府办公室：《2019年政府工作报告》，http://www.maoxian.gov.cn/mxrmzf/c100056/202009/1a1ac23773f4492eac410b32477436a9.shtml。

续表2-10

项目区域	总体规划	乡（镇）、村规划（试点）情况	配套政策（部分）
汶川	《汶川县乡村振兴规划（2018—2022年）》	规划乡镇：漩口镇、绵虒镇、水磨镇、映秀镇、三江镇等；规划村：索桥村、垮坡村、河坝村、核桃坪村、一碗水村、高店村、布瓦村、芤山村、龙竹村等	《汶川县关于创新农村土地综合利用制度助推乡村振兴战略的意见》《汶川县农村土地承包经营权流转管理试行办法》《汶川县集体林权流转管理办法（修订）》《汶川县创新农村宅基地使用和管理试行办法》《汶川县农村集体经营性项目建设管理试行办法》《汶川县村级建制调整改革总体方案》《汶川县金融支持乡村振兴发展十条措施》《汶川县"美丽四川·宜居乡村"推进方案（2018—2020年）》《汶川县厕所革命实施方案》《关于全面推行"乡村善治工程"的实施意见》《汶川县"田园综合体"建设管理试行办法》《汶川县农村饮水安全工程运行管理办法（试行）》等
理县	《理县全面实施乡村振兴战略规划（2018—2022年)》	规划乡镇：薛城镇、米亚罗镇、古尔沟镇、桃坪镇；规划村：桃坪村、佳山村等31个村	《理县高质量推进全域旅游和乡村振兴示范地建设的决定》《理县农村饮水安全工程运行管理办法（试行）》《关于加快推进我县信息进村入户工程建设的通知》《理县城乡人居环境整治三年行动方案》《理县人居环境整治五大行动实施方案》《理县垃圾分类处理实施方案》《理县户用厕所改造实施方案》《理县污水处理实施方案》《理县环境综合整治实施方案》《理县畜禽粪污综合利用实施方案》等
茂县	《茂县乡村振兴战略规划（2018—2022年）》	规划乡镇：南新镇；规划村：甘青村、杨柳村等	《茂县促进农产品网络销售实施方案》《茂县深化农村集体产权制度改革 发展壮大新型农村集体经济实施方案》等

资料来源：与阿坝州、汶川县、理县、茂县政府相关人员访谈获得。截止时间：2020年11月。

岷江上游羌族地区各级政府出台多项配套政策促进乡村振兴战略的实施，这些政策主要集中在产业、生态、基础设施建设等方面。产业方面，出台金融、土地、产权等配套制度推动特色农牧业、旅游业、文化业等产业发展；生态方面，出台垃圾分类治理、厕所革命、畜禽粪污综合利用、污水处理等政策，促进生态宜居乡村建设；基础设施建设方面，出台相关政策完善农村饮水、通信等基础设施。此外，各级政府还出台村规民约、乡村善治、下放乡镇公共服务事项等政策，促进乡村治理有效推进。州、县以及部分乡、村级规划的编制，使岷江上游羌族地区各级政府和部门乡村振兴的思路举措得以确立，相关配套政策的出台使乡村振兴的制度框架和政策体系初步形成。

三、农村产权制度和农村土地制度改革

以农村集体产权制度改革为突破口，处理好农民和土地的关系，是深化农业农村改革的关键。实施乡村振兴战略以来，岷江上游羌族地区从农村集体产权、新型集体经济、农村承包地"三权分置"及盘活农村存量建设用地等方面逐步推进农村产权和农村土地制度改革。

农村产权制度改革方面，到2019年底，汶川、理县、茂县基本完成集体资产清产核资工作，汶川县试点推进了林（果）确权，并建立林（果）权抵押贷款财政贴息制度。各县利用生态治理、扶贫开发、对口帮扶等契机，发展集体经济。汶川采取租赁、承包经营、股份合作等多种方式盘活农村闲置资产，使村集体存量资产合理流动和优化组合；理县推进集体经济股权化试点改革，引导集体经济参与水电、生态农业、旅游等特色产业经营；茂县打破行政区划界限，探索"飞地经济"发展模式，使地理位置偏僻、资源禀赋较差的高半山空心村集体经济得到发展。农村土地制度改革方面，岷江上游羌族地区基本完成农村土地承包经营权确权颁证工作，为盘活农村土地资源奠定了基础。汶川县以"三权分置"为突破口，探索农村集体经营性建设用地入市、宅基地有偿退出等机制；理县、茂县深化用地制度改革，大力实施土地整理项目，盘活农村土地资源。为支持农村新产业新业态发展，阿坝州允许村庄将闲置宅基地、节余建设用地通过入股、联营等方式，优先用于乡村休闲旅游、养老等产业，允许对乡村旅游、休闲、养老、健康等特色产业建设用地实施点状供地①。农村产权制度改革和土地制度改革，激发了岷江上游羌族地区农村市场的活力，使农村土地资源得到有效配置、充分利用。

---

① 中共阿坝州委办公室：《阿坝藏族羌族自治州乡村振兴第一个五年规划》，https://fgw.abazhou.gov.cn/abzfzggw/c105276/202001/8f8531f6cb5f40fea78c1f0778d74d51.shtml。

四、合村并乡与乡村基层组织建设

岷江上游羌族村寨具有规模小、实力弱、人口少的特征，在运行成本、公共财政、社会服务效能以及基层政权建设等方面面临诸多约束。实施村级建制调整是乡村振兴发展的现实需要。2019年，岷江上游羌族地区各县开展村级建制调整工作。其中，汶川县调减建制村42个，调减比例为37.84%，调整后为69个村、9个社区；理县撤销建制村18个，合并调整17个，调整后为63个村、8个社区，调减比例为22.2%；茂县撤销10个建制乡（镇），建制村由149个村4个居委会减至104个村4个居委会，减少45个村级建制，建制村调减比例为30%[①]。村级建置调整，为区域整合资源，促进产业优势互补，加强村寨基层治理奠定了基础。

确保党的领导是乡村振兴的政治基础。乡村振兴战略实施以来，岷江上游羌族地区各级政府加强基层党组织建设，构建以村级党组织为核心，法治、自治、德治相结合的基层治理体系，为乡村基层治理体系和治理能力现代化奠定基础。在村级建制调整过程中，岷江上游羌族地区各县通过推进地域相邻、产业相近的村以中心村或强村为主组建联合党组织，在符合条件的专业合作组织建立党组织，通过城乡党建结队共建等方式，创新基层党组织设置；从本村产业发展能手、大学毕业生、退伍军人中培养选拔村干部，推进村"两委"[②]班子成员交叉任职，派驻第一书记，加强农村基层党组织队伍建设。

村民自治方面，各县注重群众自治组织建设，如汶川县推进以村民小组或自然村为单元的村民自治试点，在村民小组成立理事会、监事会等形式的自治组织载体。依法治村方面，逐步健全基层公共法律服务体系，茂县、理县推进法律顾问签约制，实现村级法律顾问全覆盖。乡村德治方面，各县注重传统道德文化挖掘和道德约束机制的建立，汶川县通过道德讲堂、文化礼堂开展德治主题文化活动；理县在各村（社区）全面建立道德评判团、党员评议员等评议组织，引导村民形成道德上的自我约束。

---

① 数据由岷江上游羌族地区各县政府提供。
② 指村党支部委员会和村民委员会。

五、乡村基础设施建设

汶川地震灾后恢复重建和脱贫攻坚使岷江上游羌族地区的基础设施得到质的提升。乡村振兴战略实施以来,岷江上游乡村的交通、民生水利、能源、生态环境、信息化、住房等基础设施不断完善。汶川县以水利、道路、农村能源和通信为重点,整合财政涉农资金,实施农村饮水安全巩固、农村电网改造、信息进村入户、农村污染源治理等工程,加强农村基础设施建设。理县大力推进农村路网、水网、电网、宽带网"四网"建设,围绕旅游发展六要素,累计整合各类项目资金近6亿元,促进道路交通、餐饮住宿等基础设施上档升级,新改建通乡通村公路442千米,建成污水处理站点23个、4G通信基站318个、旅游集散中心5处、旅游服务驿站15个、景区停车场31座,构建景区直通车、班线客运、乡村客运等旅游交通网络,景区景点及乡村旅游带均实现路、水、电、通信全覆盖[①]。茂县以建设"民生路""旅游路""产业路"为着力点,改造乡、村、组路网,农村公路通车里程达1119.639千米;实施农村饮水安全、微水灌溉工程,解决6.5万人饮水困难问题,恢复和改善有效灌面积11.81万亩;实施光网改造、无电村通电和全覆盖实施村村响、户户通工程,实现县城和贫困村光纤宽带全覆盖,城乡输变电网络全覆盖,行政村无线通信全覆盖[②]。

六、全域旅游推进与村寨旅游发展

全域旅游是实现旅游产业供给侧结构性改革的"着力点"[③]。2016年,阿坝州被列为首批国家全域旅游示范区,岷江上游羌族地区各级政府将民族村寨旅游作为调整区域旅游产业结构的重要路径,对其发展作出新的探索。汶川县提出全域旅游(康养)发展理念,计划以威州、绵虒、雁门、霸州、水磨、漩口、映秀、三江等地为载体,在乡镇层面建设乡村振兴与康养旅游深度融合示范(乡)镇,在村寨层面按照3A级景区或以上标准建设康养精品示范村(社

[①] 理县人民政府:《理县:擦亮"天府旅游名县"金字招牌》,http://www.ablixian.gov.cn/lxrmzf/c100050/202009/70f8795ba36e43a995d99ce05dce6d3a.shtml。

[②] 数据来自对茂县政府办公室工作人员的深度访谈。

[③] 肖妮:《中国全域旅游发展水平的测度及时空演化与空间效应研究》,东北师范大学,2019年,第4页。

区），到2025年，康养旅游收入占农村居民人均可支配收入的30%以上①。理县把全域旅游作为实现全面小康的支柱产业，提出建设"参与式、体验式、互动式"微景观、微景点，打造县域东部羌文化体验和休闲旅游示范片②，以休溪村、卡子村、汶山村等精品旅游村寨创建国家3A级景区集群为节点，推动乡村旅游多层次、多样化发展。茂县在构建全域旅游格局中突出"羌文化"核心地位，计划连片打造传统村落，发展休闲农业和乡村旅游、观光、体验等新产业新业态，推动生态农业、循环工业和羌文化旅游业融合发展③。全域旅游促进了岷江上游羌族地区旅游产业结构的优化调整，汶川县被评为"四川省全域旅游示范县"，理县被评为"四川省乡村旅游示范县"。随着全域旅游的深入推进，岷江上游羌族村寨旅游业将获得更多的发展契机，为羌族村寨旅游产业与乡村振兴融合发展创造条件。

七、岷江上游羌族地区乡村振兴战略初步实施的成绩与问题

岷江上游羌族地区乡村振兴战略的初步实施取得了一定成绩，总体上达成了启动阶段的多项目标。乡村振兴战略工作格局基本形成，县、乡、村各级乡村振兴规划初步制定，相关政策体系、制度体系初步建立。农村产业转型升级加快，主要农产品供给能力和全域旅游发展水平提高。农村路网、水利、电力、通信等基础设施全面提升，农村生产生活条件得到改善。农村人居环境不断优化，为实现生态宜居乡村奠定了基础。基层党组织建设取得成效，农村社会治理体系不断完善。农村居民人均可支配收入持续增加，贫困县、贫困村全部脱贫摘帽，建档立卡贫困人口脱贫，实现全面小康，书写了岷江上游羌族乡村社会发展史上的崭新篇章。上述成绩为下一步巩固脱贫攻坚成效，全面推进乡村振兴和羌族村寨现代化建设奠定了扎实的基础。

岷江上游羌族地区在乡村振兴战略初步实施过程中，也面临诸多挑战。如规划和政策体系建立方面仍处于试点实验阶段，政策的广度与深度均不足；农村产业的规模化、组织化、标准化程度较低，三次产业融合水平较低，部分地区产业同质化问题突出；基础设施短板明显，防灾减灾救灾能力仍然较弱；乡

---

① 汶川县人民政府：《汶川县"两区五极"全域旅游生态康养旅游发展方案》，2018年，未公开发布。
② 理县人民政府：《理县全域旅游提升工程实施方案（2018—2025）》，2018年，未公开发布。
③ 茂县人民政府：《茂县国民经济和社会发展第十四个五年规划和二〇三五年远景目标纲要》，2021年，未公开发布。

村发展不平衡现象明显，不同县域、不同地理环境之间发展条件和发展水平差距较大，以及空心化等问题尚未得到实质的遏制；农村生产、生活、生态空间界定和管控不足，部分区域生活垃圾、生活污水处理能力不足，村容村貌亟待提升。

本章小结

本章对岷江上游羌族地区、羌族村寨的基本情况进行了系统梳理，重点分析了岷江上游羌族地区乡村振兴战略的实施背景、重要性以及初步实施情况。

从区域安全角度来讲，岷江上游羌族地区是涉藏州县，事关区域安全稳定大局；从生态环境的角度来讲，岷江上游羌族地区位于青藏高原东南缘的高山峡谷地带，是长江上游重要的生态屏障；从文化多样性角度来讲，岷江上游羌族地区是西南地区民族文化多样性的典型区域；从社会发展和各民族共同繁荣的角度来讲，岷江上游羌族地区是我国脱贫攻坚和全面建成小康社会的关键区域；从区域经济发展角度来讲，岷江上游羌族地区是成都的"后花园"，成渝地区双城经济圈建设将为其带来重要发展机遇。通过地震灾后重建、长期扶贫、社会主义新农村建设、美丽乡村建设，岷江上游羌族地区乡村建设成效明显。但由于特殊的地理环境、资源禀赋和经济社会发展程度的影响，该区域的乡村发展仍面临诸多挑战，主要表现为：村寨产业弱质化、村寨空心化、传统文化传承与现代文化建设不足、乡村治理现代化有待加强等。

岷江上游羌族地区从脱贫攻坚成效巩固、乡村振兴规划及政策体系建设、农村产权制度与土地制度改革、村镇建制调整、基层治理、基础设施建设与完善、全域旅游发展等方面推进乡村振兴战略的初步实施，并取得一定成效，总体达成乡村振兴启动阶段的各项指标，为区域乡村振兴战略的纵深推进奠定基础。但同时，岷江上游羌族地区乡村振兴战略的初步实施还存在一定不足，如规划和政策体系的广度与深度、农村产业发展水平、乡村平衡发展、生态保护、基础设施建设等方面还存在诸多挑战。

第三章 岷江上游羌族村寨旅游业发展的历程与现状

第一节 岷江上游羌族村寨旅游的资源与条件

一、岷江上游羌族旅游村寨分类

（一）按形成机理分

根据村寨旅游中各方所起作用的差异，可将村寨旅游分为需求拉动型、供给推动型和政策扶持型三种。需求拉动型主要受市场需求影响，一般位于中心城市周边。供给推动型与旅游资源高度关联，具有一定的经济基础，具备投入开发乡村旅游产品的实力。岷江上游羌族村寨的经济发展水平总体较低，且离中心城市较远，需求拉动型和供给推动型旅游村寨较少。政策扶持型主要受政策推动影响，此类村寨具有一定的旅游资源基础，可通过特殊政策扶持发展成为旅游村寨，如茂县叠溪山体高位滑坡后重建的新磨村、旅游扶贫村二八溪村、震后重建的渔子溪村、高半山移民村牛尾村等，均属此类。

（二）按依托资源分

按照村寨旅游依托资源的不同，可将村寨旅游分为历史文化型、自然生态型和农业型等。历史文化型主要依托古建筑、民俗等历史文化价值较高的村寨历史文化遗产，围绕文化遗存发展旅游，如桃坪羌寨、黑虎羌寨、萝卜寨等。自然生态型主要以自然生态为核心吸引力，构建欣赏乡村景观、认知自然、培养与体验生态的旅游环境，如理县西山村。农业型主要依托村寨原有或可引进的农业资源发展主题旅游，如甘清村、杨柳村等。

（三）按区位条件分

根据旅游村寨的区位条件，可将其分为城镇依托型、景区依托型和交通依托型三种。城镇依托型村寨主要分布于城郊或环城带，以城镇居民为主要客源，如茂县坪头村、汶川月里村等。景区依托型村寨一般分布于景区周边或内部，主要发展食、住、购等业态作为依托景区的补充，如汶川老人村、联合村等。交通干线依托型村寨一般沿交通干线或旅游通道沿线分布，客源来自景观道的自驾人员或团队群体，如汶川新桥村、联合村，茂县坪头村等分布于国道213、国道317沿线的旅游村寨可归于此类。

（四）按参与主体分

按参与主体在村寨旅游活动中所起作用的差异，可将其分为村寨居民主导型、政府主导型、企业主导型及混合型四种类型。村寨居民主导型，由村民对自己所拥有的旅游资源进行管理，各自承担风险并独享经济收益，如汶川马家营村、郭家坝村、理县甲米村、茂县牟托村等。政府主导型由政府统筹规划、开发与运营管理旅游资源，以旅游发展收益反哺资源保护投入，并为当地居民提供就业机会，如杨柳村、牛尾村、阿尔村、联合村等。企业主导型以公司组织架构来投资开发并运营管理村寨旅游项目，如理县西山村。混合型是指由村寨居民、政府、企业、投资商等多方共同参与村寨旅游的开发运营管理，例如桃坪村，旅游发展初期的牟托村、坪头村也经历过此种模式。

需要指出的是，旅游村寨的分类并不是截然分离的，它们有时相互涵盖，一些旅游村寨同时包含多种类型特征。

（五）案例村以外的著名羌族旅游村寨

岷江上游羌族村寨在多个地貌类型、海拔高度均有分布，村寨的生态、文化、经济状况亦各不相同。但从20世纪90年代以来，已有多个村寨走上旅游发展之路。如汶川的萝卜寨村、联合村、阿尔村、索桥村、垮坡村、新桥村、布瓦村、羌峰村等，理县的桃坪村、佳山村、古城村、增头村、夹壁村、二古溪村、休溪村、木卡村、甲米村等，茂县的甘清村、安乡村、沙湾村、牛尾村、杨柳村、较场村、岩窝村、白腊村、小河坝村等。这些村寨旅游发展在资源、开发模式、参与主体、形成机理等方面也呈多样化特征。

除本书选取的三个案例村老人村、桃坪村、坪头村外，汶川萝卜寨、理县木卡羌寨、茂县黑虎羌寨也是旅游特色较为鲜明的羌族村寨。萝卜寨是阿坝州第一个入选国家历史文化名村名录的村寨，其村寨布局、建筑材料均极具特色，在震前即已发展旅游业。地震使萝卜寨传统建筑损毁严重，加上旅游开发公司的退出，目前萝卜寨旅游处于重振阶段。木卡羌寨是理县重点打造的旅游村寨，与通化、蒲溪等村寨一起以桃坪村为支点，形成"大桃坪古羌文化体验区"。木卡羌寨文化底蕴丰厚，农业发展较有特色，其旅游发展处于上升期。黑虎羌寨建筑、文化、风俗等资源品质高，是省级文物保护单位。由于地理位置相对偏僻，加之基础设施建设相对滞后，到访黑虎羌寨的多为科考、探险、摄影等人群，其旅游发展也处于上升期。

1. 汶川萝卜寨

萝卜寨位于汶川县威州镇境内的高半山台地上，距县城约15千米，距成都约160千米，平均海拔高度2000米，共有3个村民小组、261户1025人。萝卜寨历史悠久，文化深厚，一度是羌族政治文化经济中心，原为古羌王的遗都，曾叫凤凰寨、富顺寨和老虎寨。萝卜寨保留着传统的原始崇拜，居民有自己的释比，建有莲花寺，会过羌历年、举行祭山会等[①]。

萝卜寨的建筑材料与其他羌族地区的木石材料不同，房屋全用黄泥夯筑。寨内有地下通道与各户相连，寨子的上、中、下三层空间立体交织在一起，具有较强的防御功能。震前的萝卜寨是集自然村、行政村和村民小组三者合一的寨子，这在岷江上游乃至四川地区并不多见[②]。汶川特大地震对萝卜寨造成极大损坏，传统的黄泥民居多数损毁。震后，萝卜寨遗址被作为文物保护单位予以保护，并将原有巷道和部分民居修复。在老寨东侧由广东江门市援建一座新寨，寨内有综合服务楼、村民文化活动广场、停车场、祭祀广场、宅门等公共空间以及村民居住房屋。新寨房屋以砖混结构为主，外立面涂有黄色涂料，模仿老寨黄土民居特色。新寨使村寨居民整体生活质量大幅提升，但由于居民私自搭建、装饰、改造房屋现象普遍，村寨原有统一规划的风貌被破坏。

地震以前，萝卜寨已经开始发展旅游业，2003年开始规划羌族民俗旅游，2005年四川光大民族文化发展有限公司对萝卜寨进行整体开发，修建停车场、广场、酒店等旅游服务设施。2007年汶川县政府修建4.5米宽入村水泥路，连接河谷的213国道。地震使萝卜寨初步发展的旅游产业被迫中断。灾后经过

---

① 威州镇人民政府：《威州镇》，http://www.wenchuan.gov.cn/wcxrmzf/c100131/201904/3436e7f65ae0435280eddc12b2f8bfe0.shtml。

② 沈茂英：《中国山区聚落持续发展与管理研究——以岷江上游为例》，中国科学院研究生院（成都山地灾害与环境研究所），2005年，第193页。

恢复重建，萝卜寨利用国家级羌族传统村落和羌族文化品牌，将自身打造成为羌绣、羊皮鼓舞、羌历年、释比等非物质文化遗产集中展示地。同时，依托气候、地势等优势，发展大樱桃、青红脆李、花椒、辣椒等特色种植业，吸引游客采摘。2019年，萝卜寨人均可支配收入15951元，主要收入来源为水果、旅游、服务行业。

2. 理县木卡羌寨

木卡羌寨位于理县东南部，距县城约27千米，距成都约170千米，海拔1600米，全村116户468人。木卡羌寨原属保县管辖，后为杂谷土司辖地，清改土归流后属九子屯守备辖地，是杂谷脑五屯中唯一的羌族屯堡，也是灌口到马塘茶马古道的必经之路[①]。

木卡羌寨分老寨和新寨。老寨位于杂谷脑河北岸山腰一突出石山上，距河谷有60米左右的高差，又被称为"石头上的寨子"。老寨体现了羌族传统村寨选址"大水避、小水亲"的原则，寨子南面水流湍急的杂谷脑河形成了天然屏障，东北侧有山涧，引水入寨内后转入地下形成地下水网系统，兼具饮水、消防、逃生等多重功能。老寨又分上、中、下三部分，各部以石阶梯相连。村寨民居采用片石加黄泥构筑，沿寨内两条主要道路以及节点过街楼渐次拓展延伸，水渠、过街楼、道路、民居等景观空间融为一体、和谐共生，成为村寨发展旅游产业的核心景观。

木卡羌寨的新寨位于山脚，地势平坦，寨内民居相对分散，地震前已有部分村民搬迁至新寨。地震对新寨破坏较为严重，震后恢复重建中政府对新寨进行统一规划，增设游客中心、祭祀广场等公共活动场所，新建一条4米宽的道路与老寨相连。木卡羌寨传统产业为蔬菜、水果种植。震后，木卡羌寨调整产业结构，按照"依托藏羌走廊、完善基础设施、优化种养结构、发展乡村旅游"的工作思路，打造阿坝州精品旅游村寨，开发果树认种、农耕体验、水果采摘等旅游项目。目前，木卡羌寨拟以老寨民俗及羌族文化为依托，建设一个集羌文化、农耕文化、古堡建筑文化、屯兵文化、自然生态文化、饮食文化、健康养生文化、休闲度假观光为一体的度假景区，促进旅游产业转型升级。

3. 茂县黑虎羌寨

黑虎羌寨位于"九环线"茂县段的黑虎镇小河坝村，距县城约27千米，

---

① 孙松林：《岷江上游地区藏羌聚落景观特征的比较研究》，北京林业大学，2018年，第197页。

距成都约 210 千米，海拔 2300 米左右，全寨有 38 户共 134 人，是典型的高山传统羌寨。

由于古时持续不断的部族纷争，黑虎羌寨的建造十分注重防御性。寨中石碉众多，全部用石头和泥土垒成，高大雄伟，一字排开分布于易守难攻的山脊之上。相传寨内碉楼最多时达 200 余座，均建于唐代，主要用于防御吐蕃和其他部落的进攻，后因自然垮塌或人为拆除，现保存 30 余座，是岷江上游羌族地区碉楼数量最多、分布最集中、样式最丰富的村寨。因战乱频繁，黑虎羌寨产生了众多传奇性英雄，清代带领全寨羌人抗击外来入侵的黑虎将军便是其中的一个代表，寨中至今保留其兵营遗址——将军寨。为了纪念黑虎将军，黑虎羌寨有整个羌族地区唯一的戴"万年孝"装束，同时寨中在歌舞、乐器、祭祀礼节和禁忌方面也包含诸多英雄纪念元素。

花椒、水果、玉米种植是黑虎羌寨传统产业，但受气候、耕地面积等因素影响，种植规模较小，收益不高。地震后，茂县政府开始发展黑虎羌寨旅游产业，修建道路、停车场、游客中心等基础设施，开发古寨碉楼民居体验、羌族文化科研考察等项目，并将其纳入"羌乡古寨"景区管理。2012 年，黑虎羌寨入选首批《中国传统村落名录》，寨内传统建筑保护、基础设施建设力度进一步加强。2019 年，黑虎羌寨所在的小河坝村被评为全国第三批"中国少数民族特色村寨"。目前，黑虎羌寨游客以自驾游客和科考工作者为主，旅游收入成为村寨居民重要的收入来源之一。

二、岷江上游羌族村寨旅游资源

（一）资源类型

岷江上游羌族地区自然和人文资源众多，既有自然保护区和森林公园，也有历史遗迹、地震遗址、民俗风情以及多项非物质文化遗产。本书对岷江上游羌族地区的村寨旅游资源进行了梳理（见表 3-1）。

表3-1 岷江上游羌族地区村寨旅游资源一览

地区	资源类别	国家级资源	省级资源	州级、县级资源
汶川县	自然	四川大熊猫栖息地（卧龙自然保护区）、大禹生态农业循环经济示范园	草坡自然保护区	盘龙山、黄龙岗、七盘沟、赵公山、三江鹞子山养生堂、水磨仁吉喜目花谷
汶川县	人文	汶川特别旅游区、大禹文化旅游区、姜戈大战、禹的传说、羌族羊皮鼓舞、羌族刺绣、羌族碉楼营造技艺、羌年、姜维城、羌族文化生态保护试验区	羌族推杆、羌族口弦、索桥村、垮坡村	石纽山刳儿坪、西羌文化街、克枯栈道、牟托石棺葬、威州砖石墓、布瓦羌族古碉群、威州大桥、绵虒古镇、瓦寺宣慰司官寨、文星阁、雁门川主庙、簇头高土司官寨、黄龙寺、回澜塔、草坡金波寺
理县	自然	毕棚沟景区	古尔沟温泉小镇、鹧鸪山	
理县	人文	桃坪羌寨、羌年、羌族文化生态保护试验区	羌族口弦、张家碉房	薛城古镇、红军长征遗迹、箭山寨新石器时代文化遗址、薛城筹边楼、危关古碉、朴头山摩崖石刻、花儿纳吉赛歌节、夬儒节、米亚罗红叶节、通化乡西山村俄比且迪（白石祭）、《吉祥谷之恋》、《屯兵印象》、《古羌神韵》
茂县	自然	叠溪·松坪沟景区	宝顶沟、九顶山、九顶山—文镇沟大峡谷、土地岭	龙池山
茂县	人文	中国古羌城、羌乡古寨景区、羌族碉楼营造技艺、羌年、羌族瓦尔俄足节、营盘山遗址、三元桥红军长征遗迹、黑虎鹰嘴河寨碉群、羌族文化生态保护试验区	白石羌寨、黑虎乡小河坝村、叠溪点将台摩崖造像	勒石村聚居遗址、青坡门河坝遗址、别立村古墓群、茂县羌族博物馆、哟咪节、基勒俄苴、《羌魂》

资料来源：《四川旅游年鉴（2018卷）》，中国非物质文化遗产网（http://www.ihchina.cn/），汶川、理县、茂县旅游发展委员会。出于统计便利性、统一性要求，本表所列旅游资源主要限定为与羌族相关的自然和人文资源，不包含羌族地区的汉族和藏族文化资源。

除上述已统计的水域、建筑、历史遗迹、人文活动等自然与人文旅游资源外，羌族村寨旅游购物品资源也很丰富。农副产品方面有松茸、核桃、羌寨腊肉、花椒、茶叶、生漆、雪山大豆等，中药材方面有麝香、党参、天麻、川贝、当归、羌活、黄芪等，工艺美术品有银饰、牛角梳、羌绣、羌笛、雕刻等，水果有茂汶苹果、大樱桃、青脆李、红脆李、猕猴桃、酿酒葡萄等。

（二）旅游资源整体评价

岷江上游羌族村寨是羌族历史文化积淀最深、最真实的区域，各村寨与羌族文化、大禹文化相关的历史文化景观景点，记录了羌族历史变迁的痕迹，显示出鲜明的民族特色，具有不可替代性，是羌族村寨发展旅游最重要的资源，具有较高的历史文化价值。羌族村寨中普遍存在的羌碉、民居、羌绣、歌舞艺术、民俗节庆等物质和非物质资源不仅是羌族人民生产生活的反应，更具有较高的艺术观赏价值。同时，岷江上游羌族村寨动植物种类较多，部分村寨本身就位于自然保护区以内，为科学考察提供了丰富的研究素材，具有较高的科学考察价值。

岷江上游羌族村寨旅游资源丰富多元，但各地区又略有不同。汶川村寨旅游资源数量多且类型广，近年来政府在基础设施建设、资源挖掘等方面大量投入，特别是在康养旅游发展思路下，有关休闲、养生、度假的资源被不断挖掘和利用。理县的羌族村寨旅游资源集中在国道317沿线，主要是以桃坪羌寨为核心的羌族文化景观和乡村聚落，羌族民俗、文化技艺、歌舞艺术等资源利用率较高。茂县作为羌族文化的核心区，其村寨旅游资源体现出综合性的特点，数量多且品质高，但由于部分村寨地理位置相对偏僻，资源的开发利用率并不高。

总的来说，相比于其他民族地区，岷江上游羌族村寨旅游资源在历史文化、艺术观赏和科学考察等方面具有一定辨识度、知名度和影响力，对旅游客源市场具有足够的影响力。

三、岷江上游羌族村寨旅游业发展条件

（一）自然条件

适宜的气候、洁净的水源、优美的自然环境使岷江上游羌族村寨旅游业的发展具备了良好的自然条件。除南部水磨、漩口一带为盆地亚热带气候区，岷江上游大部分地区属于川西北高原气候，多年平均气温11°～13℃，最高气温32°～35.6℃，最低气温为－8.6°～－11.6℃；多年平均降水量在420～800毫米；多年平均日照时数1557～1678小时；多年平均无霜期210～238天（表3-2）。总体来看，岷江上游羌族地区阳光明媚、空气清新、河流清澈、湖水湛蓝，为村寨旅游提供了良好的自然条件。

表 3-2　岷江上游羌族地区气象情况

要素	汶川	理县	茂县
气温（℃）	13.4	11.2	11.1
降水量（毫米）	524.3	610.3	490.3
日照（小时）	1588	1671	1555
相对湿度（%）	69.0	66.5	71.7
霜期（天）	44.3	56.8	57.3
最高气温（℃）	35.6	33.9	32.0
最低气温（℃）	-6.8	-11.0	-11.6

资料来源：①冯广宏、张文渊、陈跃均：《岷江志》，四川省水利电力厅，1990年，第126页。②阿坝藏族羌族自治州地方志编纂委员会：《阿坝州志》，民族出版社，1994年，第269-272页。

（二）区位与交通

阿坝州自古以来就是通往祖国西南边疆的要道，是川西物资交流的纽带和桥梁，岷江上游呈南北向纵贯阿坝州，既是四川省和阿坝州重要的生态和文化旅游目的地，也是茶马古道的一段重要通道，又是"长江经济带"、"国家生态文明建设先行示范区"、"一带一路"经济带的重要节点，几者的地理延伸基本重合，具有自然旅游产品和文化旅游产品高度整合的优越开发条件。同时，国道213线、317线和蓉昌高速公路也基本沿岷江干流及支流河谷地带穿越了汶川、理县、茂县、松潘等地，在建的川青铁路也将通过茂县、松潘等地并设若干站点，加之规划建设的汶九高速（汶川至九寨沟）、都江堰至四姑娘山的山地轨道交通等项目的陆续实施，岷江上游羌族地区的陆上交通将进一步密织成网。九黄机场、红原机场已开通多条航线，缩短了与国内外各客源地的经济距离。该区的各主要旅游目的地大多位于大九寨旅游环线上，与绵阳、成都、重庆等城市相通，具备较好的旅游区位与交通条件。

（三）经济与社会

经济发达程度与社会进步程度直接影响一个地区的旅游开发价值。近年来，岷江上游羌族地区三县经济保持稳定增长态势，地区生产总值、财政一般预算收入、居民可支配收入等经济指标位居阿坝州前列。以汶川为例，2019年，全县实现地区生产总值62.76亿元、增长6%，地方一般公共预算收入

3.76亿元、增长10%，人均GDP达61165元，已经高于全省平均水平[①]。稳定的经济增长态势，特别是农村居民收入水平的提高，为村寨旅游发展奠定了经济基础。灾后恢复重建和精准脱贫政策的实施，使岷江上游羌族地区基础设施水平大幅提高，村寨道路、通信保障、电力供给、安全饮水等设施不断改善。2019年，汶川、茂县、理县相继通过脱贫攻坚验收，贫困人口规模不断缩小。教育方面，"一村一幼""十五年义务教育"等特殊政策的施行，使区域基础教育得到有效供给；区域内现有两所普通高等院校开展旅游人才培养工作，为村寨旅游发展提供一定的专业人才支持。社会稳定方面，犯罪率逐年下降，民族团结工作成效明显。2019年，阿坝州获"全国民族团结进步示范州"称号。良好的经济、社会环境为岷江上游羌族地区村寨旅游业的发展提供了有力的支持。

（四）政府与政策

政府在旅游发展中扮演了重要角色，各级政府重视岷江上游羌族地区村寨旅游业的发展。2010年，阿坝州结合地震灾后恢复重建和社会主义新农村建设，启动"三百"示范工程，汶川、理县、茂县多个村寨被打造为"精品旅游村寨"和"幸福美丽村寨"；"藏羌文化特色旅游村寨"被纳入《阿坝藏族羌族自治州国民经济和社会发展第十三个五年规划纲要》重点建设项目；《四川省"十三五"旅游发展规划》也将岷江上游7个村寨纳入重点培养旅游精品项目建设名单。

乡村振兴战略的实施，为岷江上游羌族地区村寨旅游业提供了新的发展契机。《中共四川省委　四川省人民政府关于实施乡村振兴战略开创新时代"三农"全面发展新局面的意见》明确提出"抓好"川西高原自然风光和民族风情等乡村旅游目的地建设，着力打造乡村旅游特色村寨。汶川、理县、茂县等地方政府将旅游产业作为民族村寨振兴的引导产业进行重点培育，并制定专项发展规划。汶川县渔子溪村、理县庄房村、薛城镇、映秀镇等村镇旅游产业已经取得较好的发展效果，分别被评为省级乡村振兴示范村和示范镇，起到一定的引领效应。

---

① 汶川县人民政府网：《2019年政府工作报告》，http://www.wenchuan.gov.cn/wcxrmzf/c104660/202003/219cd21663e54f628e2b131e170fd4b4.shtml。

第二节　岷江上游羌族地区村寨旅游业发展历程

一、起步阶段（20世纪90年代）

20世纪90年代初，随着九寨沟、黄龙等景区游客数量的快速增长及旅游收入的提高，以旅游业为龙头的第三产业在阿坝州经济中的支柱地位日益突出，旅游开发力度不断加大。阿坝州政府先后出台《阿坝州旅游行业管理规定》《关于加快阿坝州旅游发展的决定》等政策，古尔沟温泉、米亚罗红叶观光区、卡龙沟景区、叠溪·松坪沟、卧龙自然保护区等景区景点相继开门营业。在景区的辐射作用下，岷江上游羌族地区的村寨旅游业逐步发展。

1998年，九环线的开通极大地促进了岷江上游羌族地区村寨旅游业的发展。国道213线、317线沿线的一些村寨纷纷涉足旅游行业，桃坪羌寨就是代表之一。1998年，理县政府介入桃坪羌寨旅游开发，县旅游局、桃坪乡政府、桃坪村支部、村民委员会联合成立桃坪羌寨股份有限责任公司。公司与成都的旅行社合作，组织游客到寨参观。随着游客的增加，"小琼羌家""杨家大院""尔玛人家"等个体经营实体应运而生，村寨的产业结构、居民的就业结构等逐渐产生变化。

经过一段时间的探索、发展，岷江上游羌族地区具有浓郁民族文化的羌族村寨逐渐成为游客体验民族风情的重要场所，一些村寨逐渐发展成为该区域重要的旅游目的地。此时的岷江上游羌族地区村寨旅游总体呈缓慢上升趋势，出现以下特点：市场方面，以前往九寨沟、黄龙寺、米亚罗、卧龙自然保护区等主要景点的游客为主，羌族地区村寨作为其途经景点短暂停留；产品方面，民族文化展示是其重要产品之一，但餐饮、观光采摘是其最主要产品；空间方面，主要分布于九寨沟、黄龙寺、米亚罗等热门旅游线路之上，呈点状分布；经营主体方面，主要以少数头脑灵活的农牧民个体为主，经营羌家乐或者售卖土特产品；管理方面，各县旅游管理机构相继成立，开展行业指导及市场整顿等工作。

二、初步发展阶段（1998—2008 年）

进入 21 世纪，随着国家节假日制度的日益完善及政策规范的引导，乡村旅游的市场需求被进一步激活。原农业部、国家旅游局、建设部、文物局等部门先后出台《全国农业旅游示范点、全国工业旅游示范点检查标准（试行）》《中国历史文化名镇（村）评选办法》《关于促进乡村旅游可持续发展的指导意见》等政策，以"中国乡村游""中国和谐城乡游"等主题推广乡村旅游。

2007 年，阿坝州为调整旅游产业发展结构，实施旅游"二次创业"战略，大力支持以民族风情旅游、生态旅游等为代表的休闲旅游产业，提升藏家乐、羌家乐、农家乐、牧家乐档次。旅游产业结构的调整为村寨旅游发展带来契机。2008 年，汶川县萝卜寨被评为全国历史文化名村；卧龙管理局出台《卧龙特区乡村旅游规划纲要》，全区老百姓自办餐馆、旅店、农家乐及各类商业店铺超过 100 家。

在政策和市场的推动下，岷江上游羌族地区村寨旅游业在经历前期的探索发展之后，不断成长壮大，并呈现出以下特点：市场方面，客源市场开始向中小城市扩展，消费需求和消费能力也有较大幅度提升；产品方面，羌家乐、农家乐等传统产品数量大幅提升，特色民族村寨、休闲度假村等景区不断涌现；空间方面，从点状发展转向集群发展，一些村寨依托良好的交通区位、资源优势自成旅游目的地，其周边形成开发集聚；运营主体方面，多元化特征显现，合作社、集体经济、企业介入、政府主导等不同经营模式得到探索；管理方面，政府在提升村寨旅游地位、促进规范引导、提升品牌影响力等方面发挥了重要作用。

三、快速发展阶段（2010 年至今）

2008 年汶川特大地震使岷江上游羌族地区村寨旅游遭受重大打击，三江、萝卜寨、桃坪羌寨等受损严重，景区景点及旅游线路沿途农家乐、度假村等房屋基本倒塌或成为危房，旅游经营者及游客心理受到重创，初步发展的村寨旅游业被迫按下"暂停键"。在灾后重建过程中，旅游村落的恢复重建被视为安民惠民工程的基础性工作。

汶川县水磨镇是灾后恢复重建的典型。这个震前以高污染、高耗能重工业为主导产业的工业镇转变为以旅游、商贸、教育等产业为主的新型城镇，被联合国人居署誉为"全球灾后重建最佳范例"。经过三年恢复重建，2010年水磨镇开门营业，标志着岷江上游羌族地区村寨旅游的"重启"。同时，阿坝州结合社会主义新农村建设、"国家全域旅游示范区"建设以及旅游精准扶贫，又集中建设了一批精品旅游村寨，使村寨旅游业的规模进一步扩大。

岷江上游羌族村寨旅游经历了20余年发展，进入快速发展阶段，并呈现出以下特点：市场方面，客源群体数量大幅增加，村寨游客已经成为区域主要游客群体之一，同时旅游消费升级趋势明显，中高端旅游产品愈加受市场青睐；产品方面，村寨旅游与文化、教育、体育、医疗等产业融合，产生新业态，如文创基地、户外亲子课堂、运动探险、康养等；空间方面，已从发展初期的点状分布逐步发展成为轴线联动，并开始呈现集群化、纵深化发展趋势；运营方面，企业主导和混合经营模式开始大量出现，政府主导模式在某些特定资源的开发和利用上得到应用，普通农民个体经营和村集体经营规模有所扩大，经营的科学性和效益性都有所提升；管理方面，政府在战略政策的引导、行业政策的深化等方面加大了力度。

需要特别指出的是，2017年以来，岷江上游羌族地区连续遭受了地震、滑坡、泥石流等重大自然灾害，众多景区、旅游村寨的旅游经营活动一度中断，使整个区域的旅游发展出现阶段性下降。随着乡村振兴战略的初步实施，以及灾害过后的再次重建，岷江上游羌族地区基础设施不断完善，同时也在客观上加快了村寨旅游业转型升级的脚步。

第三节 岷江上游羌族村寨旅游业发展现状

一、岷江上游羌族旅游村寨数量

汶川特大地震后，阿坝州旅游重建、社会主义新农村建设、全域旅游、精准扶贫和乡村振兴战略等工作的推进，使岷江上游羌族村寨旅游业迅速发展。灾后重建中阿坝州结合社会主义新农村建设实施了"三百"示范工程，打造了老人村、三官庙村、联合村、甘清村、杨柳村、安乡村、坪头村、牟托村、木卡村、卡子村、汶上村等数十个羌族精品旅游村寨，村寨旅游发展格局不断完善。旅游扶贫是精准扶贫的重要路径，各级政府根据各村资源禀赋集中扶持一批羌族扶贫旅游村寨，如大寺村、西山村、腊普村、岩窝村、九龙村、二八溪村、河西村、利里村、火鸡村等被纳入省级旅游扶贫示范村。乡村振兴战略提出以来，各级政府在规划编制和试点项目建设上都充分考量旅游在乡村振兴中的作用，在产业发展、基础设施建设、文化挖掘、生态保护等方面作出具体方案并实施。到2019年底，岷江上游羌族地区已有近百个羌族村寨直接参与旅游发展（见表3-3），其中茂县小河坝村、汶川萝卜寨村等12个村入选《中国传统村落名录》，理县休溪村、汶川大寺村等24个村入选《四川省传统村落名录》，老人村、渔子溪村等被评为国家5A级景区，桃坪村、坪头村、萝卜寨村等被评为国家4A级景区。

表3-3 岷江上游羌族旅游村寨

县域	旅游村寨
汶川	芤山村、月里村、萝卜寨村、索桥村、通山村、大寺村、联合村、阿尔村、索桥村、垮坡村、新桥村、布瓦村、双河村、羌峰村、大禹村、马登村、三官庙村、中滩堡村、枫香树村、渔子溪村、核桃坪村、群益村、安子坪村、集中村、牛塘沟村、御凤岩村、大槽头村、寨子坪村、老人村、马家营村、郭家坝村、脚木山村、转经楼村、街村、河坝村、照壁村、漆山村、麻柳村、草坪村、幸福村、龙潭村
理县	兴隆村、玛瑙村、营盘村、克增寨村、日底寨村、瓦斯村、较场村、塔子村、沙金村、桃坪村、佳山村、古城村、增头村、夹壁村、二古溪村、长河坝村、熊耳村、休溪村、木卡村、甲米村、九子村、通化村、甘溪村、卡子村、西山村、汶山村
茂县	坪头村、甘清村、安乡村、沙湾村、牛尾村、杨柳村、较场村、岩窝村、白腊村、小河坝村、桃花村、新磨村、二八溪村、九龙村、腊普村、河西村、利里村、火鸡村、上关村、赤不苏村、吉鱼村

资料来源：汶川、理县、茂县文化体育和旅游局提供，截止时间2019年12月。

二、岷江上游羌族村寨旅游业供给能力及旅游收入

数量众多的羌族村寨参与旅游发展，带动了乡村民宿、乡村酒店、休闲庄园、农家乐、特色餐饮等产业发展，旅游供给能力增强。到2019年底，汶川有规模以上旅游龙头企业15家、特色民宿10家、乡村酒店168家，各类饭店、农家乐床位数31000余张、餐位数近60000个；理县有各类民宿接待点742家，其中星级乡村酒店28家，全县共有床位26000余张；茂县有星级农家乐28家，旅游接待床位2万余张。旅游业态不断丰富，产品逐渐向中高端升级，村寨旅游成为岷江上游羌族地区游客接待的主要力量。

旅游产业发展拓展了当地居民的就业渠道。汶川县旅游从业人员达 2 万余人，其中直接从业人员 9400 余人，旅游收入占农民纯收入的 47%；理县有 4100 余人直接从事旅游经营，80% 以上的农村群众间接参与旅游发展，旅游收入占农村居民可支配收入的 70% 以上；茂县约 2 万群众参与旅游经营，带动 8 万群众增收[1]。2019 年，汶川、理县、茂县分别接待游客 627.78 万人次、580.94 万人次、302.39 万人次，实现旅游收入 28.73 亿元、40.68 亿元和 22.39 亿元[2]。村寨旅游成为羌族群众的主要就业渠道之一，旅游收入在村寨居民收入中的占比不断升高，甚至已经成为部分村寨居民的主要收入来源。

三、岷江上游羌族村寨旅游业发展成效

（一）促进了产业融合与升级

村寨旅游业的发展也辐射带动了村寨其他产业的发展，旅游＋农业、旅游＋文化等产业形态普遍出现。蔬菜、水果种植等岷江上游羌族地区的传统产业与旅游融合后，产生了如农业观光、农事体验等旅游项目，使农产品生产、销售在地化，提升了产业价值。汶川有特色水果基地 13.6 万亩，理县建设种植示范基地 8 个，茂县水果和蔬菜种植面积分别达 8.9 万亩、7.7 万亩，三县"三品一标"农畜产品 40 余个。文旅融合方面，汶川县连续举行汶川大熊猫节、甜樱桃采摘节、大禹文化旅游节、羌族民族体育运动会、羌历年等活动，培育了一批乡土节事旅游品牌；理县拥有羌年、羌族碉楼营造技艺等国家和省级非物质文化遗产 8 项，桃坪羌寨被列入世界文化遗产预备名录，全县有民间音乐舞蹈表演团体 125 个，成为展示村寨文化的重要载体；茂县聚焦羌族民俗风情体验，打造原生态羌文化展示区，推广"瓦尔俄足""羌年""羌魂"等文化旅游品牌，常态开展羌文化活态展演，培育文化产业企业 9 家，丰富文化旅游产业链条，推动"文化＋旅游"深度融合。

（二）提高了人均收入

发展村寨旅游之前，粗放的、单向的农业生产是岷江上游羌族地区村寨居民的主要收入来源。村寨旅游业的发展为村寨居民拓宽了收入途径，增加了可

---

[1] 数据由对汶川、理县、茂县文体旅游局工作人员的深度访谈得出。
[2] 数据由汶川、理县、茂县 2019 年国民经济和社会发展公报整理得出。

支配收入：一是村寨居民可以直接从事旅游经营，增加收入；二是通过对村寨旅游项目的投资、入股分红等形式增加收入；三是可以充分利用村寨自然资源、人文资源，促进旅游发展价值的增值；四是通过农副产品的就地消费，降低运输成本，提高市场价格，促进村寨居民增收。如2008年汶川萝卜寨的人均收入只有2000元左右，到2017年，该村人均收入已达1.1万元。

（三）改善了基础设施条件

发展乡村旅游业必须要有便利的交通道路条件、基本的卫生安全保障、良好的生态环境和特色化的村庄建设等，旅游目的地受市场影响和驱动，必须进行道路、环境、设施等基础设施建设与维护[①]。岷江上游羌族地区特殊的地理环境和相对滞后的社会经济发展实际，决定了当地在村寨旅游发展过程中必须加强基础设施建设。这些基础设施项目主要包括生活垃圾处理、生活污水处理、改厨、改厕、改圈，通村、通户道路建设，村庄照明设施建设，旅游服务标识标牌建设等。村寨旅游的发展是村寨基础设施建设的源动力之一，基础设施的不断完备在大大方便了村寨居民生活的同时，也增强了村寨的旅游吸引力和接待能力，为村寨旅游的进一步发展奠定了基础。

（四）传统文化保护和现代文化科技引入

尽管旅游开发的终极目的是追求经济利润，遵循的是经济逻辑而非文化逻辑，但想要在当今难以抗拒的现代化潮流中维护和发展民族特色文化，发展旅游业仍是不可忽视且可资利用的重要力量。随着村寨旅游的发展，蕴藏在村寨内部的民族文化被发掘和利用，客观上促进了岷江上游羌族地区文化的保护与传承。2009年，联合国教科文组织将羌年纳入急需保护的非物质文化遗产名录。在国家公布的国家级非物质文化遗产名录中，羌族多声部民歌、羌族碉楼营造技艺、羌族羊皮鼓舞等名列其中，有8人成为国家级非物质文化遗产项目传承人。桃坪村、萝卜寨村等十余个村寨入选《中国传统村落名录》。此外，还有多个村寨、特色文化项目入选省级、州级及县级各类保护名录。同时，村寨居民在旅游发展过程中也逐步意识到本民族文化的有用性，自觉参与到民族文化的保护与传承工作之中。

村寨旅游发展也促进了现代文化科技进入村寨。微信、微博、短视频、直

---

① 唐代剑、过伟炯：《论乡村旅游对农村基础设施建设的促进作用——以浙江藤头、诸葛、上城埭村为例》，《特区经济》，2009年第11期，第157页。

播等新媒体平台成为村寨旅游营销、宣传的新阵地。部分年轻村民喜欢拍摄短视频，记录村寨各项旅游活动；茂县组织"网络大V"与村寨居民一起直播带货，网络销售青脆李、花椒等农特产品；数字博物馆、VR等新生事物也开始进入村寨，拓展村寨文化、习俗、建筑等展示平台。

（五）提高了村寨居民的文明程度

对于民族地区而言，旅游是引入现代经济、现代生活方式的重要途径，在转化民族成员的传统观念和提升人的文明程度方面发挥着举足轻重的作用。发展旅游业以来，岷江上游羌族地区部分村寨的村规民约对村民在卫生维持、文明用语、文明行为等方面做出了规范。更重要的是，村寨居民参与旅游的意识和对外界事物的接受与吸收能力越来越强。在与游客及外地经营者的接触和交往中，村寨居民认识到融入现代化的必要性，逐步改变了保守的思想，积极参与旅游活动，如民族特色旅游产品经营、旅游餐饮、旅游住宿、民族歌舞表演等方面。

（六）加强了基层党组织建设

岷江上游有相当部分羌族村寨的旅游业是通过政府推动、基层党员示范带头的方式逐步发展起来的。基层党组织、党员在旅游发展中发挥了先锋带头作用，锻炼了党员能力，壮大了基层党员队伍，如坪头村党员数量已超百人。同时，旅游发展不但加强了区域内各族群众的联系，也使游客增进了对岷江上游各民族的了解，有助于铸牢中华民族共同体意识。此外，部分羌族村寨积极挖掘长征精神、抗震救灾精神，将村寨打造成爱国教育、党史学习、基层党建的学习阵地，成为许多基层党组织学习活动的基地。

由于受自然灾害、土地、资金、人力等多重因素的制约，岷江上游羌族村寨旅游业还存在诸多问题，如发展后劲乏力、新型经营主体发育迟缓、管理机制不完善、防灾减灾设施不足等。这些问题将在第五章个案分析后具体论述，此处不作赘述。

本章小结

本章首先介绍了岷江上游羌族旅游村寨的风貌、分布情况，对其旅游资源进行了梳理，并从自然条件、区位与交通、社会与经济、政府与政策等方面分析了其村寨旅游业发展条件。岷江上游羌族村寨旅游业始于20世纪90年代初期,在历经十多年的初步发展之后,遭受汶川特大地震的严重打击,但经过灾后旅游重建、社会主义新农村建设、精准扶贫以及乡村振兴战略的实施,其产业规模、供给能力、辐射带动作用均明显提升。村寨旅游业已经成为岷江上游羌族地区的主导产业之一,在促进产业升级、居民增收、基础设施改善、民族文化保护与传承、居民文明程度提升和基层党组织建设等方面发挥了重要作用。

第四章　岷江上游羌族村寨旅游业发展评价体系

第一节　岷江上游羌族村寨旅游业发展评价体系构建原则

村寨旅游发展评价指标体系需由系列相互关联、相互影响的指标构成，指标体系的构建是一项具有综合性和复杂性的工作，是村寨旅游发展评价的核心部分。评价指标的选择以及指标体系的构建既要注重其理论价值，又要体现现实指导意义。本书在构建岷江上游羌族地区村寨旅游发展评价体系时，主要遵循以下几个原则。

一、科学性原则

岷江上游羌族村寨旅游发展评价指标体系在基本概念和逻辑结构上须严谨、合理，抓住村寨旅游发展的本质特征与内在机制。评价指标体系要理论与实践有机结合，针对岷江上游羌族村寨旅游业所采取的定性、定量研究方法，要能够客观描述该区域村寨旅游业发展实际以及乡村振兴战略的推进情况。

二、系统性原则

村寨旅游业系统由多个子系统构成，每一个子系统又由若干具体指标构成，每个具体指标分别从不同层面反应各子系统的特征与状态，这些子系统既相互独立又彼此联系，形成村寨旅游发展的有机整体。岷江上游羌族村寨旅游业发展评价指标系统的构建，须体现出系统性与层次性，各指标之间要有一定的逻辑关系，能够全面系统地反映各子系统的状况。

三、可比性原则

岷江上游羌族地区自然、人文环境有一定差异，其村寨旅游发展也具有差异。因此，构建村寨旅游业发展评价指标体系既要考虑当地的综合完整性，又要考虑不同类型旅游村寨的特征，尽量因地制宜地建立一套可以适用于不同自然、人文环境的村寨旅游业发展评价指标体系。

四、可行性原则

构建岷江上游羌族村寨旅游业发展评价指标体系应采用定性分析与定量分析相结合的方法。指标获取的难易程度与准确度会对评价结果以及实证研究的合理评判产生重要影响。民族村寨作为民族地区乡村微观的经济社会发展单位，既在经济社会发展实际上存在差异，又在信息统计的广度与深度方面不尽一致。因此，要选取具有可操作性的指标，便于信息获取与量化分析，以保证评价过程的可行性与评价结果的准确性，同时，这些指标还应对其他民族地区村寨旅游业发展具有参考意义。

第二节　岷江上游羌族村寨旅游业发展评价指标体系构建

一、评价指标选取依据

（一）学术界相关研究成果

学术界关于民族村寨旅游业发展评价指标体系构建的研究成果较少。鉴于村寨旅游与乡村旅游具有诸多共性，本书在构建岷江上游羌族村寨旅游业发展评价指标体系时，将参照部分乡村旅游评价指标。何景明从资源、区域条件、区位特性三个方面构建了乡村旅游发展评价体系，该体系侧重于对乡村旅游地开发情况进行评价[①]。王继庆选取乡村旅游资源及环境保护能力、乡村旅游经

[①]　何景明：《乡村旅游发展及其影响研究》，知识出版社，2013年，第49页。

济社会效益、乡村旅游软硬环境建设能力和乡村旅游市场开拓能力等4大因素、27项因子作为评价指标，构建了乡村旅游可持续发展评价系统①，该体系侧重于考察乡村旅游地发展能力。张洁从生态环境质量、经济效益、社会文化水平、政治法律环境和技术水平5个方面构建乡村旅游可持续发展评价系统，并引入新农村及和谐社会建设的相关指标，对乡村旅游地发展水平及社会主义新农村建设进行评价②。相关既有研究成果为本研究提供了一定参考。

（二）乡村振兴战略规划

中共中央、国务院印发的《乡村振兴战略规划（2018—2022年）》《四川省乡村振兴战略规划（2018—2022年）》等文件提出了乡村的经济、产业、生态、文化、治理等方面的发展目标。有关乡村振兴的战略规划对岷江上游羌族村寨旅游业发展具有指导作用。

（三）"美丽四川·宜居乡村"达标村指标

2018年11月，四川省印发了《"美丽四川·宜居乡村"推进方案（2018—2020年）》，并将其作为实施乡村振兴战略的第一仗。该方案强调农村生态文明建设和人居环境整治，并提出了建设标准，对岷江上游羌族地区村寨旅游业发展具有一定指导意义。

（四）四川省全域旅游示范区认定条件的评分标准

四川省全域旅游示范区认定条件的评分标准对政策、交通、公共服务、基础建设、旅游环境、旅游要素、共建共享等方面都提出了具体要求。岷江上游羌族地区是四川省创建全域旅游示范区的重要组成部分，其旅游发展将按全域旅游示范区认定条件进行建设和评分。因此，四川省全域旅游示范区认定条件的评分标准对岷江上游羌族地区村寨旅游发展评价具有一定的参照意义。

（五）岷江上游羌族村寨旅游发展田野调查

岷江上游羌族村寨旅游和社会经济发展数据不易获取，想要对该地区村寨旅游发展作出评价还需要通过大量的田野调查获取第一手资料。本书的田野调查主要从岷江上游羌族地区县、乡（镇）、旅游村寨三个层面出发，调查对象

---

① 王继庆：《我国乡村旅游可持续发展问题研究》，东北林业大学，2007年，第89页。
② 张洁：《我国乡村旅游可持续发展的研究》，天津大学，2007年，第82页。

主要为政府工作人员、专家学者、企业管理者、旅游从业者、村干部、村寨居民、游客等，具体如表4-1所示。

表4-1 主要田野调查对象一览表

姓名	民族	性别	年龄	文化程度	职业/职务
W	汉	男	34	大学	汶川县文旅局工作人员
Z	汉	男	52	高中	水磨镇景区管理处工作人员
C	汉	男	31	大学	水磨镇政府工作人员
G	汉	男	35	初中	老人村干部
S	汉	男	52	初中	老人村餐饮经营户
Y	汉	男	38	初中	老人村餐饮经营户
S	汉	女	52	小学	老人村餐饮经营户
S	汉	女	45	小学	老人村村民
G	羌	女	51	大学	理县政协工作人员
L	藏	女	39	大学	理县人民政府工作人员
W	汉	男	40	大学	理县文旅局工作人员
L	藏	女	34	大学	理县文旅局工作人员
L	汉	男	39	大学	理县古尔沟镇工作人员
B	藏	女	36	大学	理县古尔沟镇工作人员
Y	汉	女	32	大学	桃坪镇工作人员
Y	羌	女	41	中专	桃坪村干部、餐饮经营户
W	羌	男	79	高中	桃坪村村民
S	羌	女	45	大学	桃坪村民宿经营户
F	汉	女	33	高中	桃坪村餐饮经营户
Z	汉	女	27	高中	桃坪村特产零售商
B	羌	男	45	大学	茂县人民政府工作人员
S	羌	男	50	大学	茂县统计局工作人员
T	汉	男	33	大学	茂县人民政府工作人员
H	羌	男	38	高中	坪头村干部
W3	羌	男	51	初中	坪头村干部
Y	羌	男	43	大学	坪头村干部

续表4-1

姓名	民族	性别	年龄	文化程度	职业/职务
Z	羌	女	39	初中	坪头村餐饮、住宿经营户
W1	羌	女	57	高中	坪头村普通农户
W2	羌	男	48	初中	坪头村餐饮、住宿、农场经营户
Y	汉	女	35	大学	南充至老人村游客
J	汉	男	39	硕士	山西至桃坪村游客
Z	汉	女	38	大学	成都至坪头村游客

备注：
①为保护调查对象隐私，隐去真实姓名，以英文字母代替。
②民族地区本科学历较少，一般用"大学"表示文化程度，包含全日制专科、本科及非全日制学历学位。

二、评价指标体系的确立

民族村寨旅游业是一个结构复杂的系统，必须综合协调产业、生态、文化和基层治理等方面的问题。本书依据指标体系设计的基本原则和方法，结合岷江上游羌族村寨旅游发展的实际，将指标体系分解为产业、收入、生态、文化、乡村治理5个相互关联的子系统，并进一步分解为33个指标（见表4-2）。在指标设计的过程中，除了设置村寨旅游发展指标外，还加入与村寨旅游相关的乡村振兴相关指标，以便对村寨旅游发展及其综合贡献作出综合评价。

表4-2 岷江上游羌族村寨旅游业发展评价体系

目标层	准则层	指标层	单位
岷江上游羌族村寨旅游业发展及其综合贡献A	产业子系统B1	旅游资源禀赋条件C11	分
		旅游接待总人数C12	万人
		旅游经营单位数C13	个
		参与旅游经营农户比例C14	%
		涉旅农产品数C15	个
		农产品加工企业数C16	个
		产业合作社数C17	个

续表4-2

目标层	准则层	指标层	单位
岷江上游羌族村寨旅游业发展及其综合贡献A	收入子系统B2	旅游收入占全村总收入比例C21	%
		户均旅游年收入C22	万元
		旅游收入占家庭收入比重C23	%
		人均年纯收入C24	万元
		城乡居民收入差距比C25	%
	生态子系统B3	卫生厕所普及率C30	%
		自来水供给普及率C31	%
		宽带使用普及率C32	%
		生活污水处理率C33	%
		生活垃圾无害化处理率C34	%
		空气质量优良率C35	%
		居民环保意识程度C36	分
		卫生环境洁净度C37	分
		旅游基础设施满意度C38	分
		防灾减灾设施完善度C39	分
	文化子系统B4	文化场馆数C41	个
		非物质文化遗产项目数C42	个
		村民业余文化活动丰富度C43	分
		村民对羌族文化的认可度C44	分
		村民对游客的友好度C45	分
		村民普通话熟练程度C46	分
		村民日常生活文明程度C47	分
	乡村治理子系统B5	党员占村寨人口比例C51	%
		党群关系和谐度C52	分
		村民参与村寨事务积极度C53	分
		对村寨治安满意度C54	分

（一）产业子系统的评价指标

产业子系统主要由旅游资源禀赋条件、旅游接待总人数、旅游经营单位数、参与旅游经营的农户比例、涉旅农产品数、农产品加工企业数和产业合作社数构成。旅游资源禀赋条件是产业发展的基础，包括村寨自然资源、人文资源、道路及区位等方面，通过专家、村民、游客打分综合衡量。旅游接待人数、旅游经营单位数、农户参与经营比例是衡量村寨旅游产业发展的直观体现。由于岷江上游羌族村寨旅游地的客源主要为境内游客，加之统计数据较为零散，为了计算方便，未将入境游客数纳入计算范畴。旅游业具有较强的关联性，对村寨的相关产业具有带动、融合作用。实现村寨一、二、三产业的融合发展也是乡村振兴的重要目标之一。将涉旅农产品数量、产业合作社数量纳入衡量产业发展范畴，可以体现村寨旅游相关产品的生产与供给，反映村寨产业融合的规模与程度。

（二）收入子系统的评价指标

旅游收入在全村收入占比、户均旅游年收入及旅游收入占家庭收入比重情况可以反映旅游发展对村民生活富裕的贡献情况。人均年收入、城乡居民收入差距情况则主要与区域居民收入水平进行横向比较，衡量旅游村寨居民收入水平以及对缩小城乡收入差距的贡献情况。

需要特别说明的是：从经济学角度来讲，收入子系统与产业子系统可以合为一个系统，本书将二者独立设置主要基于以下考虑。一方面，村寨旅游作为富民产业，村寨及居民在旅游发展中获得的经济收入情况是衡量村寨旅游业发展质量最直观的指标。农民生活富裕是乡村振兴的根本所在，在村寨旅游发展评价体系中突出"收入"相关元素，是对乡村振兴战略的"生活富裕"的照应。另一方面，经过二十余年的发展，岷江上游羌族村寨旅游业已经形成一定的产业体系、生产体系及经营体系，将"产业子系统"独立设置有助于更清晰地考量其产业、生产及经营方面情况。

（三）生态子系统的评价指标

生态子系统主要包括生活宜居和生态保育两部分。宜居的生活环境既是村寨旅游发展的必要条件，也是衡量村寨居民生活质量的重要因素。卫生厕所、自来水、宽带等普及率可以反映村寨居民生活的便利程度。岷江上游生态环境脆弱，在发展村寨旅游业过程中须加强生态环境保护工作。游客的大量进入会使村寨生态环境承载压力增加，对生活污水、生活垃圾的无害化处理可以有效减轻环境污染，空气质量优良率可以反映村寨生态环境质量，居民较强的环保意识则是村寨生态保育工作有效开展的基本保证。村寨卫生环境、旅游基础设施以及防灾减灾设施建设情况则直接影响到村寨旅游品质和进一步发展。

（四）文化子系统的评价指标

民族文化是岷江上游羌族村寨旅游发展重要的资源之一。文化场馆和"非遗"项目数量可以反映旅游地民族文化资源的丰裕程度。村民对羌族文化的认可度以及村民业余文化活动丰富程度既关系到羌族文化的保护与传承，也关系到文化旅游产品的进一步开发。村寨社会环境的文明程度既是衡量村寨旅游发展环境的重要指标，也是乡村振兴的重要内容，主要通过村民对游客的友好度、村民普通话熟练程度和村民日常生活文明程度反映。

（五）乡村治理子系统的评价指标

旅游的发展使人群、信息、物资集聚，对村寨治理能力提出了新的挑战。村寨居民是村寨治理的参与主体，基层党组织是促进村寨治理的核心，党员数量可以直观反映基层治理队伍建设情况，党群关系的和谐程度则可以反映村寨居民对基层党组织的认可程度，村民参与村寨事务积极度可以反映村民自治情况。对村寨治安的满意情况可以反映村寨法治建设及公共安全情况。

反映乡村治理的指标还应包含基层党建、党员示范作用、民族团结、铸牢中华民族共同体意识等指标。由于这些指标不易量化，本书主要通过田野调查的形式获取相关情况，故未列入指标体系。

第三节　岷江上游羌族村寨旅游业发展评价体系的权重赋值

一、确定权重的方法

在岷江上游羌族村寨旅游发展评价指标体系中的每个指标的影响及作用存在差异。为了客观地得出评价结果，需要根据各项指标的重要程度赋予相应的权重。对于多指标综合评价确定指标权重的常见方法有主观赋权法、客观赋权法和综合集成赋权法。

本书主要采取主观赋权法，即根据人们对各个评价指标在岷江上游羌族村寨旅游发展中的重要程度进行主观判断，以此确定各项指标权重。主观赋权法又有不同的具体方法，常见的有德尔菲（Delphi）法、指标两两比较法和层次分析法（AHP）等。

德尔菲（Delphi）法又称专家打分法，操作方法是首先请若干名专家对各项指标打分，然后将专家的打分集中统计，求出每个指标权重的均值和方差。由于专家对同一指标重要程度的看法不尽相同，通过方差分析，可以了解所有专家意见的分散程度。如果专家的意见分散程度过大，则须进行第二轮甚至多轮调查，直至专家的意见接近一致。最后，选择各位专家打分的均值作为指标的权重。

指标两两比较法与德尔菲法类似，也是邀请若干名专家为各项指标进行打分。不同之处是，专家无需给出各个指标精确的权重系数值，只需对同一层次上各个指标对总目标的重要程度进行排序，并给出各个指标两两比较后重要性的比值系数。最后，通过对每位专家给出的比值系数进行计算，得出各项指标的权重。

层次分析法由美国运筹学家 Thomas L. Saaty 于 20 世纪 70 年代初提出，是一种有着严格数学逻辑的主观赋权方法。运用层次分析法确定指标权重的过程是：先构造判断矩阵，邀请若干名专家进行打分；然后利用计算机软件分别计算下一层指标对上一层指标重要性的权重。层次分析法的优点在于能够进行一致性检验，如果专家们对指标权重判断的分歧较大，其计算结果就无法通过一致性检验，说明以此权重进行综合评价得出的结论不具有科学性，需要重新确定各指标的权重。

为使对岷江上游羌族村寨旅游业发展的评价更加科学，本书选择层次分析法确定各指标的权重。

二、评价指标权重的确立

笔者邀请了 10 位来自贵州、广西、四川等地且长期从事民族地区乡村旅游研究的专家对表 4-2 中每一层级的各个指标的重要性进行打分，分别形成判断矩阵，通过一致性检验后，最后确定各项指标的总权重。具体步骤如下。

（一）构造判断矩阵

假设矩阵为 Aij，采用 9 分位标度法，如表 4-3 所示。

表4-3 Aij的标度及其含义

标度 a_{ij}	含义
1	i和j因素同等重要
3	i比j因素稍微重要
5	i比j因素明显重要
7	i比j因素强烈重要
9	i比j因素极其重要
2,4,6,8	i比j因素的重要性处于以上标度之间
倒数	j比i因素的重要性为i比j因素重要性的倒数,即 $a_{ij}=1/a_{ji}$

综合10位专家的打分情况,计算均值,得到两两比较的判断矩阵(如表4-4至表4-9所示)。

表4-4 岷江上游羌族村寨旅游业发展评价指标体系 B_{ij} 的判断矩阵

B1—B5	B1	B2	B3	B4	B5
B1	1.0000	0.9000	0.4833	0.3833	0.3417
B2	0.9000	1.0000	2.3500	2.5500	3.2000
B3	0.4833	2.3500	1.0000	0.9500	0.7167
B4	0.3833	2.5500	0.9500	1.0000	0.7000
B5	0.3417	3.2000	0.7167	0.7000	1.0000

表4-5 产业子系统 C_{1j} 的判断矩阵

C11—C17	C11	C12	C13	C14	C15	C16	C17
C11	1.0000	1.8000	0.3667	0.3833	0.2310	0.2152	0.1852
C12	1.8000	1.0000	0.2600	0.2717	0.1725	0.1716	0.1404
C13	0.3667	0.2600	1.0000	1.4000	0.3533	0.2833	0.2717
C14	0.3833	0.2717	1.4000	1.0000	0.3067	0.2717	0.2393
C15	0.2310	0.1725	0.3533	0.3067	1.0000	1.0000	1.0000
C16	0.2152	0.1716	0.2833	0.2717	1.0000	1.0000	1.2083
C17	0.1852	0.1404	0.2717	0.2393	1.0000	1.2083	1.0000

表 4-6 收入子系统 C2j 的判断矩阵

C21—C25	C21	C22	C23	C24	C25
C21	1.0000	2.2000	3.4000	2.8000	0.4833
C22	2.2000	1.0000	1.9500	1.4000	0.2467
C23	3.4000	1.9500	1.0000	0.7000	0.1929
C24	2.8000	1.4000	0.7000	1.0000	0.2200
C25	0.4833	0.2467	0.1929	0.2200	1.0000

表 4-7 生态子系统 C3j 的判断矩阵

C30—C39	C30	C31	C32	C33	C34	C35	C36	C37	C38	C39
C30	1.0000	1.7500	0.3500	1.0000	1.0000	0.4600	0.3200	3.6000	5.6000	1.9500
C31	1.7500	1.0000	0.2933	0.6833	0.6167	0.5762	0.2376	2.8000	4.2000	1.4200
C32	0.3500	0.2933	1.0000	3.2000	3.2000	1.4167	1.0000	6.2000	8.2000	4.6000
C33	1.0000	0.6833	3.2000	1.0000	1.0000	0.4843	0.3483	4.4000	6.0000	2.7250
C34	1.0000	0.6167	3.2000	1.0000	1.0000	0.5510	0.3483	4.4000	5.7000	2.7250
C35	0.4600	0.5762	1.4167	0.4843	0.5510	1.0000	1.3533	6.1000	8.1000	4.4000
C36	0.3200	0.2376	1.0000	0.3483	0.3483	1.3533	1.0000	6.1000	8.3000	4.8000
C37	3.6000	2.8000	6.2000	4.4000	4.4000	6.1000	6.1000	1.0000	2.5000	0.4033
C38	5.6000	4.2000	8.2000	6.0000	5.7000	8.1000	8.3000	2.5000	1.0000	0.2811
C39	1.9500	1.4200	4.6000	2.7250	2.7250	4.4000	4.8000	0.4033	0.2811	1.0000

表 4-8 文化子系统 C4j 的判断矩阵

C41—C47	C41	C42	C43	C44	C45	C46	C47
C41	1.0000	3.2000	3.5000	6.7000	5.0000	0.8667	4.4000
C42	3.2000	1.0000	1.6167	4.2000	2.6000	0.3086	1.9000
C43	3.5000	1.6167	1.0000	3.8000	2.2000	0.2952	1.7000
C44	6.7000	4.2000	3.8000	1.0000	0.4167	0.1359	0.3733
C45	5.0000	2.6000	2.2000	0.4167	1.0000	0.1812	0.8000
C46	0.8667	0.3086	0.2952	0.1359	0.1812	1.0000	5.4000
C47	4.4000	1.9000	1.7000	0.3733	0.8000	5.4000	1.0000

表 4-9 乡村治理子系统 C5j 的判断矩阵

C51—C54	C51	C52	C53	C54
C51	1.0000	5.0000	3.1000	3.1000
C52	5.0000	1.0000	0.5033	0.5033
C53	5.8000	1.6000	1.0000	0.3483
C54	3.1000	0.5033	0.3483	1.0000

（二）一致性检验

因判断矩阵是在专家打分的基础上计算得出的，为减少主观因素对结论造成的偏差，需要对判断矩阵进行一致性检验，检验公式如（4-1）所示。

$$CI = \frac{\lambda_{max} - m}{m - 1} \quad (4-1)$$

其中，m 表示指标的维度，CI 表示一致性指标值，λ_{max} 表示判断矩阵的最大特征值。有了 CI，就可以得出一致性指标的衡量标准 CR，如公式（4-2）所示。

$$CR = \frac{CI}{RI} \quad (4-2)$$

其中，RI 值如表 4-10 所示，当 $CR \leqslant 0.1$ 时，表明判断矩阵通过了一致性检验。

表 4-10 平均随机一致性指标 RI 标准值

维度	1	2	3	4	5	6	7	8	9	10
RI	0	0	0.52	0.89	1.12	1.26	1.36	1.41	1.46	1.49

将表 4-4 至表 4-9 判断矩阵代入上述公式进行一致性检验，得到结果如表 4-11 所示。

表 4-11 岷江上游羌族村寨旅游业发展评价指标体系的一致性检验

判断矩阵	λ_{max}	CI	RI	CR	一致性检验结果
Bij	5.008563	0.002141	1.12	0.001911	$CR<0.1$，通过
C1j	5.021417	0.005354	1.12	0.004781	$CR<0.1$，通过
C2j	7.158728	0.026455	1.36	0.019452	$CR<0.1$，通过
C3j	10.24046	0.026717	1.49	0.017931	$CR<0.1$，通过

续表4-11

判断矩阵	λ_{max}	CI	RI	CR	一致性检验结果
C4j	7.107918	0.017986	1.36	0.013225	$CR<0.1$，通过
C5j	4.021396	0.007132	0.89	0.008013	$CR<0.1$，通过

从表4-11检验结果可以看出，Bij、C1j、C2j、C3j、C4j、C5j 六个判断矩阵 CR 值均小于0.1，全部通过一致性检验。

（三）确定权重赋值

对判断矩阵进行归一化处理，计算出特征向量，得到各指标的权重赋值，如表4-12所示。

表4-12 岷江上游羌族村寨旅游业发展评价指标体系的权重赋值

目标层	准则层	权重	指标层	权重	排名
岷江上游羌族村寨旅游业发展及其综合贡献A	产业子系统B1	0.3161	旅游资源禀赋条件C11	0.0771	4
			旅游接待总人数C12	0.1135	1
			旅游经营单位数C13	0.0382	10
			参与旅游经营农户比例C14	0.0442	9
			涉旅农产品数C15	0.0152	19
			农产品加工企业数C16	0.0141	21
			产业合作社数C17	0.0138	22
	收入子系统B2	0.3147	旅游收入占全村总收入比例C21	0.0327	11
			户均旅游年收入C22	0.0657	5
			旅游收入占家庭收入比重C23	0.1128	2
			人均年收入C24	0.0855	3
			城乡居民收入差距比C25	0.0181	16
	生态子系统B3	0.1402	卫生厕所普及率C30	0.0087	25
			自来水供给普及率C31	0.0119	23
			宽带使用普及率C32	0.0036	33
			生活污水处理率C33	0.0085	26
			生活垃圾无害化处理率C34	0.0083	27
			空气质量优良率C35	0.0045	30
			居民环保意识程度C36	0.0038	32

续表4-12

目标层	准则层	权重	指标层	权重	排名
岷江上游羌族村寨旅游业发展及其综合贡献A	生态子系统B3	0.1402	卫生环境洁净度C37	0.0287	13
			旅游基础设施满意度C38	0.0452	7
			防灾减灾设施完善度C39	0.0170	17
	文化子系统B4	0.1297	文化场馆数C41	0.0050	29
			非物质文化遗产项目数C42	0.0119	24
			村民业余文化活动丰富度C43	0.0145	20
			村民对羌族文化的认可度C44	0.0468	6
			村民对游客的友好度C45	0.0257	14
			村民普通话熟练程度C46	0.0045	31
			村民日常生活文明程度C47	0.0214	15
	乡村治理子系统B5	0.0993	党员占村寨人口比例C51	0.0065	28
			党群关系和谐度C52	0.0311	12
			村民参与村寨事务积极度C53	0.0448	8
			对村寨治安满意度C54	0.0170	18

从表4-12各指标计算的权重可以看出，在产业、收入、生态、文化、乡村治理五个子系统中，产业子系统、收入子系统权重分别为0.3161、0.3147，占总权重的63.08%，是衡量岷江上游羌族村寨旅游发展及其综合贡献的主要部分。其余依次是生态（0.1402）、文化（0.1297）和乡村治理（0.0993）子系统，占总权重的36.92%。从具体指标来看，C12旅游接待总人数（0.1135）、C23旅游收入占家庭收入比重（0.1128）、C24人均年收入（0.0855）、C11旅游资源禀赋条件（0.0771）、C22户均旅游年收入（0.0657）、C44村民对羌族文化的认可度（0.0468）、C38旅游基础设施满意度（0.0452）、C53村民参与村寨事务积极度（0.0448）、C14参与旅游经营农户比例（0.0442）、C13旅游经营单位数（0.0382）分别为权重排名前10位，占总权重的66.38%，产业、生态、文化、治理、收入等方面均有涉及。这10项指标是评价岷江上游羌族地区村寨旅游业发展的重要指标。

本章小结

　　本章采取主观与客观、定性与定量结合的方式，构建了基于层次分析法的岷江上游羌族村寨旅游业发展及其综合贡献评价体系，对各项指标进行了解释和说明。采用专家打分法分别对各子系统和指标进行权重赋值，并全部通过一致性检验，为本书第五章关于村寨旅游发展及实证研究建立了评价框架。总的来说，从各指标权重分析来看，村寨产业发展、村寨居民收入在村寨旅游业发展中权重最大，是村寨旅游业发展综合贡献度的关键因素。旅游接待总人数、旅游收入占家庭收入比重、人均年收入、旅游资源禀赋条件、户均旅游年收入、村民对羌族文化的认可度、旅游基础设施满意度、村民参与村寨事务积极度、参与旅游经营农户比例、旅游经营单位数等因素在村寨旅游发展中发挥了重要作用。

第五章　岷江上游羌族村寨旅游业发展及其对乡村振兴贡献的个案研究

本章将对岷江上游羌族村寨旅游业与乡村振兴的典型代表进行探讨和分析，以了解村寨旅游业发展水平及其对乡村振兴的贡献情况。

如绪论所述，本书选取老人村、桃坪村、坪头村进行个案研究。笔者于2018年6月、2019年6月、2019年8月、2020年7月对三个村寨进行了四次田野调查，逐次了解和深入调查其旅游发展、乡村振兴情况。调查内容、方法及对象如表5-1所示。

表5-1　岷江上游羌族村寨旅游业发展田野点调查内容

类型	具体内容
调查内容	1. 基本情况：村寨风貌、道路交通、基础设施和公共服务设施、村民构成及职业结构、村民生产和生活状况、村寨建设打造情况等。 2. 产业发展情况：村寨产业结构、业态构成、村民收入、旅游服务设施、旅游业经营状况、村民参与旅游业情况等。 3. 村寨文化现状：民族文化保护传承和利用情况、村民业余文化生活情况、村民生活文明情况等。 4. 基层治理现状：基层党组织建设情况、村民自治情况、村寨治安情况等
调查方法	文献调查、参与式观察、深度访谈、问卷调查等
调查对象	政府部门、村委会、企业、村民、专家学者、游客等

第一节　老人村旅游业发展及其对乡村振兴的贡献

一、老人村概况

老人村位于汶川县水磨镇东南侧，地势南高北低，海拔在862~1400米之间；气候温和，降水丰沛，年均降水量约1226.5毫米，夏秋季节多雨，冬春季节云雾较多，冬无严寒，夏无酷热，年无霜期达230天左右。老人村地理位置优越，东临都江堰，南倚青城山，西接卧龙大熊猫自然保护区，北靠映秀镇，距离成都70千米、都江堰市34千米，是汶川县距成都、都江堰最近的村之一，处于成都平原与阿坝州的交接点，区位优势明显。老人村行政区域约3.19平方千米，现有耕地为60亩，山林3000亩，其中退耕还林面积约为400亩。村内主要有水磨中学、八一小学、汶川县第二幼儿园、汶川县中医院等事业单位。全村共有4个村民小组，共计农户280户，常住人口910人，户籍人口243人（数据截至2020年）[1]。

老人村生态环境优美，历史文化底蕴深厚，有"亲水圣地，长寿之乡"的美誉。老人村在"5·12"汶川特大地震中受损严重，在灾后重建中保留了禅寿老街的历史风貌，融合羌族、藏族和汉族建筑艺术，结合西蜀人文民俗和广东的南粤风情、禅佛文化，形成了老人村现在集田园风光、乡土风情、民族文化于一体的格局。

二、老人村旅游发展的历程与现状

（一）老人村旅游发展历程

老人村的旅游开始于20世纪90年代末，大致可以分为三个阶段。

第一阶段（20世纪90年代末—2008年），萌芽与探索。1997年，汶川县被四川省纳入"旅游兴县工程"，县政府开始组织开发与老人村毗邻的三江生态旅游区（潘达尔景区）、草坡—岷江水电工业旅游带、漩口—映秀宗教文化旅游区[2]，老人村所在地水磨镇是成都平原进入阿坝州的南大门，具有良好的区位优势。在周边旅游景点的带动下，部分游客开始到禅寿老街等处游览，老人村部分餐馆、旅店零星开展旅游接待工作。此阶段，老人村的主要产业仍以农业、工业为主，政府未有计划地组织旅游开发，其餐饮、住宿等设施主要由本地居民提供，旅游发展处于缓慢的萌芽与探索阶段。

第二阶段（2009—2013年），规模开发与快速发展。老人村在"5·12"

---

[1] 水磨镇：《水磨镇》，http://www.wenchuan.gov.cn/wcxrmzf/c100131/201904/58f4014b26334ec5931c98fed68a1167.shtml。

[2] 汶川县史志编纂委员会：《汶川县志（1986—2000）》，巴蜀书社，2007年，第545-546页。

汶川特大地震中受灾严重，道路、房屋、水电等基础设施大部损毁。按照灾后重建总体规划，老人村充分发挥区位优势，将灾后重建和产业结构优化升级结合，高污染、高能耗的重工业全部外迁，着重发展文化教育、旅游安居和现代服务业。2010年，恢复重建完成的老人村被阿坝州列为精品旅游村寨并正式开始接待游客。在灾后重建的几年里，水磨镇旅游经济发展迅猛，先后举办四川省第三届（2011年）乡村旅游文化节、"2012中国欢乐健康乡村游"等大型节事活动，获得"中国精品文化旅游景区""全球灾后重建最佳范例"等称号。2013年，水磨镇被评为国家5A级旅游景区。作为水磨镇景区核心组成部分的老人村游人如织，每天到访游客近万人，周末更是达到几万人，年游客接待量达到320万人次，成为阿坝州接待游客最多的村寨。

第三阶段（2014年至今），快速回落与产业升级。随着社会公众对汶川特大地震关注度逐渐降低及近年来自然灾害频发，从2014年开始，水磨镇旅游经济出现下滑，年均游客接待量降至150万人次左右。水磨镇景区管理处工作人员Z告诉笔者："原来我们这游客很多，开城那几年（2012年左右）街上人挤人，路都走不动。当时有人说这种旅游不正常，要不了几年就要垮杆（衰退），这有我们自身的因素，比如产品、管理等。"[①] 游客的迅速减少，使村民发展旅游的热情和信心受到极大挫伤。政府开始从新的视角定位和审视老人村的旅游发展。2015年，水磨镇开始构建运动康养产业格局，当地产业格局由传统观光向生态、运动、康养等方面转变。2019年，水磨镇被授予"四川省第三批省级森林小镇"和"四川省文化旅游特色小镇"称号。在运动康养的总体发展思路下，汶川马拉松、环青城山自行车赛等体育赛事活动将老人村作为重要节点，同时周边仁吉喜目花谷、二村沟龙神岗茶庄园经济、黄龙道馆、户外露营拓展基地等项目的建设，也延长了游客的旅游时长，为老人村带来游客流量。

（二）老人村旅游业发展现状

从旅游资源来看，老人村现有春风阁、西羌汇、寿溪湖、禅寿老街、万年台、美食一条街、水磨羌城等景点。其中，西羌汇具备会议、展览、演出、接待等多种功能，是水磨古镇的文化活动中心、西羌文化的集中展示场所和教育基地。禅寿老街全长1300米，为典型的羌、藏、汉结合的明清建筑风格，其前店后居的布局方式有效地解决了地震后200多户居民的住房问题。万年台为

[①] 2020年7月24日，对水磨镇景区管理处工作人员Z的访谈。地点：水磨镇政府。

重建的明代古戏台,通常在节庆时上演民族歌舞和旅游演出活动,演出队伍主要为老人村居民和阿坝师范学院学生艺术团体,一般在11月的大熊猫节、羌历年和年猪节等节庆期间演出。

从经营业态来看,老人村现有住宿、餐饮、娱乐、旅游商店等共计120多家。住宿品质总体较低,除少数民宿外,多以小旅馆为主;餐饮主要包括羌族美食特色餐厅、夜市烧烤和部分茶舍,分布于寿溪湖畔和禅寿老街;娱乐场所以酒吧为主,集中于羌城;旅游商店在羌城和老街均有分布,各店铺规模均较小,主要销售民族服饰、牛角梳、玉石等旅游纪念品和道地药材、腊肉、水果、山菌等特色农产品。总体来看,老人村旅游业态较为丰富,涵盖吃、住、游、购、娱等方面,在客流量较饱和的最初几年里为经营者带来了丰厚的收入,但各产业的发展层次较低、规模较小,随着最近几年游客量的减少,部分经营户已经考虑关闭店铺。餐饮经营户Y讲道:"头几年生意最好,一年十七八万元没问题。最近四五年真的痛苦……如果继续像这样子下去,我悲观地预测,五年以内街上(店铺)起码关三分之二。"[①]

从经营主体与管理模式来看,旅游经营主体有个体经营户、农民合作社、村集体以及镇政府,当地采取"景镇合一"的方式对经营主体进行日常管理。外来个体户是老人村旅游的经营主体,约占70%,本村旅游经营户只有47户,多为家庭经营的小旅馆、小商铺,经营规模较小。老人村现有两个农民合作社,主要生产和销售核桃、魔芋等特色农产品,但其规模小,利润较少。村集体主要负责经营旅游停车场,年利润约2万元,主要用于给村民购买农房保险。寿溪湖畔的夜市摊位所有权属于镇政府,政府通过将其租赁给个体户经营的方式收取租金,根据摊位面积,每年收取5000~10000元租金。羌城最初由四川中大集团公司经营,但由于其资金压力,水磨镇政府终止与其合作。公司退出后,老人村由水磨镇政府具体管理,县文化体育和旅游局负责行业指导。景区的日常维护、从业人员培训以及项目开发主要由镇政府向上级部门争取资金维持。水磨镇景区管理处工作人员Z介绍:"政府都是从相应的单位去争取资金来补充一些我们这里短缺的东西,比如道路问题向交通局要钱,河道管理要通过水务(局),景区管理要通过旅游局,多方面的资金融合在一起的。我们这里是开放式的景区,没得一分钱的收入,全部是投入、付出。"[②] 目前,政府也在积极招商引资,寻求企业入驻,希望当地能实现专业化和市场化运营。

---

① 2020年7月23日,对老人村禅寿老街餐饮经营户Y的访谈。地点:禅寿老街牌坊。
② 2020年7月24日,对水磨镇景区管理处工作人员Z的访谈。地点:水磨镇政府。

三、老人村旅游发展对乡村振兴的贡献

(一) 产业转型与村民增收

1. 转型：村寨产业结构的优化升级

产业结构优化指的是通过对各个产业之间的动态调整来实现产业的协调发展，以不断满足社会需求。农村产业结构的调整对农村建设、农业发展与农民增收有深远影响[①]。震前的水磨镇是阿坝州的工业重镇，也是阿坝州唯一的省级高耗能工业经济开发区，主要以水泥、硅、电石、稀土、石灰等高污染、高耗能产业为主。开发旅游前，老人村的产业结构以农业和工业为主，服务业为辅。农业主要以种植业和养殖业为主。农民种植的粮食作物以玉米、小麦、土豆、红薯等为主，经济作物以油菜为主，川芎、苏麻等次之；养殖业主要以养猪、牛等为主。工业是老人村居民的主要收入来源，全村大部分青壮年都在工厂上班，多数家庭收入的一半以上都为工资收入。村干部G告诉笔者："这边以前是工业园区，硅铁厂、石灰厂、矿山这些高耗能产业，老百姓主要是种地和在厂矿打工，一两千元一个月。"[②] 高耗能工业虽有效地提高了地方财政收入，但这些产业的原材料和产品市场均不在本地，除吸纳部分剩余劳动力就业以外，对本地资源利用与开发、产业发展带动作用并不明显。

地震时水磨镇建筑损毁严重，工矿企业大部损毁。在灾后重建过程中，当地按照"退二进三"的重建战略定位，将高耗能企业全部外迁，将旅游业作为恢复重建的主导产业。工业外迁、旅游发展极大地改变了老人村的产业结构（见表5-2）。第一产业方面，受耕地面积减少以及旅游市场需求影响，现存耕地以经济作物种植为主。老人村干部G介绍道："土地太少，种粮食不划算，现在剩余的耕地以及流转的荒山，主要用来种植核桃、魔芋这些经济作物。"[③] 第二产业方面，高耗能、高污染企业外迁后，老人村主要发展农产品加工、工艺品制造产业，如茶叶、特色食品、旅游纪念品制作等，主要以小规模的作坊、工作室形式生产，实现产销就地化。第三产业方面，旅游业发展使老人村第三产业内部结构及其目标市场都发生了巨大变化。从产业内部结构来

[①] 杨钧：《城镇化发展与农村产业结构调整的相互关系研究》，湖南大学，2016年，第4页。
[②] 2020年7月23日，对老人村干部G的访谈。地点：禅寿老街。
[③] 2020年7月23日，对老人村干部G的访谈。地点：禅寿老街。

看，除传统的餐饮、住宿、购物、娱乐等涉旅行业外，近年来康养、医疗、运动、文化、教育等产业也逐渐发展起来。

表 5-2 老人村旅游业发展前后三次产业变化情况

	旅游业发展前	旅游业发展后
第一产业	种植业：玉米、小麦、土豆、红薯、油菜、川芎、苏麻等。养殖业：猪、牛等	核桃、魔芋、茶叶等经济作物
第二产业	水泥、硅、电石、稀土、石灰等高耗能、高污染产业	农产品加工、特色食品加工、旅游工艺品等
第三产业	小型饭店、旅馆、零售店等	餐饮、住宿、购物、娱乐、康养、医疗、运动、文化、教育等

资料来源：根据田野调查资料整理。

旅游业发展改变了老人村的产业结构，从家庭小农业、高耗能工业跨越式升级为以旅游、商贸为主的服务业。老人村也从污染严重的工业村蜕变为综合观光、康养、文化、商贸等多重功能的现代宜居旅游村寨。

2. 融合：农文商旅的融合

旅游开发促进了老人村产业的融合发展，农业、文化、商业、旅游业相互渗透、相互交叉（见表5-3）。老人村地理位置优越，是阿坝州距离成都最近的村寨之一，处于成都一小时都市圈内，每年有上百万固定游客量，这为旅游与当地农业、文化、商业的融合提供了良好条件。历史悠久的驿站文化、边贸文化、戏剧文化、民族文化，灾后重建融入的感恩文化、岭南文化等因素，极大地丰富了老人村的文化内涵。春风阁、禅寿老街、羌城、西羌汇这些文化景观和主要景点又多为水磨镇甚至汶川重大节庆活动的举办场地，在川渝地区享有美名，是游客必去的观光地和购物点[1]。农旅融合方面，当地旅游的发展带动了农产品的生产、销售。水磨镇景区管理处工作人员Z介绍道："在产业方面带动了本地居民以及整个汶川的农产品生产、销售，像绵虒（靠近汶川县城的乡镇，盛产水果）里面的大樱桃、杏子、脆李子这些都在水磨镇上卖，我们这里高半山的竹笋、野菜、腊肉、土鸡、鸡蛋这些也比较受游客欢迎。"[2] 老人村成为名副其实的汶川县农特产品集散中心之一。

---

[1] 张莞：《羌族地区旅游产业融合发展研究》，西南民族大学，2019年，第291页。
[2] 2020年7月24日，对水磨镇景区管理处工作人员Z的访谈。地点：水磨镇政府。

第五章　岷江上游羌族村寨旅游业发展及其对乡村振兴贡献的个案研究

表 5-3　老人村产业融合情况

融合形态	融合载体
农旅融合	特色农产品生产与销售：水果、中药材、茶叶、土特产等
商旅融合	旅游纪念品销售：羌文化特色产品、工艺品、民族服饰、美食一条街等
文旅融合	文化景观：春风阁、禅寿老街、万年台、西羌汇、羌城、飞鸿广场等 节庆民俗：羌族文化展演、文化旅游节、大熊猫节等
康旅融合	汶川马拉松、康养社区、汶川县中医院等

资料来源：根据田野调查资料整理。

另外，由于汶川县生态康养的整体定位，一些融合观光、休闲、食宿、运动、度假、疗养等功能的乡村酒店、康养基地也正在规划和建设之中。据老人村干部介绍，推动老人村康旅融合的基础工作正在推进。村干部 G 告诉笔者："我们准备在一组打造一个 70 亩的康养社区，搞一些高端的酒店、商业街、林下体验活动等，与现在的花谷（水磨镇新近打造的仁吉喜目花谷）形成一个小环线，把游客吸引上去。"[①]

3. 增收：村寨居民就业渠道拓展与收入增加

我国农村劳动力丰富，农田面积相对不足，农民面临农业就业不足的现状[②]。老人村耕地面积少，单位土地面积承载劳动力数量过多，极大地限制了村寨总体的劳动效率。震前，工业园虽吸纳了部分村民进厂务工，但这些村民主要是有一定技能的青壮年，带动村民就业的范围有限。

旅游业发展需要大量人力资源支撑，住宿、购物、餐饮、交通等配套产业的发展为村寨居民提供了大量就业岗位。对老人村居民而言，他们熟悉村寨的历史和环境，在通过一定的技能培训和引导后，能在较短时间内承担起旅游发展所需的接待、服务、卫生、管理等工作，成为村寨旅游发展的支撑力量，实现剩余劳动力的就地转移。老人村干部 G 对此深有体会，他告诉笔者："有头脑、有资本的自己开馆子和民宿、买车跑运输拉客，自己给自己打工，当老板嘛，前几年生意好，应该是赚了不少钱。还有的就把房子出租，收租金嘛……剩下的就摆摊摊，卖土特产，或者给别个打工，有些馆子、客栈在旺季要请几个人帮忙。"[③] 旅游的发展，使村寨居民不再只是单纯的农业生产者或工人，

---

① 2020 年 7 月 23 日，对老人村干部 G 的访谈。地点：禅寿老街。
② 姚海琴：《乡村旅游业发展对农村劳动力就业的影响研究》，浙江大学，2014 年，第 53 页。
③ 2020 年 7 月 23 日，对老人村干部 G 的访谈。地点：禅寿老街。

而更多具有现代市场经济主体的性质，以智慧和聪明来从事更加适应市场需求的创造性活动，使自身从农民或工人转变为多业经营者。

旅游业的发展不仅拓宽了老人村居民的就业渠道，更促使其收入增加（见表5-4）。在禅寿老街从事餐饮经营的村民S告诉笔者："以前主要是打工嘛，开始一两千元一个月，地震前一个月有5000多块钱。地震后我开了这个面馆，一个人做（经营），去年这个时候一天能卖30斤面，一年能挣十二三万元左右。"① 发展旅游以来，老人村的人均年收入从2008年的1500元增加到2019年的20866万元，增长了近14倍，其收入水平已经超过四川省农村居民收入平均水平。

表5-4 老人村经济收益情况（2019年）

行业	农业（万元）	牧业（万元）	建筑业（万元）	运输业（万元）	商饮业（万元）	服务业（万元）	外出务工（万元）
额度	5	6	200	220	280	90	420
合计	1221（万元）						

资料来源：老人村2019年农业经济报表。

（二）生态重塑：从高污染工业重镇走向生态宜居的旅游村寨

良好的生态环境是乡村振兴的支撑点和展现点②。震前水磨镇集聚的高耗能、高污染企业达63家，工业废水、废气对当地生态环境破坏严重。老人村村民SL告诉笔者："以前我们这里污染严重得很，晴天一身灰、雨天一身泥，这里的樱桃、枇杷都是光开花、不结果，玉米、蔬菜种植都受影响，大家对种地都没兴趣了。"③ 恶劣的生态环境成为制约老人村发展的关键因素。

在灾后恢复重建过程中，水磨镇按照"汶川生态新城，西羌文化名镇"的定位，采取"腾笼换鸟"的思路，将高污染、高能耗的企业外迁，引进以旅游业为主的服务产业，并着重投资景观塑造和基础设施建设方面。在景观塑造方面，水磨镇依托原有资源，打造了寿溪湖、西羌汇、春风阁、禅寿老街、大夫第、和谐广场、羌城等景观。在基础设施建设方面，采用"前商后住"或"上住下商"的形式进行住房改造或建设，兼顾了居民安居与乐业的需求；同时，

---

① 2020年7月23日，对老人村餐饮经营户S的访谈。地点：禅寿老街受访人餐厅。
② 湖北乡村振兴研究院：《乡村振兴之路——实施乡村振兴战略，建设美好家园》，湖北科学技术出版社，2018年，第44页。
③ 2020年7月24日，对老人村村民SL的访谈。地点：禅寿老街。

新建供水、污水处理、道路、通信、电力、学校、医院等设施,使老人村的人居环境有了质的提升。对此,老人村村民 S 深有体会,她告诉笔者:"旅游发展给我们带来最大的变化就是环境改善,现在不论是空气、水还是道路、学校,都比以前好很多了,晴天不沾灰,雨天不带泥,生活比以前方便得多。"①

能否、能在多大程度上建设生态宜居乡村,直接决定着乡村的生态价值,也在相当程度上影响着乡村经济价值、社会价值、文化价值的实现②。外来餐饮经营户 Y 告诉笔者:"老人村的建筑、文化、卫生还是很不错的,我考察的很多地方都没有这里修得好,这也是我选择在这里做生意的主要原因。"③ 水磨镇景区管理处工作人员 Z 也告诉笔者:"我们现在打造的健康小镇,来避暑的人还比较多,也有老板投资修建康养度假房。"④ 可见,生态宜居的生活环境既改善了村寨居民的生活水平,也带动了老人村及周边村寨生态产品的服务供给,生态农产品、生态庄园、观光农业、康养、运动等相关产品和业态不断发展,使乡村沉睡的资源被激活。同时,生态宜居的生活环境,也可以增加乡村对城乡资本和各领域人才的吸引力。

(三) 多元文化融合和"全国文明村镇"创建

1. 多元文化融合

自古以来,老人村就是内地通往川西高原的重要驿站,是汉、藏、羌等民族的交融区,文化形态丰富多样。在地震灾后恢复重建的过程中,厚重的感恩文化与南粤文化等新元素又融入其中,进一步丰富了老人村的文化内涵。旅游的发展,使老人村的民族文化、宗教文化、南粤文化、川西民俗等文化资源被激活,这些文化元素主要透过禅寿老街、羌城、建筑小品、文化活动展现出来,使内地风情和藏羌文化交相辉映,西蜀人文和禅佛文化联袂绽放,呈现出丰富多元的文化元素。

禅寿老街为典型的川西民居建筑风格,主打长寿文化和佛教禅宗文化,大夫第、万年台是其主要展示景观。作为居民安置地的羌城借鉴羌族传统民居风格,将传统的羌族风貌元素融入城镇风貌中,形成协调统一、民族特色明显的羌寨形象,是老人村展示羌族文化的重要窗口。羌城内的飞鸿广场树立着岭南

---

① 2020 年 7 月 24 日,对老人村村民 S 的访谈。地点:禅寿老街。
② 姜长云:《乡村振兴战略:理论、政策和规划研究》,中国财政经济出版社,2018 年,第 40 页。
③ 2020 年 7 月 23 日,对老人村禅寿老街餐饮经营户 Y 的访谈。地点:禅寿老街牌坊旁。
④ 2020 年 7 月 24 日,对水磨镇景区管理处工作人员 Z 的访谈。地点:水磨镇政府。

武术宗师黄飞鸿的雕塑，使羌城之中又融入了岭南文化元素。紧邻禅寿老街的春风阁和和谐广场则体现了汉、藏、羌建筑文化的融合。春风阁是羌族碉楼与汉族阁楼的结合，其白色阶梯则体现了藏族文化元素；和谐广场既有藏族文化代表的白塔，也有汉族风格的亭台与牌坊。除此之外，在重大活动或节日期间，当地居民以及社会团体还会开展藏、羌等特色民俗活动，体现了多元文化的融合。

2. 乡风文明："全国文明村"的创建

乡村旅游的发展有利于推动农村传统道德教育资源的开发和利用，推动社会主义核心价值观在农村的践行和深化，推动农村精神文明建设，不断提高乡村文明程度[①]。老人村在发展旅游过程中，从思想道德、公共文化供给、移风易俗等方面塑造文明乡风。思想道德方面，在村的主要出入口、道路沿线、活动广场等场所均设有文化墙或宣传栏，宣传社会主义核心价值观、民族团结进步等知识，定期开展主题学习教育活动。公共文化供给方面，建设农家书屋、道德讲堂、微信公众号等平台，并落实工作人员加强平台管理和服务；由50余名村寨文化能人和艺术骨干组建群众文艺队伍，通过文艺表演形式宣传文明乡风。移风易俗方面，制定村规民约，积极倡导村民移风易俗、树新风，提倡办丧事从简、喜事节办；开展好婆婆、好媳妇等评选活动，调动村寨居民塑造文明家风的积极性。

旅游的发展使老人村居民精神面貌发生积极变化。水磨镇景区管理处工作人员Z告诉笔者："老百姓现在见得多了，听得也多了，自己的素质还是有提升，社会风气变化也很大，不管是文明语言还是对待外来游客，都比较礼貌。"[②] 文明的社会风气也为旅游经营创造了良好的外部环境，成为吸引游客、投资者的重要元素。这一点在对经营户的访谈中也得到证实，从事餐饮经营的Y告诉笔者："本地老百姓待人也友好，没得欺压、地痞流氓这些，我在这做了这么久的生意，目前为止还没发现有这些情况，至少在阿坝州来讲是非常不错的。"[③] 2015年，老人村被中央精神文明指导建设委员会授予"全国文明村"称号。

---

① 赵承华：《乡村旅游推动乡村振兴战略实施的机制与对策探析》，《农业经济》，2020年第1期，第53页。
② 2020年7月24日，对水磨镇景区管理处工作人员Z的访谈。地点：水磨镇政府。
③ 2020年7月23日，对老人村禅寿老街餐饮经营户Y的访谈。地点：禅寿老街牌坊旁。

（四）典型案例

1. 老人村旅游发展带动周边村寨茶叶产业发展

汶川县漩映片区的映秀镇、漩口镇、水磨镇是茶马古道上的重要节点，种茶历史悠久。地震前，老人村及周边村寨种植茶叶的农户较多，但具有"小、散、弱"的特点，制茶工艺不高、产品包装不足，加之当地受重工业污染，茶叶品质不高，鲜叶收购价约10元/千克，农户种植茶叶的收入有限。

汶川特大地震后，随着生态环境恢复和旅游业的迅速发展，水磨镇迎来茶旅融合发展的契机。政府组织农户开展技能培训，提升茶叶种植品质和制茶技术。为凸显原生态茶叶品质和制茶工艺，部分农户在老人村的茶叶销售点现场演示手工制茶工艺，将茶叶生产、技艺展示、产品销售与旅游产业充分融合。目前，鲜叶收购价约40元/千克，成品茶叶价格为600~1000元/千克。到2019年底，老人村及周边村寨已拥有2700亩生态茶园，建立茶叶生产合作社3个，申报县级非物质文化遗产1项，在老人村建立茶叶销售点4个。老人村及周边村寨有1000多人种植茶叶。

老人村旅游的发展有效带动了周边村寨茶叶种植与生产。茶叶生产规模扩大，制茶工艺有效提升，产品的包装提档升级，制茶技艺得到保护与传承，茶叶种植效益显著提高，合作社等新型经营组织亦得到发展。可见，旅游发展带动了村寨第一、第二产业发展，并促进了农旅、文旅融合，为实现乡村产业振兴奠定了基础。

2. 返乡创业户YTH

YTH，男，羌族，水磨镇老人村人，50岁左右。汶川特大地震后放弃在外工作的机会，回到家乡加入重建工作。2010年，他成为第一个在老街开饭店的人。YTH的饭店最初只有一层，只能摆十张餐桌。随着游客的增加，经营场所发展到两层，能同时满足200余人就餐，旅游旺季一天收入达1万多元。村里百姓纷纷效仿他的做法，经营客栈、茶楼、餐馆等，2012年村人均收入已近1万元。最近几年，由于暴雨、滑坡、泥石流等地质灾害以及外部交通频繁中断等影响，游客明显减少，饭店收入不如以前。随着康养旅游的兴起，YTH谋求转型发展，目前正在筹备发展特色民宿。

旅游的发展，为村民提供了就地就业的机会，吸引村民返乡创业、就业，在村寨产业发展、吸引人才、增强内生发展能力等方面都发挥了积极作用。

四、老人村旅游发展存在的问题

（一）后劲不足：旅游经济增长乏力

水磨镇恢复重建是汶川特大地震灾后重建的重点工程，当地的跨越式发展离不开政府、援建者和社会各界的扶持。老人村作为水磨镇景区的核心村寨，获得的资源尤其多，周边的十余个村寨获得的关注则相对不足。震后几年，社会对灾后重建的高度关注及政府主导的各项大型活动的连续召开，使老人村旅游呈现爆发式增长，给村寨居民带来巨大利润。2013年春节是老人村旅游发展的分水岭，在经历四年爆发式增长后，老人村游客量呈现断崖式下跌。其原因固然与灾后重建热度的逐渐减退以及洪水、泥石流等灾害影响有关，但深层次的问题仍来自产业方面。

第一，灾后重建中旅游业的快速上马，使老人村旅游并未形成梯次、纵深的产业结构。三年重建任务必须两年完成，给老人村调整的时间有限。老人村干部G告诉笔者："地震后打造旅游的时候，只要求的是数量，没要求质量……地震后只打造了临街面的一条街，后街这些基本没盘活，外部风貌、路面、房屋这些都是很凌乱的。"① 震后老人村旅游产业主要由小旅馆、小餐馆、小商铺构成，产品的层次较低、品质较差，游客可参与的项目较少，难以持续吸引游客以延长游览时长。同时，重建过程中，地方政府、援建单位、当地民众等多种力量参与其中，他们对老人村旅游市场定位的看法不尽一致。在不同思路下，老人村呈现出川西古镇、藏羌民族、南粤文化等文化形态多元并存、五方杂处的景观。这种旅游产品表层虽精彩纷呈，实质上却容易弱化、模糊当地的特征，在游客市场中难以聚集形成响亮的品牌。游客Y告诉笔者："这里环境不错，但除了逛一下老街和羌城，好像也没有其他可看的，可能在房屋风格上有些民族特色，其他关于藏、羌民族的东西也没感受到。"②

第二，周边村寨旅游产业发展对老人村旅游的虹吸效应。近年来，随着精准扶贫工作的深入推进，老人村周边村寨的道路、水电等基础设施大幅改善，其旅游产业如雨后春笋争相发展。按照水磨镇产业布局，靠近河谷地带的黄家坪、御凤岩、马家营、郭家铺等村是乡村旅游的主导发展区。这些村寨借助汶

---

① 2020年7月23日，对老人村干部G的访谈。地点：禅寿老街。
② 2020年7月24日，对南充游客Y的访谈。地点：羌城。

川县乡村旅游转型契机,大力发展农业观光、康养度假、运动等产业,兴建了一批档次较高、设施较完备的旅游接待设施,推出诸如农业采摘、森林探险、健身、露营、亲子等游客参与度较高的旅游项目,吸引了大批游客。尽管水磨镇每年仍有150余万游客到访,但老人村已不再是其唯一选择,难以形成有效消费。近年来,老人村部分商铺经营利润大幅下降,羌城已有半数商铺处于歇业状态,连客流相对集中的禅寿老街也不乏歇业者。老人村干部G告诉笔者:"(铺面)刚刚开始的时候炒到8万元左右,现在不贵了,一间门面的租金只投1.5万~2万元。"① 一些本地经营户已经准备转行,外来经营户更是打算到期不再续租铺面,准备离开。

第三,新型经营主体发展缓慢。培育新型农业经营主体(包括专业大户、家庭农场、农民合作社、农业产业化龙头企业),发挥他们在农业生产经营、社会化服务等多领域、多层面的带动引领作用是我国未来新型农业体系的基础②。老人村旅游发展相对较早,但新型经营主体发展缓慢,与周边村寨近年来蓬勃发展的三十余个农民合作社、龙头企业相比,形成强烈反差。老人村干部G告诉笔者:"旅游协会没得,合作社有。主要是农业方面的合作社,核桃种植、魔芋这些,几乎没得效益。"③ 新型经营主体的"缺位",既使老人村旅游及其相关产业难以形成适度的规模经营,也使分散经营的小农户难以与市场形成有效对接,更难以有效承接国家资源的转移,对在旅游发展中激发村寨居民主体性、积极性造成了不利影响。

(二)灾害之殇:屡遭破坏的基础设施和游客信心

老人村在震后重建和发展旅游方面取得的巨大成就不可否认,但这座因灾重建、获得新生的村寨却仍屡遭自然灾害的侵袭。老人村所在的漩映片区④属于北亚热带半湿润河谷气候,旱季、雨季分明,夏秋季节降雨集中且与旅游旺季重叠,山体滑坡、泥石流等自然灾害频发,给老人村旅游发展造成极大影响。

一是外部交通的频繁中断,使近在咫尺的成渝客源市场"相隔天涯"。目

---

① 2020年7月23日,对老人村干部G的访谈。地点:禅寿老街。
② 李国英:《乡村振兴战略视角下现代乡村产业体系构建路径》,《当代经济管理》,2019年第10期,第35页。
③ 2020年7月23日,对老人村干部G的访谈。地点:禅寿老街。
④ 主要包含汶川县的水磨镇、映秀镇、漩口镇、三江镇等地,年平均降水量约1200毫米,峰值年份达1600毫米,堪称阿坝州的"雨极"。

前,老人村仅有213国道与外部连接,向北至映秀镇,向东至都江堰市。该段国道沿岷江河谷修建,沿线山体坡度大、地质脆弱,在夏秋暴雨影响下,滑坡、泥石流等灾害频发,使老人村成为"孤岛"。水磨镇政府工作人员C告诉笔者:"目前水磨比较大的问题就是外部道路问题,水磨现在是个死角,现在只有映秀和213老路两个出口,这两条路又经常发生灾害,一出问题水磨就堵死了……几乎每年都在修路、修洞子(隧道),外面游客进不来,对我们影响太大了。"[①]

二是内部基础设施损坏,旅游经营被迫中断。老人村沿寿溪河畔而建,洪水、泥石流对沿岸基础设施破坏巨大。如2019年汶川"8·20"强降雨特大山洪泥石流灾害中,持续暴雨引发了山洪和泥石流,寿溪湖被泥沙淤积,原有的平湖瀑布景观一度消失,河畔的夜市烧烤摊位尽毁,洪水还侵入西羌汇、中医院、幼儿园及羌城部分街巷,道路、供水、电力中断,游客、居民被迫紧急转移,旅游经营被迫中断。

大部分灾害的发生过程是很短的,如地震、飓风、龙卷风、海啸、泥石流、火山喷发等,但灾害影响则持续很长时间[②]。水磨镇景区管理处工作人员Z告诉笔者:"泥石流、洪水这些自然灾害影响特别大,有时政府发公告禁止游客进入,即便危险解除了,相当长的时间游客也很少。"[③] 灾害不仅使老人村居民蒙受财产损失,更严重影响游客出游信心。游客Y告诉笔者:"安全问题是必须要考虑的,毕竟这里是山区,又发生过地震……如果知道去年泥石流这么严重,我可能要考虑一下(是否到这里旅游)。"[④] 可见,自然灾害已经成为影响老人村旅游发展的关键因素之一。在频发灾害的打击下,村寨百姓、政府不得不投入大量的人力、财力、物力以维持旅游业的发展,而游客市场信心的受损又使旅游产出增长有限,其旅游产业的内卷化现象也开始显现。

(三)沉睡的羌城:羌族文化与村寨居民生活的二元分离

在现实语境下,政府往往是地方文化挖掘、利用的强势主导方。在震后恢复重建中,水磨镇按照"西羌文化名镇,汶川生态新城"的定位进行打造,羌族文化也是水磨镇的旅游亮点之一。老人村羌族人口比例较小,不论是村寨居民还是景区管理人员对羌族文化都缺乏较深入的认识。水磨镇景区管理处工作

[①] 2020年7月24日,对水磨镇政府工作人员C的访谈。地点:水磨镇政府。
[②] 李永祥:《灾害的人类学研究述评》,《民族研究》,2010年第3期,第85页。
[③] 2020年7月24日,对水磨镇景区管理处工作人员Z的访谈。地点:水磨镇政府。
[④] 2020年7月24日,对南充游客Y的访谈。地点:羌城。

人员 Z 告诉笔者："我们这边虽然打造了羌城，但羌族人口不多，大多是嫁过来的，大部分还是汉族人口。在民族文化发掘和打造方面还是个难题，从我们自身来讲，对羌文化不了解，这方面的人才太欠缺了。"① 这种文化上的错位，使老人村缺乏深厚的羌族文化保护与传承土壤，村寨居民和政府在发展旅游过程中，难以将羌族文化有效地融入旅游产业发展之中。作为展示羌族文化的重要窗口，羌城在经过最初几年的"火爆"之后，迅速归于沉寂，过半店铺歇业，游人罕至。

外部力量的强势注入与本土文化土壤的不足，也使村寨居民参与文化活动的积极性不高。在利益刺激不足的情况下，依靠村寨居民进行民族文化保护与传承显得不可持续。老人村干部 G 告诉笔者："以前我们的文化活动是三五天就有，再少半个月之内都有一场，现在就是两三个月都还难搞一场。这个问题还需要政府重视，村上的经费有限。老百姓参加这些活动都是无偿的，偶尔来一次是可以的，长期搞这些没得钱的事还是不行。"② 尽管农村发展需要外部力量的支撑，但如果过于依赖外部力量而忽视农民的主体性和主动性，将这场关乎农民家乡建设和自身利益的乡村建设和发展变得与他们无关，那么这一事业最终也将因缺乏农民真正的参与而陷入被动③。

诚然，在村落布局、建筑风格、装饰等方面，羌城都融入了诸多羌族文化元素，一定程度上展示了羌族文化，但是这种展示属于置于"橱窗"中的静态展示，停留在对羌族文化符号的模仿、采借、搬运层面，远未达到活态展示与传承的程度。老人村过度依靠政府提供的外源性动力，忽视了村寨居民作为旅游助推乡村文化振兴参与主体所能提供的内源性动力，使得羌族文化与村寨居民生活二元分离，这不仅使民族文化保护与传承缺乏可持续性，也使游客难以走进当地人的生活世界直观感受羌族人民的生产、生活习俗，影响旅游业的进一步发展。

---

① 2020 年 7 月 24 日，对水磨镇景区管理处工作人员 Z 的访谈。地点：水磨镇政府。
② 2020 年 7 月 23 日，对老人村村支书 G 的访谈。地点：禅寿老街。
③ 伊庆山：《乡村振兴战略下农村发展不平衡不充分的根源、表征及应对》，《江苏农业科学》，2019 年第 9 期，第 62 页。

第二节　桃坪村旅游业发展及其对乡村振兴的贡献

一、桃坪村概况

桃坪村（31°33′N，103°26′E）紧邻317国道，距理县县城约41千米，距成都约163千米。桃坪村建于杂谷脑河支流增头沟冲积扇台地上，南向佳山，北为东山和西山，海拔约1500米，是典型的中高山峡谷区。桃坪村为亚热带季风气候，冬季较长而夏季较短，春夏季节降雨较多，年平均降雨量1094毫米，年平均气温在13.8℃，无霜期达225天。桃坪村幅员面积23.6平方千米，拥有耕地678.36亩，全村共有桃坪、谢溪、孔地坪三个小组，共354户935人，杨、王、余、陈、周为主要姓氏，其中羌族人口占98%，是典型的羌族聚居区[①]。

桃坪村旅游主要集中在桃坪组，桃坪羌寨是其主要构成部分。桃坪羌寨原名赤溪寨、赤鸡寨，又有撮箕寨、陶朱坪、桃子坪等名[②]，史料记载桃坪村始建于公元前111年，至今已有2000多年的历史。村寨和碉楼是桃坪羌寨的主要景点之一，是羌族建筑的典型代表，整个寨子较完整地保留了羌族古老民居的特点，村民房屋、碉楼、街巷等有机联结为一体，有"神秘的东方古堡""世界羌文化遗址""羌族建筑艺术的活化石"等美誉。整个羌寨由高大的墙体连接，用石头和黄泥砌成，寨内遍布的明暗巷道分布于各家各户之间，八个出入口相互连接，蜿蜒回旋形似八卦阵[③]。羌寨内的地下供水系统是中国建筑史上的一个伟大创造，它就地取材，用巨大的青石板拼砌而成，通过暗道流到每家门口，与现代自来水系统有异曲同工之妙，同时兼备防火功能[④]。

汶川特大地震中，桃坪羌寨受到一定损坏，羌寨被列入羌文化抢救保护工程进行修缮恢复。当地在老寨东侧新建新寨，寨内有演艺中心、博物馆、传习

[①] 相关信息和数据来源于桃坪镇和桃坪村工作人员深度访谈。
[②] 卢丁、工藤元男：《中国西部南北游牧文化走廊调查报告之一：羌族社会历史文化研究》，四川人民出版社，2000年，第15页。
[③] 吴其付：《民族旅游与文化认同：以羌族为例》，人民出版社，2015年，第83页。
[④] 王汝辉：《民族村寨社区参与旅游制度与传统文化保护比较研究》，人民出版社，2012年，第38页。

所、购物中心、碉楼等各类建筑109栋,同时建有广场、释比文化祭坛等公共文化区,形成老寨突出文化旅游,新寨集休闲旅游、食宿和娱乐为一体的羌寨景区。

二、桃坪村旅游发展的历程与现状

(一) 桃坪村旅游发展的历程

1. 探索阶段(1998年以前)

在20世纪80年代,就有部分摄影、绘画爱好者以及建筑学、民俗学学者为桃坪村浓郁的民族风情、厚重的文化积淀、特色鲜明的房屋建筑吸引,纷纷前来考察。90年代初,米亚罗红叶旅游、古尔沟温泉旅游发展较快并逐渐向周边辐射,不断吸引游客到访桃坪羌寨。1993年到1995年,每逢传统节日,桃坪羌寨的居民都会自发举行大型文化表演活动。理县政府为丰富旅游项目,将桃坪羌寨作为"古尔沟温泉、藏羌民族风情二日游"的免费参观项目。1995年,在县文化馆的组织下,桃坪羌寨成立了"羊角花歌舞团",并在寨内开始表演以吸引游客,当年吸引游客0.5万人次,收入达1万元。1996年,桃坪羌寨正式开展旅游经营活动,在村委会的组织管理下开始对外收取门票,标准为5元/(人次),当年取得4万余元收入,除去公共设施建设和歌舞团表演费用,村寨居民当年按人头平均分配剩余的6000元左右旅游分红。

2. 成长阶段(1998—2008年)

随着游客的不断增加,村寨居民开始拓展旅游经营项目,"羌家乐"、餐饮、住宿等服务项目逐渐出现,小琼羌家、杨家大院、尔玛人家等个体经营实体应运而生。游客增加对羌寨旅游的开发、管理、运营提出了新的要求。1998年,理县政府介入桃坪羌寨的旅游开发,并由县旅游局、桃坪乡人民政府、桃坪村支部、村民委员会联合成立桃坪羌寨股份有限责任公司。旅游公司与旅行社合作,由旅行社定期组织客源到寨参观,公司收取门票15元/(人次),后涨至20元/(人次),并负责景区的日常管理。

2000年,桃坪羌寨旅游的市场化运作程度进一步加深,四川九寨天堂温泉酒店有限公司、理县米亚罗桃坪景区管理局、大九寨国际旅游开发有限责任公司共同注资开发桃坪羌寨。2006年,加州集团、九寨天堂温泉酒店有限责任公司、大九寨国际旅游开发有限责任公司重新组成桃坪羌寨旅游发展有限责任公司。公司实行股份制运作，加州集团及九寨天堂酒店有限责任公司占51%，村民占30%，理县政府占9%，大九寨国际旅游开发有限责任公司占10%。

3. 快速发展阶段（2010年至今）

2008年汶川特大地震使发展中的桃坪羌寨旅游遭受重创，建筑损毁、客源阻断，旅游经营活动中断，三方合资的桃坪羌寨旅游发展有限责任公司退出。在灾后重建过程中，按照保护、游览与经营分开的原则，政府在老寨东侧建设新寨，老寨作为活态博物馆供游客参观，予以重点保护。2010年灾后重建完成，理县政府在桃坪羌寨设置桃坪景区管理处，停滞两年的寨子重新对游客开放。灾后重建的桃坪羌寨旅游在接待设施、品牌效应、旅游收益等方面均有大幅提高。2013年，桃坪羌寨成功与甘堡藏寨、毕棚沟景区共同创建4A级景区。重建之后的桃坪羌寨步入品牌经营阶段，"四川省第六届乡村文化旅游节"、理县花儿纳吉赛歌节等都在羌寨成功举办，吸引了大量游客。

（二）桃坪村旅游发展现状

从旅游资源来看，桃坪羌寨是川西旅游干线"九黄线"和九寨沟—红原—汶川旅游线路上的重要节点，旅游区位优势明显，是羌族地区旅游资源最为丰富、旅游价值最大、知名度最高的羌寨。羌族传统建筑和文化是桃坪羌寨旅游发展的核心要素，其独具特色的古羌碉、建筑群落、地下水网和民俗风情具有极高的历史价值和旅游观赏性。周边的古尔沟温泉、米亚罗红叶等旅游资源也有较高的美誉度，亦为桃坪羌寨带来客流。除老寨保存完好的古羌民居建筑群外，灾后新建的演艺中心、锅庄广场、释比祭坛、羌绣广场等文化景观既是羌族传统文化的全新演绎，也是村寨居民举行大型文化活动的重要场所。每逢羌族重要的传统节日，桃坪羌寨都会举行民族歌舞表演和文化娱乐活动以吸引游客。如花儿纳吉赛歌节已经成为理县文旅节事的品牌之一。

从经营业态来看，桃坪村旅游业态主要集中在餐饮、住宿、购物和文化体验四个方面。餐饮方面，主要以羌族特色餐厅为主，经营羌家腊肉、洋芋糍粑、香猪腿、面蒸蒸、面疙瘩、锅圈馍馍等羌族特色美食以及家常川菜等。同时，也有部分临时摊位经营烧烤、小吃等。住宿方面可分为酒店、民宿和旅馆。酒店前期投入较大，一般为外来资本或村民联营，引入专业管理团队进行标准化管理，除提供食宿外，一般还兼营民族文化展演等；民宿在装饰方面一般融入羌族特色元素，规模适中，一般由桃坪村民利用新寨住房改造而成，多兼营餐饮；旅馆也多为村寨居民利用新寨住房改造而成，质量参差不齐，一般只单一经营住宿业务。购物主要由商铺和流动摊位构成，主要销售土特产品，如羌族手工艺品、服饰、中药材、山菌、腊肉等，也有不少商户从外地批发工艺品到村寨销售。文化展演、民俗体验是桃坪羌寨的主要旅游吸引元素，羌寨打造了有关民族服饰、饮食制作、火塘文化、建筑艺术、电影取景、歌舞表演、节庆等多个体验区，让游客近距离感受羌人生产、生活状态及各项习俗。

从经营主体来看，桃坪村旅游经营主体主要有个体经营户、公司、村集体和合作社。桃坪村有150余户参与旅游经营，其中办理营业执照的个体户有78户，剩余的主要以经营流动摊位的形式参与旅游业。除此之外，还有来自成都、自贡等地的个体户经营餐饮、特产、住宿等。桃坪村涉旅经营的公司主要是有国资背景的理县吉祥文化旅游发展有限公司，负责景区的日常维护与管理，门票收入是其主要收入来源。此外，部分村民联合投资成立公司经营酒店，如莎朗风情酒店就由20余户村寨居民共同投资，通过联营模式经营。村集体目前涉及的经营业务主要有两部分：一是经营前旅游公司债权抵押房屋，二是参与旅游公司门票分红。桃坪村现有的羌秀、果蔬、药材等4个合作社，在震后旅游恢复的几年产生了一定经济效益，但目前效益不明显。

从管理模式来看，桃坪村旅游主要采取县、公司、镇、村共管模式。理县县委领导桃坪羌寨旅游发展，县文化体育旅游局负责行业指导，吉祥文化旅游发展有限公司与县文化体育和旅游局共同成立了桃坪羌寨景区管理处，负责景区的日常经营与维护。桃坪镇政府主要协助县委与县文化体育和旅游局管理桃坪羌寨事物，桃坪村"两委"主要负责安保、导游、卫生等具体事物。这种四级共管的方式在一定程度上保障了桃坪羌寨的旅游秩序，但在利益分配、景区维护与发展等方面则存在不少分歧，对村寨百姓参与旅游经营与管理也有一定的消极影响。

三、桃坪村旅游业发展对乡村振兴的贡献

（一）产业调整与融合发展

1. 调整：从传统农业转向现代旅游业

在发展旅游以前，桃坪村是典型的羌族农业村寨，主要种植玉米、土豆、小麦等粮食作物和少量的花椒、苹果等经济作物，兼以羊、猪、鸡等副业，产业结构单一，产品以自给自足为主，流向市场的较少。村干部Y告诉笔者："以前主要是搞农业生产，种粮食、苹果、花椒、养羊、猪这些，大部分自己

拿来吃了，卖的比较少，也卖不了多少钱。现在是农业、旅游都有，老百姓地也还在种，主要种水果，但主体是靠旅游收入了，占70%~80%。"① 发展旅游以后，村寨居民以从事旅游经营为主，住宿、餐饮、文化娱乐等第三产业迅速发展并成为村寨的主导产业，桃坪村从传统的农业村寨转变为以第三产业为主的新型旅游村寨。

2. 融合："农文旅"的多元融合

旅游业是一种典型的复合型产业，涉及的行业广、综合带动作用大。桃坪村旅游业发展较早，不管是政府层面还是村寨居民层面，在长期的实践过程中，形成了较强的市场观念和商业意识，注重产业的融合。目前，桃坪村产业融合形态有农旅融合、文旅融合、商旅融合等，其中以农旅、文旅融合最为突出。

民族文化、民俗风情是桃坪村旅游发展的核心吸引点，其旅游开发的最初阶段亦是通过本土歌舞表演队伍表演羌族传统歌舞以吸引游客进寨参观。老寨保留完整的羌族传统建筑和错综复杂的道路结构，程家碉楼、杨家大院、余家碉楼、小琼羌家等核心景点都展示了羌族人民的建筑文化和民族风情。随着旅游业的发展，当地旅游与文化的结合愈加紧密。新寨的演艺中心、锅庄广场、释比祭坛、莎朗广场、羌绣广场等文化景观也充分融入了羌族文化元素。"四川省第六届乡村文化旅游节"、理县花儿纳吉赛歌节等节事活动的举办以及《杀生》《红色土司》《古堡之吻》《尔玛的婚礼》等影视作品的拍摄都体现了旅游与当地民族文化的融合。另外，村民自发打造的羌绣主题酒店、莎朗风情酒店等精品酒店也是文旅融合的具体表现。

旅游的介入，不仅使当地住宿、餐饮、文化等第三产业迅速发展，也使原有的农业生产结构发生了改变，农业与旅游的融合不断加强，大樱桃、苹果、花椒、蔬菜是桃坪村最主要的经济作物。桃坪镇工作人员Y告诉笔者："这几年在进行农业产业结构调整，从原来的土豆、玉米这些转为特色水果，比如甜樱桃、青红脆李、苹果，逐渐形成规模。"② 这些经济作物不仅畅销成都及周边地区，还是带动当地旅游发展的一大特色项目。桃坪村充分利用区位优势，将果蔬采摘作为重要的村寨旅游体验项目之一，通过农旅融合促使农副产品完成就地销售。

---

① 2020年7月22日，对桃坪村干部Y的访谈。地点：新寨Y家中。
② 2020年7月22日，对桃坪镇工作人员Y的访谈。地点：桃坪镇政府。

（二）生产要素的在地重聚：村寨经济结构和村民收入多元化

改变生产要素的单向流动是乡村振兴的重要前提。在旅游发展的背景下，经济资本、人力资本及文化资本等要素伴随着开发主体的进入以及本地劳动力的回流，实现了向乡村的反向流动，在地重聚的生产要素驱动了乡村地区的经济结构调整与优化，尤其是创造了多元化的在地就业机会，为乡村居民提供了抵抗农业衰落和经济衰退的发展机遇，推动乡村经济的在地振兴[①]。桃坪村自20世纪90年代中期开始发展旅游以来，以其独特的建筑、历史、文化、习俗、饮食等资源为基础，不断聚集政策、资本、人力等要素，村寨经济结构与村民收入逐渐多元化（见图5-1）。

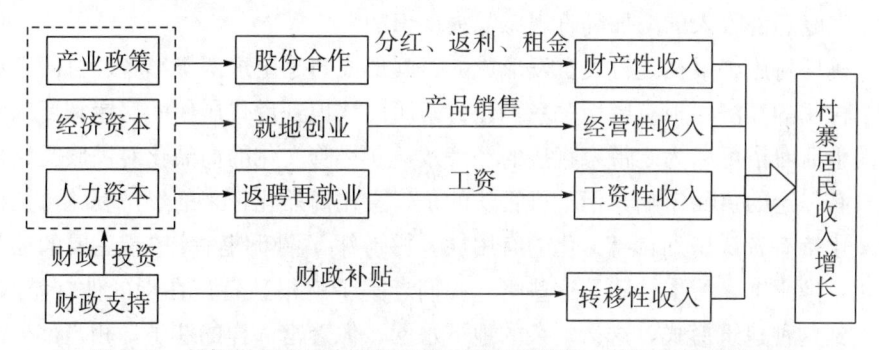

图5-1 桃坪村生产要素重聚促进村寨经济结构、居民收入多元机理

政府是推动桃坪村旅游发展的主要力量之一，在基础设施建设、招商引资、从业培训等方面对当地进行资金与政策的倾斜。公司作为外来投资者在村寨基础设施、管理维护、景区推介等方面投入资金；村民将老寨房屋作为文化资本入股，通过门票分红制度获取一定经济利益。新寨的建成使桃坪村旅游经营活动空间扩大，大量外来经营者投资民宿、饭店、土特产品等，为村寨的旅游发展带来资金和新的经营理念。旅游的发展提升了村寨的经济发展水平，推动了村寨经济结构和收入来源的多元化。村寨居民也通过歌舞表演、土特产售卖等形式参与村寨旅游发展，部分较早介入旅游的村民依靠积累的资金与经验经营农家乐、民宿等。目前，村寨居民大多直接或间接参与旅游，村民W告诉笔者："寨子里的人基本都在搞旅游，外出打工的很少，不超过3个，这里

[①] 孙九霞、黄凯洁、王学基：《基于地方实践的旅游发展与乡村振兴：逻辑与案例》，《旅游学刊》，2020年第3期，第41页。

都有 100 多名外地人打工，旺季的时候周边村子的一些老百姓也在这里打点零工。"① 桃坪羌寨因此逐渐形成地方劳动力市场，成都、自贡等地旅游投资者进寨从事旅游经营活动，大部分村民就地自主创业或在民宿、农家乐、公司中工作，周边村寨居民也来此就业。

（三）文化的有用性与文化自觉：多维文化的保护与传承

1. 从文化的有用性到文化自觉

旅游活动是一项文化活动，更是一项经济活动，带有明显的经济属性。在旅游开发中，民族文化的有用性是通过民族文化的商品化体现的。在那些经济较为落后的民族地区，人们对于文化的有用性的认识，主要是从自身生活的改善、家庭经济收入的增加等直观感受去认识的。②

桃坪村旅游最初是村民自发形成的，其形成与零星进寨摄影者、科研人员带给村民的经济回报有密切关系，让村寨居民认识到世代居住的房屋和习以为常的生活习俗可以为之带来直接的经济效益。尽管文化的商品化对民族文化传统具有一定的负面影响，但不可否认的是，文化商品化带来的经济利益可使民族文化持有者认识到自身文化的有用性。村干部 Y 告诉笔者："最主要的还是文化，像服饰、习俗、建筑这些嘛，我们老寨子就很独特，在别处他（游客）看不到这种建筑形式，这么复杂的地下水网，像迷宫一样的巷子，相当部分的游客来了还是要买票（参观）。如果没得这些，我们靠啥子挣钱呢。"③ 正是追求文化带来的经济利益的实践，激发了村寨居民保护与传承民族文化的积极性。村民 W 告诉笔者："开展旅游以后对这些非遗的传承还是有一点好处，有一些年轻人开始学羌语、锅庄、山歌、民间故事、特色建筑了，在一些节日、接待应酬中有需要，有人教，他们也愿意学。"④

费孝通先生曾指出："'文化自觉'是当今时代的要求，它指的是生活在一定文化中的人对其文化有'自知之明'，并且对其发展历程和未来有充分的认识。"⑤ 如果说经济利益是最初激发桃坪村寨居民保护和传承羌族文化的直接原因，那么随着旅游的深入发展，目前村寨居民对羌族文化的保护与传承则带有文化自觉的因素。桃坪羌寨从事羌族文化保护与整理的 W 就是其中的代表。

---

① 2020 年 7 月 22 日，对桃坪村村民 W 的访谈。地点：桃坪羌寨新寨 SYJ 民宿。
② 吴其付：《民族旅游与文化认同：以羌族为例》，人民出版社，2015 年，第 90 页。
③ 2020 年 7 月 22 日，对桃坪村村干部 Y 的访谈。地点：新寨 YCH 家中。
④ 2020 年 7 月 22 日，对桃坪村村民 W 的访谈。地点：桃坪羌寨新寨 SYJ 民宿。
⑤ 费孝通：《全球化与文化自觉：费孝通晚年文选》，外语教学与研究出版社，2013 年，第 24 页。

自2003年以来，W自己收集整理了包括青铜器、古钱币、服饰、生活用品、生产工具在内的一批羌族历史文化遗物，并建立了羌族历史文化博物馆，供游客免费参观。他告诉笔者："我想把羌族的历史、文化更直观地展示给大家。在做这个事情的过程中，也学到了不少知识，我想只有把我们的过去搞清楚了，将来才能更好地发展。"①

一些羌族旅游经营者也有类似观点。除对经营产品进行直接投入外，人们也开始注重对羌族文化的投入，尽管这些投入并不能直接产生经济效益。桃坪村民宿经营者S告诉笔者："我的一楼里面就是按照羌族的风格装修的，尽管我的客房全部在二楼，一楼花这么多钱装修也挣不了钱，但是能够展示我们的文化还是值得的，这一点很重要。"② 这些因旅游致富的经营者主动将自己的财富投入民族文化展示之中，主动承担文化的传承与保护任务，这既是村民的文化的自觉，也代表了村民经营理念的提高。正如文化人类学所指出的，民族文化要成为产业经济的载体，必须以文化主体的价值为核心，立足对"我者"的使用价值，才会有对"他者"的交换价值，如果缺乏真正的"文化自觉"，要保护好民族文化是不可能的③。

2. 多维文化的保护与传承

从游客的视角出发，旅游业往往最先从物质景观层面介入村寨。桃坪村在旅游发展初期，在独特的羌族建筑群落中还原与恢复直观可见的羌族传统文化符号，重视和保护传统民居、碉楼建筑等。一是村寨居民对传统建筑的保护意识提高。老寨中高高屹立的数座碉楼对旅游者具有巨大吸引力，旅游开发前，LXQ家的碉楼因年久失修倒塌，发展旅游后，碉楼显示出的文化吸引力和经济回报率促使她花费较大财力修复了碉楼。政府在老寨的修复和保存上也投入了较大资金。2006年，桃坪羌寨被评定为国家级重点文物保护单位，政府投入8000万元用于老寨的修缮。桃坪羌寨也先后被列入世界文化遗产预备名录，被评为中国景观村落、中国传统村落等。新寨的打造也吸收了羌族传统建筑文化元素，在街巷布局、房屋风格、公共空间等方面都体现了羌族文化符号。与桃坪羌寨形成鲜明对比的是，周边非旅游村寨除部分房屋仍保留原有建筑风貌外，其他房屋均为新式的现代楼房，村落传统风貌的完整性不复存在。

---

① 2020年7月22日，对桃坪村村民W的访谈。地点：桃坪羌寨新寨S民宿。
② 2020年7月22日，对桃坪羌寨民宿经营者S的访谈。地点：桃坪羌寨新寨S民宿内。
③ 张晓萍：《旅游开发中的文化价值——从经济人类学的角度看文化商品化》，《民族艺术研究》，2006年第5期，第38页。

旅游的介入使羌族文化能够为村寨居民带来经济收益，使他们开始有意识地展示和传承传统的民族文化[①]。这种由经济利益带来的自觉行为使羌族文化的保护与传承充满了动力。桃坪镇工作人员Y告诉笔者："在（举行）大型活动的时候，整个旅游线路都有文化展示，比如羌笛、羌绣、羊皮鼓、羌歌、羌舞都会在这个时候展示给客人。我们老百姓自愿成立一个土风歌舞队，一旦有大型的文化活动，都会自愿表演。特别是我们每年十月初一的花儿纳吉赛歌节是非常大型的，各个村的老百姓都参与其中，节目都是自编、自导、自演。"[②] 同时，政府也积极参与羌族传统文化的保护与传承工作，推动非物质文化遗产的申报。发展旅游二十余年来，桃坪村已经有数十项非物质文化遗传项目（见表5-5），这在民族村寨中是不多见的。

表5-5 桃坪村非物质文化遗产项目

级别	项目
国家级	羌年
省级	羌族碉楼营造技艺、羌族羊皮鼓舞、口弦（羌族口弦）、花儿纳吉
州级	羌族仪式歌、桃坪羌寨民居建筑、挂红习俗、白石信仰、羌族推杆、羌族碉楼及民居营造技艺、羊皮鼓制作、羌族唢呐、羌山锣鼓、羌族牛羊毛毡传统制作工艺（素乐拨蹬）、羌族羊皮褂传统制作工艺
县级	严木初拉、人是癞疙宝变成的、巴白姑都吉、寡母子树、木姐珠与斗安珠、碉楼建筑工艺（碉楼营造技艺）、哟粗步、布兹拉、羌族锅庄、刺绣（羌绣）、羌族婚礼、羌族葬仪（火葬、土葬）、体育竞技（秋千、抱蛋、拳下翻身、爬天杆、丢窝）、羌戈大战、转山会、羌餐烹饪、羌笛演奏、羌医药、羌族推杆拨河、人人馍馍、羌族祝酒唱颂

资料来源：理县文化体育和旅游局，截止时间为2019年6月。

（四）典型案例

1. 桃坪羌绣馆[③]

桃坪羌绣馆由理县囍悦藏羌文化创意有限公司承办，创始人ZJY为大学毕业返乡创业青年。羌绣馆总投资480万元，建筑面积800平方米，于2017年10月建成开馆。羌绣馆有展示、销售中心，培训中心、体验馆、研发室等

---

① 吴其付：《民族旅游与文化认同：以羌族为例》，人民出版社，2015年，第93页。
② 2020年7月22日，对桃坪镇工作人员Y的访谈。地点：桃坪镇政府。
③ 相关数据由桃坪镇政府提供。

功能区域，展示了羌绣、羌笛、羊皮鼓、剪纸等历史文化，在上海、成都、深圳、九寨沟等地开设8家实体店和1家网店，产品远销我国台湾地区并出口韩国、日本等。

羌绣馆通过公司+高校+基地+绣娘+网店运行模式，与清华大学、上海美术学院等高校合作共创，研发出羌绣家居、服饰、饰品、文创、艺术品五类90余种300多件作品。依托公司产品研发和销售平台，公司在休溪村、薛城镇、甲米村等地建立羌绣加工作坊站点，组织绣娘加入合作社并定期培训，绣娘通过羌绣每年能增加800~28000元收入。通过这种模式，留守的老人和儿童也得到了照顾，实现了企业发展、文化传承、妇女增收的"三赢"目的。

羌绣馆在桃坪村的落地生根使资本、劳动力、技术等生产要素在地重聚，公司、合作社、农户的有机互动使分散的羌绣生产个体与市场实现了有机对接，在促进村寨百姓就业、增收等方面做出了有益尝试。同时，羌绣这一传统生产技艺也在市场与经济利益的刺激下焕发活力，有助于其活态性保护与传承。

2. 民宿：尔玛人家

尔玛人家是桃坪村村民CS在桃坪羌寨老寨自家房屋内开办的民宿，占地5亩，前后共投资900余万元，可同时容纳200人就餐，100余人住宿，是一家集休闲、旅游、古羌文化展示为一体的精品民宿。

尔玛人家庭院有果园、休闲茶座等设施，游客可参与推豆花、酿酒、果蔬采摘等活动。民宿菜品多为地道野菌、洋芋糍粑、土鸡等羌族特色美食，同时售卖腊肉、核桃、山地鸡等多种乡村土特产。CS认为，"做旅游，就是做文化"。近几年，他不断加大投入，收藏羌族旧式灯具、酒具、农具以及各类民俗文化纪念品，在民宿内部的装修装饰上尽力体现羌族风格。在民宿的正门口，放置了一个大书架，上有关于羌族历史文化、民族风俗、小说诗歌等各类书籍，游人随手可取，他希望游客能从多个层面了解羌族的历史文化。

尔玛人家在产品设置方面体现了农旅融合和文旅融合。CS在长期的经营实践中得出"做旅游，就是做文化"的观点，并不断在展示羌族文化方面加大投入。这既是一种新的经营理念，也体现了村寨居民对羌族文化的高度认同，并将本民族的一些优秀文化传统作为文化标志，向游客传递本民族的精神价值与人文取向。

四、桃坪村旅游业发展存在的问题

（一）行政与资本过度介入：村民旅游发展权利的弱化

我国乡村旅游发展大多经历了由村民自发兴起、政府介入、政府＋资本主导的过程，无论是汉族地区乡村旅游发展的典型案例成都三圣花乡，还是民族地区乡村旅游典型案例贵州西江苗寨，都大致经历了这过程。这既是体制惯性在旅游经济中的表现，也是政府旅游主管部门职能的实现。这种现象原本无可厚非，且政府＋资本（公司）介入村寨旅游，无论是对村寨旅游发展规模与效益提升而言，还是对村民收入而言都是有利的，这也是旅游扶贫在我国广泛实施并取得成效的重要原因。但如果行政、资本过度介入或介入不当，就会使村寨旅游业失去自主性，也会使相当部分村寨居民失去参与旅游业的动力，并引发经营管理、社会秩序等一些新的问题。

1. 行政与资本过度介入

桃坪村旅游最初由村民自发组织，村民通过旅游协会自我管理。1998年，政府介入村寨旅游开发事务，成立管委会、组建桃坪羌寨旅游开发公司，负责景区日常经营管理，控制门票收支。紧接着政府又积极运作引进外来企业，出面与外来企业组建股份公司，并通过资源入股的方式参与桃坪羌寨旅游发展。尽管村寨居民在旅游公司中也占有股份，有权对村寨旅游的发展以及公司的运营行使相关权利，但是由于股份较少，村寨居民往往处于最弱势的一方。对此，村寨居民颇有微词。村民W告诉笔者："桃坪旅游的发展不是桃坪老百姓说了算，政府说了算。"[①] 民宿经营者S说："说实话，寨子头旅游咋个发展，都是上面说怎么怎么办，我们说了也不算话。"[②] 作为村寨旅游发展主体的村寨居民，并不能通过自身权利的实施有效影响桃坪羌寨旅游的发展。

旅游业越发达，收入越高，资本和行政介入的力度也就越大。从桃坪村旅游发展的历程与现状中不难发现，从最初村寨居民自主从事旅游接待，到后来政府以行政权力介入景区经营管理，再到外来企业携带雄厚资金介入景区经营管理，越来越多的利益相关者被引入，而村寨居民在这一过程中的权利也越来越分散。目前，桃坪村已经形成县委、文化与体育旅游局、桃坪镇、旅游公

[①] 2020年7月22日，对桃坪村村民W的访谈。地点：桃坪羌寨新寨SYJ民宿。
[②] 2020年7月22日，对桃坪羌寨民宿经营者S的访谈。地点：桃坪羌寨新寨S民宿内。

司、村委会四级五方共管的局面。针对桃坪羌寨当前旅游秩序存在的问题，当地政府计划组建一支队伍加强管理。桃坪镇工作人员 Y 告诉笔者："目前我们正在整治旅游市场，摊位不规范的现象还比较明显，很影响形象。镇上有想法再成立一个市场管理机构，由派出所、县综合执法局、乡上、景区管理处、村两委的人员一起组成一个执法队。"①

2. 村民旅游发展权利弱化

国家行政力量的嵌入对乡村秩序产生了许多不良后果，村级正式组织的职能异化，限制了乡村自身的活力和创造力，村民参与村寨公共事务的意愿不强②。在旅游发展过程中，桃坪村村委会承担了乡镇以及更上级部门的诸多工作，却难以在旅游发展中发出自己声音。桃坪村干部 Y 告诉笔者："现在是县、乡村、公司共管，县上有个文旅公司（吉祥文化旅游公司，笔者注），他们管，我们村两委会参与，镇上管大的方向，我们村上就管细节，班子成员都安排有工作。"③

行政的过度介入会使旅游组织、村寨精英参与旅游业的积极性受到影响，限制其活力与创造力。桃坪村干部 Y 介绍："旅游协会是刚刚搞旅游那几年起作用，针对大型活动的分配、安排、管理起了作用，后面政府和公司开始管理，协会就没怎么起作用了。"④ 同样，村寨居民参与村寨旅游事务的积极性也受到影响。村民 W 告诉笔者："这边主要是公司、政府这些在管理，老百姓参与的动力也不大……。"⑤ 行业自治组织作用弱化，居民参与村寨事务的积极性不高，既使村民难以有效地组织起来，也使村寨民主决策大打折扣，在涉及村寨旅游发展的一些事务上，村寨居民的声音显得比较微弱。

同时，随着旅游业的发展，在旅游发展初期产生的一批精英人物的影响力也逐渐下降，而新的较有影响力的精英人物并未产生，不论是经营大户还是普通村民都各自为政，在村寨事物决策时很难形成统一意见。

（二）短板：基础设施建设不完善

完善的基础设施既是村寨旅游产业可持续发展的基础和保障，也是推动村

---

① 2020 年 7 月 22 日，对桃坪镇工作人员 Y 的访谈。地点：桃坪镇政府。
② 李庆召、马华：《价值与限度：农民再组织化与村级治理组织体系再造——基于广东省梅州市 F 村基层治理改革的思考》，《社会主义研究》，2017 年第 2 期，第 113 页。
③ 2020 年 7 月 22 日，对桃坪村会计 Y 的访谈。地点：新寨 Y 家中。
④ 2020 年 7 月 22 日，对桃坪村会计 Y 的访谈。地点：新寨 Y 家中。
⑤ 2020 年 7 月 22 日，对桃坪村村民 W 的访谈。地点：桃坪羌寨新寨 S 民宿。

寨乡村振兴的具体要求。旅游基础设施建设可分为交通、环境、公共服务、信息以及社会性基础设施等五个方面①。经过二十余年的发展，桃坪村旅游基础设施有明显提升，但仍存在不足，这些不足主要集中在环境基础设施和公共服务基础设施方面。

游客增加对村寨的生活污水处理与垃圾清运能力提出了要求。目前，桃坪村的生活污水处理设施主要有污水处理厂和化粪池，生活垃圾采取"村收集、乡转运、县处理"的三级处理模式，但在旅游旺季时这些设施的处理能力不足。桃坪镇工作人员Y告诉笔者："游客量大的时候，环境卫生维护压力还比较大，游客素质以及个别老百姓在环境保护意识方面还需要加强。"② 污水处理能力不足及村寨百姓环保意识有所欠缺，使村寨出现了污水直排的现象，对村寨环境及周边水域造成了污染。桃坪村干部Y告诉笔者："有些地方原来就没设计排污，就直接排到杂谷脑河了，这些都应该处理。老寨子也要改地下排污系统，以前是直接排到地下水网，改造的工程量有点大。"③ 此外，零售摊点建设不足使村寨居民随意占道经营现象比较突出，这既对村寨旅游经营秩序造成影响，也是村寨环境污染的源头之一。

公共服务设施方面，水、电设施建设不足对村寨旅游经营造成不良影响，也是村寨矛盾较为集中之处。民宿经营者S告诉笔者："我们这灾害多，应该把管子埋在地下，现在放到河道里，经常被冲断，被石头砸坏。政府应该引起重视，再这样下去一个好端端的景区就要毁了。"④ 来自自贡的餐饮经营户也为村寨水电问题困扰，她认为："作为一个景区，水、电是最基本的，随时随地都不应该出现这些问题。"⑤

---

① 张雪婷：《基础设施建设对旅游产业结构的影响研究》，华侨大学，2019年。
② 2020年7月22日，对桃坪镇工作人员Y的访谈。地点：桃坪镇政府。
③ 2020年7月22日，对桃坪村干部Y的访谈。地点：新寨Y家中。
④ 2020年7月22日，对桃坪羌寨S民宿经营者的访谈。地点：桃坪羌寨新寨S民宿内。
⑤ 2002年7月22日，对桃坪羌寨自贡籍餐饮经营者的访谈。地点：桃坪羌寨新寨。

第三节 坪头村旅游业发展及其对乡村振兴的贡献

一、坪头村概况

坪头村位于茂县县城西岸，处于九环沿线，是游客前往松潘、九寨沟旅游的途经之地，距成都约 190 千米，国道 213 线贯穿全境，岷江绕村而过。坪头村平均海拔 1600 米，具有干旱河谷气候特征，干燥多风，冬冷夏凉，昼夜温差大。汶川特大地震之前的坪头村是以农业种植为主的羌族行政村，共有 560 户 1824 名村民。地震之后，高半山区的村民全部搬迁至河谷地带，全村辖坪头、波西和桥头 3 个村民小组，有 623 户共 2006 人，羌族人口约占 97%[1]，主要有王、余、杨、吴几个家族，以王家和余家人数居多。坪头村现有耕地 685 亩，园地 823 亩，林地 11700 亩。水果种植面积达 780 亩，其中种植优化升级水果 350 亩，主要种植甜樱桃、青脆李等特色品种。2020 年 7 月，水西村合并至坪头村，形成水西小组。水西小组耕地资源相对丰富，青脆李种植是其主要产业，旅游业比例较小。

坪头村在汶川特大地震中受损严重，农房基本倒塌。在灾后重建过程中，坪头村作为阿坝州城乡统筹发展试点村，按照政府提出的安置原则、重建政策和旅游主导的要求，采取统规统建和村民自建相结合的方式，通过政府扶持、山西援建、银行贷款、群众自筹等筹资方式进行恢复重建。2009 年 9 月，坪头羌寨完成了 246 户维修加固户和 220 户重建户的风貌改造，改厕改圈 207 户，建设沼气 204 口，并新建游步道、人行栈道、停车场、分类垃圾箱、旅游厕所等设施，基础设施得到极大提升[2]。

二、坪头村旅游发展历程与现状

（一）坪头村旅游发展历程

坪头村在开发旅游以前是传统的羌族农业村寨，主要种植作物有大樱桃、

---

[1] 相关信息和数据来源于在坪头村的深度访谈。
[2] 相关信息和数据来源于对坪头村村委会工作人员的深度访谈。

苹果、核桃、李子等水果及蔬菜。汶川特大地震使村寨受损严重，也改变了坪头村的发展路径。在灾后恢复重建过程中，茂县以社会主义新农村建设为契机，将"集休闲、观光、中转、教育、度假等功能为一体的旅游产业高地"作为坪头村的发展目标，大力发展村寨旅游。自2010年开发旅游以来，坪头村旅游发展大致经历三个阶段。

第一阶段（2011—2014年），重建与快速发展。与本地区众多羌寨相比，坪头村距离县城最近、海拔适宜、交通便利，发展旅游业的综合条件较好。2010年，重建完成的坪头羌寨被阿坝州列为"精品旅游示范村寨"。同年9月，坪头羌寨与牟托羌寨组成"羌乡古寨"景区并被评定为国家4A级景区，当年即迎来大批游客。在随后的两年，茂县趁势加大宣传营销力度，景区的知名度进一步提高。2010—2014年是坪头村旅游发展势头最为迅猛的时期，游客量增长了4倍，成为灾后重建成果游和休闲度假自驾游的热点景区。在此期间，坪头羌寨先后被评为"四川省乡村旅游示范村""全国生态文化村""中国乡村旅游模范村"。

第二阶段（2015—2016年），减速发展。2014年后，坪头羌寨游客量迅速下降。由于包括牟托羌寨、坪头羌寨等在内的"羌乡古寨"景区占道经营、卫生环境差、商品售卖不规范等现象较严重，未达到4A级景区复检标准，被原国家旅游局摘掉了4A级景区称号，并停业整顿。坪头村旅游业在经历开业几年的爆发式发展后迅速回落，进入低谷徘徊状态。

第三阶段（2017年至今），因灾受挫与转型调整。2017年，受茂县"6·24"山体滑坡、"8·8"九寨沟地震等自然灾害影响，九寨沟、黄龙过境团队游客大幅减少，以及受全域旅游和产业融合发展趋势的影响，坪头村开始转变经营业态，注重农旅、农文融合，打造农业体验、文化展演和康养等旅游产品。从2015年起，坪头羌寨每年举办康养文化艺术节，与成都、重庆等地养老机构合作，吸引康养游客长住。2017年坪头羌寨康养旅游接待20余万人次，占旅游总人次的50%，成为茂县休闲康养旅游的典型案例。坪头羌寨注重文化与旅游结合，举办瓦尔俄足、羌年、羌族刺绣、羌笛演奏及制作技艺、羌族多声部民歌等展演活动。2018年，坪头羌寨开始举办李子花文化旅游节、茂县有"李"羌脆李文化旅游节等农旅活动，吸引游客进行田园观光和农事体验。

（二）坪头村旅游业发展现状

从经营业态来看，坪头村有乡村酒店、农家乐、特色餐饮、农特产品、文化展演、农业观光、康养健身等旅游业态。景区大门周边规划了游客中心、停车场及集中的特色餐饮和购物区域。坪头羌寨构建了以乡村旅游、蔬果种植业为主，畜牧业、家族手工业为辅的产业发展体系。村民的经济收入来源除旅游接待，还包括农特产品、民俗产品销售和一部分副业，收入大大提高，2018年人均纯收入达到18326元[①]，属于四川省经济发展水平较高的民族村寨。

从经营模式来看，坪头村旅游发展初期采用的是"村委＋企业＋农户"模式，村委牵头组织农户以土地和房屋资源入股，成立茂县水凤羌寨文化旅游有限责任公司（以下简称"水凤羌寨公司"），注册资本600万元，由村党支部书记担任法定董事长，村主任担任总经理。水凤羌寨公司主要经营餐饮、住宿、茶楼、土特产等，统一租赁村民的土地和住房并一次性签订5年租赁合同，再以相同的价格租给经营商，由经营商将房屋打造成各具特色的乡村旅游酒店，最后将公司获取的收益按照股份比例分成。部分未参与公司联营的农户，则由其个人注册为个体工商户自主经营，但价格由村委会根据其硬件条件、接待能力等评估确定。这种"村委＋企业＋农户"模式在最初几年运行效果良好，通过房屋产权的资本化运作，实现了村民农房的财产性收益；通过市场化管理，为村民提供了环卫、景区讲解、餐饮服务、旅游产品销售等500余个工作岗位，增加了村民收入。到2012年，村民人均纯收入已达到8000元，是2008年汶川特大地震前的3倍。经过最初几年的运转后，水凤羌寨公司、村民、经营商、政府之间的利益冲突开始显现，这种"村委＋企业＋农户"的经营模式难以为继。

从管理角度来看，2011年7月，茂县成立了"羌乡古寨景区管理局"（以下简称"羌管局"），负责坪头、牟托等十个精品旅游村寨的环境卫生、规范经营、治安等方面的规划管理。2016年，茂县政府将羌管局、叠溪松坪沟九鼎山风景名胜区管理局、中国古羌城景区进行合并，成立了茂县景区管理局，全面规划、建设、管理茂县境内所有旅游景区。同年末，坪头羌寨由于运营管理方面存在问题，没有达到4A级景区复检标准，被原国家旅游局摘掉4A级景区称号。经过两年的整改和建设，坪头羌寨于2018年10月复牌成功，与叠溪·松坪沟、中国古羌城一起成为茂县三处4A级景区。2018年末，茂县景区管理局撤销，坪头村由县文化和旅游局负责监管。

---

① 相关信息和数据来源于对茂县文化和旅游局工作人员的深度访谈。

三、坪头村旅游业发展对乡村振兴的贡献

(一) 产业转型与村民增收

1. 传统种植农业转向现代休闲农业

乡村旅游是集聚城乡资源的最佳平台。事实证明，这个平台已开始把城市的需求和资源、农村的生态和产业等资源集聚起来，实现了资源和产业的融合①。发展旅游以前，坪头村是以农业为主的羌族村寨，主要种植李子、甜樱桃、无公害蔬菜等，是茂县主要的蔬菜供应基地，农业发展基础较好。在灾后恢复重建中，坪头村依托良好的农业发展基础，借城市人对田园风光、风土人情的好奇来吸引城市人消费，大力发展生态观光、休闲度假旅游。在发展旅游的过程中，坪头村的土地、农耕、房屋等资源都聚集起来为游客提供服务。当农业与旅游融为一体后，传统的种植农业转变为现代休闲农业。旅游的介入也使坪头村传统农业发生改变，使其从单纯的生产果蔬产品转变为能够提供休闲娱乐的产业，农事劳作、农业产品均向休闲产品转换。

2. 产业链本地化与村民增收

旅游具有生产和消费的"同时性""同在性"特征。"产业链本地化"是指尽可能利用本地原材料和人力资源满足游客吃、住、行、游、购、娱的需求，以旅游业为龙头产业优化配置相关产业，在本地生产和销售产品，形成完整的产业链，实现最大程度的当地参与，使旅游收益最大限度地留在本地②。旅游的发展使坪头村果蔬的生产、销售、消费环节向本地聚集，使产业链本地化。村民 W2 告诉笔者："坪头的老百姓很勤快，以前天不亮就要把采摘的蔬菜、水果背到县城去等老板来收，忙不过来的时候还要请几个人（雇人）帮忙背。现在游客到我们这里度假，不光在这吃、住，还自己到地里摘水果，最后车子里还要装些带走，地里的蔬菜、水果这些有相当一部分在村上就消化了。"③同时，旅游作为村寨产业循环的媒介，也将坪头果蔬产业作为旅游特色进行营销推广。近年来，茂县李子花文化旅游节、茂县有"李"羌脆李文化旅游节等活动在坪头村的举办，也进一步提升了当地果蔬种植的附加值，使其从原有的

---

① 杨阿莉：《从产业融合视角认识乡村旅游的优化升级》，《旅游学刊》，2011年第4期，第10页。
② 邹统钎：《乡村旅游发展的围城效应与对策》，《旅游学刊》，2006年第3期，第9页。
③ 2020年7月20日，对坪头村旅游经营者W2的访谈。地点：坪头羌寨。

季节性收获转变为现在的多环节创收，进一步增加了村寨居民收入。果蔬种植已经成为坪头村的主打招牌，是村寨居民主要的收入来源之一。

（二）基层治理：党员示范与多元共治

我国传统的乡村社会治理是建立在共同的历史、传统、信仰、风俗等乡村传统文化价值体系之上的，由地方乡绅、精英等内在治理机制主导。20世纪初，战乱、政治运动的冲击使国家权力快速下渗到乡村，乡村治理体现出极强的国家权力结构逻辑，传统农民自组织逐步瓦解。新时代的乡村振兴要建立有效的乡村治理制度，就要激活乡村内生自治能力，培育内生治理主体，建立符合乡村内在发展逻辑、有利于乡村集体治理的制度，从而实现乡村的内生性发展[①]。

1. 基层党员的示范作用

本土化的乡村能人的社会关系主要围绕村庄半径展开，他们良好的信誉以及威信使之成为村庄中办得成事、说得起话的中坚力量，本土化的特质也使其利益诉求更倾向于维护村庄的整体利益[②]。坪头村委班子利用自身在文化、经济、社会资本等方面的优势，在治理坪头村中主要发挥了三方面作用。一是扮演"文化能人"的角色，积极发掘村寨文化，同时对弥漫于村寨的各种意识形态保持清醒的认识，发挥舆论引导作用。二是在产业发展中，利用本身的经济资本优势在产品开发、升级转型等方面率先尝试，同时发挥行动动员和示范作用。三是利用自身良好的社会关系和社会信任度，在村寨道德引导、矛盾调解等方面发挥作用。村委对坪头村的治理也得到了村民的认可。村民 W1 告诉笔者："地震后那几年，村上干了很多事情，在水、电、道路这些方面做出了成绩。去年我们 4A 复牌，村上也做了不少事情。"[③] 从事旅游经营的村民 Z 也告诉笔者："当初做风貌打造的时候，老百姓不愿意把原来贴的瓷砖这些弄掉，那就是党员干部带头，自己做样板。"[④]

2. 乡村自治与行业自治的有机结合

奥斯特罗姆认为："人类社会中大量的公共池塘资源问题在事实上不是依

[①] 孙九霞、黄凯洁、王学基：《基于地方实践的旅游发展与乡村振兴：逻辑与案例》，《旅游学刊》，2020年第3期，第44页。

[②] 宫敏燕：《乡村振兴战略背景下能人治村何以可能？》，《长春理工大学学报（社会科学版）》，2020年第5期，第61页。

[③] 2020年7月20日，对坪头村村民 W2 的访谈。地点：坪头羌寨。

[④] 2020年7月20日，对坪头村旅游经营者 Z 的访谈。地点：坪头羌寨。

赖国家也不是通过市场来解决的，人类社会中的自我组织和自治，实际上是更为有效的管理公共事务的制度安排。"①

坪头村在开业初期即迎来大量游客，随着部分村民从旅游中经营获利，村民的攀比之风日盛，私搭乱建、破坏生态环境、恶性竞争等现象凸现。这些问题使坪头村旅游形象受损，进而导致村民内部矛盾。为了遏制恶性竞争、扭转当地在旅游市场的形象，部分旅游经营户在村委的引导下建立了"坪头村乡村客栈联盟"，通过民主决议的形式制定了联盟章程。作为地方自治组织，联盟开展诸多活动，包括经营户接待设施评级及改造、村寨特色文化发掘、村寨卫生环境维护、对外合作洽谈等；建立微信群，定期召开联盟会议，探讨村寨旅游发展事宜。

坪头村自治组织的出现和治理制度的优化，是村寨居民在旅游发展过程中自发追求长期利益的结果。通过自发参与和组织，坪头村形成了一定的乡村旅游管理制度或合作组织形式，以解决自主治理的制度供给、承诺和监督问题。这种治理主要依靠村寨内在的力量特别是内在制度，而不是依靠外在的政府强制力量或其他力量②。

3. 集体经济与村寨治理现代化尝试

重建村社集体内部的利益关联机制，激活村社集体，将农民组织起来，是乡村振兴的基本前提与条件③。

开发旅游前，坪头村是典型的农业村寨，各农户的主要收入来源是种植水果、蔬菜和务工，村集体掌握的资源较少，集体经济发展缓慢。发展旅游后，坪头村村委成立了水风羌寨公司，农户以土地和住房资源入股，公司按照股份比例给农户分成。这种"村委+企业+农户"形式使村寨居民通过资源入股的形式参与村集体经济，进而通过村寨集体经济增长实现收入增长。村干部 W3 告诉笔者："坪头跟牟托不同的就是，村上的公司自己经营，属于集体资产，把老百姓凝聚在一起，公司的法人代表是支部书记、总经理是村主任。"④ 村

---

① 埃莉诺·奥斯特罗姆：《公共事物的治理之道——集体行动制度的演进》，余逊达、陈旭东译，上海三联书店，2000年，第20页。
② 池静、崔凤军：《乡村旅游地发展过程中的"公地悲剧"研究——以杭州梅家坞、龙坞茶村、山沟沟景区为例》，《旅游学刊》，2006年第7期，第21页。
③ 贺雪峰：《乡村振兴与农村集体经济》，《武汉大学学报（哲学社会科学版）》，2019年第4期，第186页。
④ 2020年7月20日，对坪头村党委书记W3的访谈。地点：坪头羌寨。原水西村合并至坪头村后，全村党员超过100名，阿坝州党委在此成立了坪头村党委会。

寨集体经济属于村寨居民集体所有，在涉及村寨集体经济重大发展问题时，需要村寨居民共同决定，这就使相对离散的村寨居民能通过集体经济重新聚合，通过利益联结增强了治理主体的组织动员能力。除此之外，村委还通过承包、租赁、流转等形式盘活集体土地、林地等资源，不断壮大村集体经济规模。

集体经济的壮大使村寨集体有了回应村寨居民需求和对接外部资源的能力。坪头村将集体经济收入投入村寨环境治理、风貌改造、文化氛围营造、旅游从业人员培训等方面，通过村寨内部公共服务的供给，改善村寨居民生活环境。同时，集体经济的发展也使村寨有了对接外部资源的平台，进而促进村寨旅游发展。村干部Y告诉笔者："我们资源是有的，地理环境、区位都不错，也有集体公司这个平台，包括还有那么多集体土地……现在（政府）给的少了，我们还是要自己想办法，把外面有资金的企业或个人引进来与坪头深度合作。"①

旅游开发促进了坪头村集体经济的发展，一方面使村寨治理主体拥有了自主发展村寨公共事务的资金和平台；另一方面通过经济利益的联结，使村寨能够重新组织动员村寨居民，增强村寨的凝聚力，为村寨治理现代化做出了有益尝试。

（三）典型案例

1. 自营乡村酒店的村寨居民WYP

WYP，男，初中文化，坪头村人。汶川特大地震前主要从事蔬菜、水果种植，收入水平在全村属于中等。灾后恢复重建中，WYP修建乡村酒店，主要接待团队游客，提供餐饮、住宿和购物服务。WYP认为要维护村寨旅游经营秩序，除了政府管理，村民自己更应该加强自我管理。他积极推动成立"坪头村乡村客栈联盟"，本人被民主推选为理事长。除经营乡村客栈，WYP还种植青脆李、有机蔬菜。他专门开辟一部分果园供游客免费采摘，提高游客的旅游体验。WYP认为，坪头村发展旅游要继续发挥蔬菜、水果种植优势，注重农旅融合。他承包河滩荒地，种植有机蔬菜，除供给旅游经营外，还销往成都，2019年获利30余万元。

在旅游经营实践中，WYP意识到村民自我管理的作用，并通过建立乡村客栈联盟的形式将这种自我管理付诸实践，这也是坪头村自组织治理的有

---

① 2020年7月20日，对坪头村村干部Y的访谈。地点：坪头羌寨。

益尝试。农旅融合的实践既能发挥农业传统产业优势，也能分担旅游市场风险，这对于自然灾害频发的岷江上游民族地区其他旅游村寨具有一定的借鉴意义。

2. 坪头村乡村客栈联盟

近年来，随着"8·8"九寨沟地震、茂县"6·24"特大山体滑坡等灾害的影响，团队游客数量大幅减少，村寨居民恶性竞争、破坏环境、私搭乱建等现象突出。2020年7月，在驻村干部和村委的引导下，20余户旅游经营户成立"坪头村乡村客栈联盟"。联盟秉持自主自愿原则，民主推荐议事机构、讨论议事原则，定期召开会议商议旅游发展相关事宜。

联盟成立初期主要开展了以下工作：对联盟成员接待设施进行民主评级，禁止恶性竞争；对各成员经营范围内的环境卫生、风貌进行整改，爱护村寨环境；共同购买旅游经营相关保险；联盟理事会共同对外进行商务洽谈，开拓旅游市场。村委也支持联盟发展。相较于一般村寨居民，村委在灾后恢复重建、旅游发展过程中与政府、企事业单位建立了较多联系，村集体开设的公司可以对接外部资源。村委承诺在游客资源、建设项目等方面优先支持联盟发展，试图通过建立利益联结的方式促进联盟成员规范经营。

四、坪头村旅游发展存在的问题

（一）急速推进与稳定性不足

对民族村寨而言，旅游具有不离土离乡、参与途径多元、可有效利用日常生活资本、成本相对较低等优势，强大的旅游市场需求提升了当地村民对当地文化价值的认知，这也是许多地方政府纷纷依靠旅游脱贫、当地居民希望凭借旅游致富的重要原因①。

坪头村旅游发展初期游客量大，部分村寨居民因从事旅游经营实现了财富的快速增长。在村寨"带头人"的带动下，村寨居民热情高涨，不少村民举债修房建屋，积极投身旅游发展。村干部H告诉笔者："'大干快上'的现象特别严重，借钱、贷款搞旅游，最后又是恶性竞争。"② 截至2020年，坪头村仅旅游接待床位就达到4200余张，在川西民族地区已属规模较大的旅游村寨。

---

① 笪玲：《贵州村寨旅游扶贫研究》，西南民族大学，2020年，第141页。
② 2020年7月20日，对坪头村村干部H的访谈。地点：坪头羌寨。

但收益与风险并存。旅游业被称为"建立在流沙上的大厦",是一种具有脆弱性、季节性的高风险产业,如果经过村民所能忍受的阶段,收益期望仍未实现,村民与旅游之间的"蜜月期"就会很快结束。在经过旅游市场最初几年的火爆后,坪头村旅游逐步降温,尤其是岷江上游频发的自然灾害几乎阻断了坪头村与客源市场的联系,使投身旅游发展的村寨居民压力巨大。

坪头村在震后恢复重建中被政府作为"样板村"打造,在援建单位、当地政府、社会力量支持下,坪头村在短短两年时间完成重建。就旅游发展而言,坪头村在震前并无旅游发展基础,从农业村寨向旅游村寨的迅速转型是在灾后重建这一特殊背景下完成的。在这一过程中,不论是文化挖掘、村民生产理念转变、经营秩序构建,还是市场拓展、形象塑造都略显仓促。这些因素既是坪头村旅游发展内涵不足的原因,也是导致当地4A级景区挂牌、摘牌、复牌系列情况的重要因素。

(二) 耕地面积的急剧下降与收入预期的落空

旅游业的快速发展需要投入大量的资源。对于坪头村居民而言,除大量投入资金、人力以外,土地资源的投入也必不可少——这在一定程度上是以占用耕地为代价的。2008年末,坪头村有耕地972.62亩。2009年基础建设征用耕地达145.4亩,到2019年末,坪头村耕地已经降至685亩,人均仅有0.34亩耕地[①]。一些村寨居民为了扩大经营面积,不惜占用耕地扩建庭院;部分村民甚至将耕地"流转"给外来经营户建房。实际上,部分村民已经没有可供耕种的土地。经营餐饮的村民Z告诉笔者:"我们家的地全部修了餐厅,把我兄弟的地用来搞了绿化,还租了他们家客房在经营,一年租金7万元。"[②]

耕地的丧失意味着传统生计模式的荒废,当旅游市场出现波动时,家庭经济的风险就会变大。村民W1告诉笔者:"村上好多都是贷款、借钱、卖土地来修房子搞旅游的,这种不一定好。游客少了,旅游搞不起走的时候,生活就困难了。"[③] 近几年,在自然灾害、新冠肺炎疫情等因素影响下,坪头村游客大幅减少。与前期巨大投入相比,当前旅游产生的回报与村寨居民的期望差距较大,一些村寨居民面临经营上的困难。从事餐饮经营的村民Z告诉笔者:"最主要还是资金上困难,客人少的时候周转起来比较困难,手里养了(雇佣)

[①] 数据根据茂县农业生产和农村经济综合年报整理。
[②] 2020年7月20日,对坪头村旅游经营者Z的访谈。地点:坪头羌寨。
[③] 2020年7月20日,对坪头村村民W1的访谈。地点:坪头羌寨。

几个人，今年刚开始都是贷款开工资。"

（三）管理失序与恶性竞争

坪头村旅游发展历史较短，在旅游发展初期游客大量涌入时，并未建立起较为完善的经营管理秩序。由于缺乏有效的制度约束，人们对公共资源的使用短期内几乎不承担成本，而限制自我使用所产生的收益却分散至所有使用公共资源的个体之上。因此，理性的个体在做决策时便不会主动考虑自身行为包含的所有社会成本，即个人的理性选择行为导致了集体的非理性[①]。在一段时间内，坪头村旅游经营管理失序和恶性竞争现象较为严重，主要表现为资源过度利用、村寨公共秩序部分失序和村寨公共福利供给不足。

旅游资源的过度利用和蜕化。大量的经营户随意排放服务接待过程中产生的污水、垃圾；部分户举行锅庄晚会时彻夜大声播放音乐；部分村寨居民在采摘李子的季节，直接将品质较差的李子倾倒在景观水渠中；为数众多的村寨居民为扩大经营面积，大量搭建彩钢屋顶。这些活动破坏了坪头村的生态环境、整体风貌，使村寨的民族性、乡村性退化。

村寨公共秩序部分失序。由于游客接待具有排他性和不可储存性：今天不接待，游客就会被其他接待户占有；同时今天的游客也不可能储存到明天接待。接待游客越多就意味着短期收益越高，这种个体行为容易导致拉客宰客、恶性竞争等非理性状况。村干部H告诉笔者："现在同质化竞争现象十分明显，一窝蜂地上、一阵风地死。我们原来接旅游社的团，价格越做越低，因为缺乏约束机制，恶性竞争，相互杀价，最低做过20元一间房的。"拉客宰客、恶性竞争最直接的后果就是村寨居民关系的失和。村民W2告诉笔者："有些人把拉来客人的车子故意停在路中间，造成拥堵；有些人跑到我门口卖给客人东西，抢旅行社的生意，久而久之旅行社不愿意安排团到这边了。"[②]

村寨公共福利供给不足。对于村寨旅游发展来讲，假设每户村民都积极改善接待设施设备、提高服务意识、爱护村寨环境，那么村寨的吸引力将会大大增强，所有村寨居民的福利都会增加。但事实是，被恶意压低的接待价格使服务质量无法保证，如果"我"付出努力提高服务质量而其他人不付出，则意味着"我"的付出可能会得不偿失；如果他人付出而"我"不付出，则"我"可

[①] 刘旺、孙璐、吴明星：《少数民族村寨旅游开发中的"公地悲剧"及其对策研究——以丹巴县甲居藏寨为例》，《开发研究》，2008年第1期，第126页。

[②] 2020年7月20日，对坪头村旅游经营者W2的访谈。地点：坪头羌寨。

以"搭便车"享受他人的成果。因此，每个理性的接待户最终都选择"不付出"。村干部 H 对此种现象表示担忧，他告诉笔者："价格低会造成什么问题呢？比如说我们的床上用品就可能不会一客一换，有可能一个星期才换一次，价格越低、质量越差，质量越差、价格越低，形成恶性循环……现在急于要摆脱外界对坪头形成的廉价低质形象。"[1] 这些现象致使村寨公共产品供给不足、公共福利无法提高，最终使整个村寨的旅游市场形象受损。

第四节 "三村"旅游业发展及其对乡村振兴贡献的整体评价与对比分析

一、整体评价

（一）"三村"旅游发展均受益于震后恢复重建

汶川特大地震是岷江上游羌族地区村寨旅游发展的转折点，初步发展的村寨旅游在灾害中受损严重，又在恢复重建中得到全面恢复并迎来新的发展。旅游重建被视为灾后重建的关键部分，《汶川地震灾后恢复重建总体规划》《汶川地震灾区发展振兴规划（2011—2015 年）》等文件对羌族村寨旅游业的重建和发展起到了特殊的引领和促进作用，一批羌族村寨走上旅游发展道路。从老人村、桃坪村、坪头村（后文简称"三村"）的旅游发展历程来看，除桃坪村震前已经发展旅游，老人村、坪头村都是在震后恢复重建过程中走上旅游发展道路的。在政府力量的主导下，大量的重建资源流向羌族村寨，其基础设施、旅游配套服务等不断完善。如广东佛山投入 10.71 亿元援建水磨镇，除建设学校、医疗、住房、饮水、道路等民生工程和基础设施项目外，还在老人村打造了西羌汇、春风阁、羌城、寿溪湖等旅游景观设施[2]；湖南投入 1.81 亿元对桃坪羌寨景点、服务功能配套、景区基础设施等进行建设，并新建由羌文化演

---

[1] 2020 年 7 月 20 日，对坪头村干部 H 的访谈。地点：坪头羌寨。
[2] 汶川县史志编纂委员会办公室：《"5·12"汶川特大地震汶川县抗震救灾志》，中国文史出版社，2013 年，第 265 页。

艺中心、博物馆、传习所、文化祭坛、广场以及羌族民居构成的新寨[①]；坪头村通过山西援建、银行贷款、群众自筹等方式，实施了羌族民俗民风特色资源景观化、品牌化建设，强化统一协调的建筑风貌，突出自然生态和传统文化景观。在灾后重建完成的最初几年，在重建成果、感恩、大爱等旅游主题刺激以及政策引导下，"三村"旅游都经历了一个快速发展阶段，使村寨居民获取了较好的旅游收益。

(二)"三村"旅游发展均注重羌族文化的挖掘与利用

保护和利用羌族文化是灾后恢复重建的重要工作之一。国家设立了羌族文化生态保护试验区，建立羌族文化数字博物馆等以促进羌族文化的保护、传承与利用。羌族文化全面融入羌族地区政治、经济、社会、生态建设的方方面面，在城乡风貌、景观打造、公共设施等建设上突出羌族文化特色，羌族的宗教信仰、建筑艺术、民俗节庆、歌舞艺术、手工技艺等得到了广泛传播[②]。"三村"在旅游发展过程中，都注重羌族文化的发掘与利用并取得了一定成效。老人村将羌族风貌元素融入城镇建设之中，促进羌族文化与南粤文化、川西民俗文化等多元融合。桃坪村将羌族文化与羌绣、文创、艺术展演、影视作品等结合，使传统文化产生了良好的经济价值，并进一步激发了村寨居民传承和保护本民族文化的意识。坪头村居民依托良好的农业发展基础，举办李子花文化旅游节、茂县有"李"羌脆李文化旅游节等活动，将羌族文化中的农耕元素与旅游产业结合，既使民族文化得到传承与发展，又提升了农产品价值。

(三)"三村"旅游发展为乡村振兴奠定了较好基础

旅游的发展为"三村"带来多重效益。旅游的介入改变了村寨传统的单一产业结构，生态、民俗、休闲、康养、运动、商贸等多种产业开始在村寨发展，并与旅游不断融合产生多种新业态，如生态旅游、农业观光旅游、民俗旅游、康养旅游等。产业发展、产业融合拓宽了村寨居民就业渠道，使居民收入来源增加。从"三村"居民就业与收入实际来看，居民就业渠道多元、兼业现象普遍，村寨居民人均可支配收入高于县域平均水平，在阿坝州也属前列。旅

[①] 《汶川特大地震理县抗震救灾志》编纂委员会办公室：《汶川特大地震理县抗震救灾志》，开明出版社，2016年，第211页。

[②] 张莞：《羌族地区旅游产业融合发展研究》，西南民族大学，2019年，第149页。

游发展也在客观上促进了村寨生态环境的改善，如老人村从高污染的重工业聚集地蜕变为环境优美的旅游村寨。发展旅游业需要当地不断完善交通、电力、通信、供水、污染物排放等基础设施，其建设标准甚至要高于一般村寨基础设施建设标准，这也在客观上促进了生态宜居村寨的建设。旅游发展使部分羌族优秀传统文化被激活并拥有了新的内涵，传统手工技艺、民俗节庆、音乐舞蹈艺术等有了新的发展平台。村寨居民对本民族文化的认同度不断提高，主动保护和传承优秀传统文化的意识逐渐加强。旅游的发展也影响着村寨治理。从"三村"旅游发展过程来看，基层党组织都发挥了示范引领作用，党员、基层干部在旅游发展中得到锻炼。同时，旅游发展使村寨社会结构多元，自组织、集体经济、合作社等在村寨治理中的作用日益明显，村寨治理逐渐从一元治理向多元共治转变。综合看来，旅游发展给"三村"的产业、经济、生态、文化及治理等方面带来多重效益，为乡村振兴奠定了较好基础。

（四）"三村"旅游发展受自然灾害影响严重

特殊的地理地貌、气候使岷江上游自然灾害频发。"三村"旅游业经汶川特大地震灾后恢复重建而迅速发展，但在后续发展中仍不断遭受自然灾害侵袭。地震、泥石流、山洪、暴雨、冰冻等灾害严重损坏村寨旅游基础设施，使旅游交通中断，部分旅游景区不得不停业进行抗险救灾。茂县"6·24"特大山体滑坡、"8·8"九寨沟地震使213国道一度中断，加之九寨黄龙景区的恢复重建，使坪头村游客量迅速下降，旅游经济严重受挫。"8·20"汶川特大山洪泥石流使老人村部分基础设施、景观被毁，村寨居民多年积累的财富损失惨重。同时，频发的自然灾害给游客的生命财产安全造成较大损失，部分潜在游客出于安全因素而不愿到岷江上游地区旅游，使村寨旅游市场受挫。

（五）"三村"旅游发展存有差异

因受灾程度、对口援建省市以及各村原有基础条件的差异，"三村"在旅游发展中又各有特色、存在差异。

老人村靠近震中，损失较大，各级政府和援建单位投入的重建资金较多，使这里迅速成为全国灾后重建的标杆。老人村的产业转型、业态布局相对完整，生态环境重塑、基础设施建设等方面总体效果较好，是阿坝州第一个4A级乡村旅游景区。但因其处于地震中心区，地质灾害对产业发展及人民群众生命财产安全造成了较大威胁。同时，因为羌族人口相对较少，当地在羌族文化的挖掘和利用方面存在一定问题。桃坪村在地震中受灾程度较其余两村稍轻，灾后重建中新寨的打造和老寨修复保护进一步扩展了其旅游发展空间，加之其旅游发展历程较长，文化资源积累厚重，产业发展总体较好。当前桃坪村旅游发展中暴露出的问题，多数是其旅游发展过程中多年积累形成的，其旅游发展成绩总体值得肯定。坪头村能迅速从传统农业村寨转型为旅游村寨，得益于灾后重建中的政策扶持。坪头村羌族文化比较厚重，农业发展基础扎实，文旅融合、农旅融合总体较好，旅游发展初期成效明显。但由于旅游经营管理秩序不完善，4A级景区摘牌、复牌波折，对其旅游发展造成了不良影响。

二、对比分析

（一）数据来源

2020年7月，根据"岷江上游羌族村寨旅游业发展评价体系"（见表4-2），笔者针对"三村"田野点进行第四次田野调查，通过查阅官方统计资料、深入访谈、发放问卷等形式获取相关数据（见表5-6）。其中，老人村发放问卷50份，收回44份，有效问卷44份，有效率为100%；桃坪村发放问卷50份，收回48份，有效问卷46份，有效率95.8%；坪头村发放问卷50份，收回48份，有效问卷45份，有效率93.7%。

问卷的发放对象主要包括村寨旅游经营者、村寨居民、村委干部、乡镇工作人员和对田野点情况比较了解的专家学者等。问卷包括基本信息、旅游发展与经济情况、旅游发展与村寨建设现状感知三个部分。基本信息包括性别、民族、年龄、文化程度和家庭基本信息等；旅游发展与经济情况主要包括家庭收入来源、旅游收入及家庭主要消费等情况；旅游发展与村寨建设现状感知部分主要包括村寨产业、生态、文化、治理等相关信息，邀请受访者进行主观评判。问卷采用李克特五级量表，对"非常同意""同意""中立""不太同意"和"反对"分别赋值5分、4分、3分、2分、1分。

表 5-6 岷江上游羌族村寨旅游业发展评价体系数据来源

目标层	准则层	指标层	数据来源
岷江上游羌族村寨旅游业发展及其综合贡献 A	产业子系统 B1	旅游资源禀赋条件 C11	田野调查、统计年鉴
		旅游接待总人数 C12	统计年鉴
		旅游经营单位数 C13	统计年鉴
		参与旅游经营农户比例 C14	统计年鉴
		涉旅农产品数 C15	田野调查、统计年鉴
		农产品加工企业数 C16	统计年鉴、农经报表
		产业合作社数 C17	农经报表
	收入子系统 B2	旅游收入占全村总收入比例 C21	统计年鉴、农经报表
		户均旅游年收入 C22	农经报表
		旅游收入占家庭收入比重 C23	农经报表
		人均年纯收入 C24	农经报表
		城乡居民收入差距比 C25	统计年鉴、农经报表
	生态子系统 B3	卫生厕所普及率 C30	农经报表
		自来水供给普及率 C31	农经报表
		宽带使用普及率 C32	农经报表
		生活污水处理率 C33	农经报表
		生活垃圾无害化处理率 C34	农经报表
		空气质量优良率 C35	统计年鉴
		居民环保意识程度 C36	田野调查
		卫生环境洁净度 C37	田野调查
		旅游基础设施满意度 C38	田野调查
		防灾减灾设施完善度 C39	田野调查
	文化子系统 B4	文化场馆数 C41	统计年鉴
		非物质文化遗产项目数 C42	统计年鉴
		村民业余文化活动丰富度 C43	田野调查
		村民对羌族文化的认可度 C44	田野调查

续表5-6

目标层	准则层	指标层	数据来源
岷江上游羌族村寨旅游业发展及其综合贡献 A	文化子系统 B4	村民对游客的友好度 C45	田野调查
		村民普通话熟练程度 C46	田野调查
		村民日常生活文明程度 C47	田野调查
	乡村治理子系统 B5	党员占村寨人口比例 C51	农经报表
		党群关系和谐度 C52	田野调查
		村民参与村寨事务积极度 C53	田野调查
		村民对村寨治安满意度 C54	田野调查

（二）数据处理

对照"岷江上游羌族村寨旅游业发展评价体系"，通过查阅统计数据和微观调查，或在统计和调查数据的基础上计算出相应的基础指标数据共 33 个。由于不同的统计指标、调查指标之间的度量单位不同，不能用一个统一尺度进行横向比较，相互之间缺乏可比性，因此需要按照统一的计算方法将它们转换为一套具有可比性的指数，即对不同基础指标进行标准化处理。具体而言，本书选取的岷江上游羌族地区村寨旅游业发展评价指标存在不同量纲，不适于进行综合评价。

首先，采用倒数逆变换法对原始数据中的逆指标进行正向化处理，即：

$$x'_{ij} = \begin{cases} x_{ij}(x_{ij} \geqslant 0) \\ \dfrac{1}{x_{ij}}(x_{ij} < 0) \end{cases} \quad (5-1)$$

然后，采用极差标准化变换法对数据进行无量纲处理，即：

$$x^*_{ij} = \frac{x'_{ij} - x_{i,\min}}{x_{i,\max} - x_{i,\min}} \quad (5-2)$$

其中，x_{ij} 为原始数据，x'_{ij} 为正向化处理后的值，x^*_{ij} 为标准化后的值，$i = 1, 2, \cdots, n$；$j = 1, 2, \cdots, m$。$x_{i,\min}$ 为 $x_1, x_2, \cdots, x_n$ 中的最小值，$x_{i,\max}$ 为 $x_1, x_2, \cdots, x_n$ 中的最大值。将基础指标数据代入上述公式，得到表5-7。

表 5-7 "三村"田野调查点指标数据无量纲化处理数值

指标	原始数据 老人村	原始数据 桃坪村	原始数据 坪头村	原始数据正向化 老人村	原始数据正向化 桃坪村	原始数据正向化 坪头村	最大值	最小值	正态标准化数据 老人村	正态标准化数据 桃坪村	正态标准化数据 坪头村
C11	3.511628	3.913043	3.666667	3.511628	3.913043	3.666667	3.91	3.51	0.00	100.00	38.62
C12	110	116	70	110	116	70	116.0	70.00	86.96	100.00	0.00
C13	120	78	248	120	78	248	248.0	78.00	24.71	0.00	100.00
C14	0.1679	0.4237	0.3208	0.1679	0.4237	0.3208	0.42	0.17	0.00	100.00	59.77
C15	2	4	5	2	4	5	5.00	2.00	0.00	66.67	100.00
C16	4	0	0	4	0	0	4.00	0.00	100.00	0.00	0.00
C17	2	8	4	2	8	4	8.00	2.00	0.00	100.00	33.33
C21	0.4832	0.4889	0.4702	0.4832	0.4889	0.4702	0.49	0.47	69.52	100.00	0.00
C22	2.1071	1.9209	2.3286	2.1071	1.9209	2.3286	2.33	1.92	45.67	0.00	100.00
C23	0.6698	0.6452	0.5822	0.6698	0.6452	0.5822	0.67	0.58	100.00	71.92	0.00
C24	1.3418	1.4876	1.5234	1.3418	1.4876	1.5234	1.52	1.34	0.00	80.29	100.00
C25	2.5721	2.337	2.2299	0.3887874	0.427899	0.4484506	0.45	0.39	0.00	65.55	100.00
C30	1	1	1	1	1	1	1.00	1.00	100.00	100.00	100.00
C31	1	1	1	1	1	1	1.00	1.00	100.00	100.00	100.00
C32	1	1	1	1	1	1	1.00	1.00	100.00	100.00	100.00
C33	1	1	1	1	1	1	1.00	1.00	100.00	100.00	100.00
C34	1	1	1	1	1	1	1.00	1.00	100.00	100.00	100.00
C35	0.973	0.997	0.984	0.973	0.997	0.984	1.00	0.97	0.00	100.00	45.83
C36	4.534783	4.395349	4.091111	4.534783	4.395349	4.091111	4.53	4.09	100.00	68.57	0.00
C37	4.674419	4.521739	4.266667	4.674419	4.521739	4.266667	4.67	4.27	100.00	62.56	0.00
C38	2.844186	3.26087	3.622222	2.844186	3.26087	3.622222	3.62	2.84	0.00	53.56	100.00
C39	3.844186	4.021739	4.088889	3.844186	4.021739	4.088889	4.09	3.84	0.00	72.56	100.00
C41	3	3	1	3	3	1	3.00	1.00	100.00	100.00	0.00
C42	1	26	2	1	26	2	26.00	1.00	0.00	100.00	4.00
C43	3.581395	3.695652	3.755556	3.581395	3.695652	3.755556	3.76	3.58	0.00	65.60	100.00
C44	3.890698	4.847826	4.566667	3.890698	4.847826	4.566667	4.85	3.89	0.00	100.00	70.62
C45	4.634884	4.522222	4.76087	4.634884	4.522222	4.76087	4.76	4.52	47.21	0.00	100.00
C46	3.355556	3.347826	3.348837	3.355556	3.347826	3.348837	3.36	3.35	100.00	0.00	13.08
C47	4.565217	4.534884	4.488889	4.565217	4.534884	4.488889	4.57	4.49	100.00	60.26	0.00
C51	0.0567	0.0749	0.0563	0.0567	0.0749	0.0563	0.07	0.06	2.15	100.00	0.00
C52	3.976744	4.173913	4.355556	3.976744	4.173913	4.355556	4.36	3.98	0.00	52.05	100.00
C53	3.595349	3.173913	4.155556	3.595349	3.173913	4.155556	4.16	3.17	42.93	0.00	100.00
C54	4.755556	4.608696	4.651163	4.755556	4.608696	4.651163	4.76	4.61	100.00	0.00	28.92

（三）评价结果

由第四章岷江上游羌族村寨旅游发展评价指标体系的各项权重，可以计算得出"三村"田野调查点村寨旅游业发展得分（见表5-8）。

表5-8 "三村"田野调查点村寨旅游发展评价结果

目标层	指标层	老人村 指标得分	老人村 目标层得分	桃坪村 指标得分	桃坪村 目标层得分	坪头村 指标得分	坪头村 目标层得分
产业子系统B1	C11	0.00	12.22563	7.71	25.86883	2.98	11.41446
	C12	9.87		11.35		0.00	
	C13	0.94		0.00		3.82	
	C14	0.00		4.42		2.64	
	C15	0.00		1.01		1.52	
	C16	1.41		0.00		0.00	
	C17	0.00		1.38		0.46	
收入子系统B2	C21	2.27	16.54975	3.27	19.42992	0.00	16.92581
	C22	3.00		0.00		6.57	
	C23	11.28		8.11		0.00	
	C24	0.00		6.86		8.55	
	C25	0.00		1.19		1.81	
生态子系统B3	C30	0.87	7.351184	0.87	10.26262	0.87	10.52466
	C31	1.19		1.19		1.19	
	C32	0.36		0.36		0.36	
	C33	0.85		0.85		0.85	
	C34	0.83		0.83		0.83	
	C35	0.00		0.45		0.21	
	C36	0.38		0.26		0.00	
	C37	2.87		1.80		0.00	
	C38	0.00		2.42		4.52	
	C39	0.00		1.24		1.70	

续表5－8

目标层	指标层	老人村 指标得分	老人村 目标层得分	桃坪村 指标得分	桃坪村 目标层得分	坪头村 指标得分	坪头村 目标层得分
文化子系统 B4	C41	0.50	4.300691	0.50	8.600603	0.00	7.424305
	C42	0.00		1.19		0.05	
	C43	0.00		0.95		1.45	
	C44	0.00		4.68		3.30	
	C45	1.21		0.00		2.57	
	C46	0.45		0.00		0.06	
	C47	2.14		1.29		0.00	
乡村治理子系统 B5	C51	0.01	3.635835	0.65	2.262241	0.00	8.075215
	C52	0.00		1.62		3.11	
	C53	1.92		0.00		4.48	
	C54	1.70		0.00		0.49	
总得分		44.06		66.42		54.36	

计算结果显示，桃坪村综合得分66.42分，为三村之最；其次是坪头村和老人村，得分分别为54.36、44.06。

从产业子系统来看，桃坪村的旅游资源禀赋条件、旅游接待人数、参与旅游经营的农户比例以及产业合作社数量明显优于其余两村，显示了其作为岷江上游旅游发展历史最长、资源禀赋优势明显、市场品牌相对突出村寨的优势。坪头村在旅游发展规模和涉旅农产品方面具有一定优势。截至2019年末，坪头村已有248户直接参与旅游经营，接待床位达4200余张。同时，农业作为坪头村的传统优势产业，青脆李、苹果、樱桃、蔬菜、花椒等传统农产品在旅游发展中实现了增长，在农旅融合方面具有一定优势。老人村位于川西高原与成都平原的交接地带，距离成都、重庆等客源市场最近，商贸相对发达。茶叶是水磨镇优势农产品之一，作为区域商贸主要集散地之一的老人村，有茶叶加工企业四家，这也是三个村寨中唯一具有农产品二次加工能力的村寨。

从收入子系统来看，三个田野调查点差距较小。旅游收入占全村总收入的比重接近50%；从旅游经营户来看，旅游收入是家庭收入的主要组成部分，说明旅游产业已经成为村寨的第一产业，成为村寨收入的主要来源。虽然旅游发展大幅提高了村寨居民的收入，但与城镇居民相比还存在一定差距，在缩小城乡收入差距方面还存在一定空间。

从生态子系统来看，三个田野调查点在卫生厕所、自来水供给、生活污水处理、生活垃圾无害化处理等方面的基础设施水平接近，旅游发展对人居环境改善情况较为明显。老人村村寨居民的环保意识程度和卫生环境洁净度最高，桃坪村和坪头村次之。有部分村寨居民环保意识不强，在农业生产、旅游接待中不能规范处理生产生活垃圾。从地理环境角度看，老人村降水量大，滑坡、泥石流等灾害对旅游基础设施的破坏较大，尽管政府在防灾减灾、旅游基础设施恢复重建等方面投入较大，但与村寨居民的期望还存在一定差距。自然灾害侵袭仍是影响当地居民生产生活的重要因素之一。

从文化子系统来看，旅游发展有助于促进村寨文明，村民对游客的友好程度、普通话熟练程度和日常生活文明程度有所提升，老人村和坪头村在这几方面得分较高。文化是民族村寨的核心旅游资源之一，桃坪村羌族文化资源富集，在建筑、民俗等方面具有先天优势，如村内非物质文化遗产项目就达26项，而老人村和坪头村分别只有1项和2项。民族文化在旅游发展中的有用性客观上提升了村寨居民对民族文化的认同度，桃坪村、坪头村作为传统羌族村寨，羌族人口比例高，村寨居民对民族文化的认可度以及村民业余文化活动丰度程度均较高。老人村尽管在旅游发展中被打造成为羌族村寨，但其羌族人口比例低，民族文化发掘与传承不足，村寨居民对民族文化的认可程度相对较低。

从乡村治理子系统看，坪头村得分最高，其次为老人村和桃坪村。强有力的基层党组织是村寨组织振兴的关键。尽管坪头村党员数量占村寨人口比例相对较小，但在震后重建和发展旅游的过程中，村委班子成员的社会资本、经济资本、人力资本相对较强，充分发挥了带头作用，在村寨中较有号召力。同时，在政府和村委的引导下，村寨居民积极参与村寨事务，党群关系和谐程度较高。桃坪村在旅游发展过程中，县、乡以及旅游公司等多方力量长期介入，村寨自主决策、内生发展能力客观上受到挤压，党员及村寨居民参与村寨事务的积极性相对较低。

本章小结

本章采用定性与定量研究相结合的方法对岷江上游羌族地区三个田野调查点（老人村、桃坪村、坪头村）的村寨旅游业及其对乡村振兴的贡献进行了个案分析。旅游发展促进了村寨产业转型，形成农、文、商、旅多产融合的格局，促使传统产业价值递增，使产业要素就地重聚，拓展了村寨居民收入渠道，提高了居民收入。旅游发展使村寨的基础设施、人居环境大幅改善，促成了生态宜居村寨的形成。旅游业的发展增强了村寨居民对民族文化的认同，村民逐渐从文化有用性向文化自觉过渡，主动承担起文化传承与发展的任务，使当地形成了民族文化多维保护与传承的格局。同时，旅游业发展也锻炼出一批村寨能人。基层党组织在旅游发展与村寨治理中扮演重要角色，一些"因旅而生"的自组织正在形成，村寨内生治理能力逐步提高。但是，在乡村振兴进程下，自然灾害侵袭、民族文化与旅游浅层融合、外部力量过度介入村寨治理、耕地锐减、产业盲从等因素是制约村寨旅游进一步发展的重要因素，在岷江上游羌族地区村寨旅游发展中，这些阻碍因素应引起人们必要的关注。

第六章　岷江上游羌族村寨旅游业优化发展思考

第一节　岷江上游羌族村寨旅游业发展的经验

一、同步推进乡村振兴战略与村寨旅游业发展

乡村振兴是涉及乡村产业、生态、文化、治理、人才等方面的全面振兴，是当前及今后较长一段时间农村发展的总体方略。旅游业作为典型的复合型产业，具有涉及行业广、综合带动作用大等特征，而民族村寨旅游业本身具备的产业发展、经济富民、文化传承、生态保护、民族团结等多重效应与乡村振兴的战略要求具有高度一致性。

旅游业是岷江上游羌族地区优势产业之一，在社会主义新农村建设、汶川特大地震灾后重建、精准扶贫等事业推进过程中，各级政府把旅游发展置于突出位置，将旅游发展与区域经济社会各项建设同步推进。乡村振兴战略提出以来，村寨旅游迎来新的发展契机，各级政府在基础设施建设、村寨环境治理、文化挖掘利用、基层治理等方面多维促进村寨旅游发展。在乡村振兴示范村建设、乡村振兴规划等工作中亦将村寨旅游发展置于突出位置。目前，岷江上游羌族地区已有近百个村寨直接参与旅游发展。在空间分布上，羌族旅游村寨已从沿交通干线集聚逐步向相对偏远的纵深区域延伸，空间带动效应逐步显现；产业形态上已从传统的食宿接待逐步向康养、休闲、度假等中高端产业形态转型，产业带动作用日益明显；市场方面，逐渐从团队游客市场向自驾、休闲、康养游客市场扩散，形成了一定的品牌效应。实践证明，岷江上游羌族村寨旅游与乡村振兴正同步推进，村寨旅游业已经成为促进区域乡村振兴的有效途径之一。

二、差异化的村寨旅游业发展策略

岷江上游羌族村寨旅游业在发展初期主要依靠九寨沟、黄龙等传统核心景点带动，多集中分布在景区周边和交通沿线，以食宿接待为主。受频发的自然灾害以及旅游目的地生命周期等因素影响，核心景点的带动作用逐渐减弱，旅游发展后劲不足现象日益明显，传统食宿接待型旅游村寨客源不稳定，利润空间进一步缩小。

岷江上游丰富的地形地貌与多元的人文环境造就了类型丰富的羌族村寨，资源禀赋的差异促使村寨旅游业必须走差异化发展之路。老人村原为高污染、高耗能的重工业聚集地，环境污染严重。在发展旅游过程中，通过工业外迁，依托处于阿坝州门户位置的区位优势，发展商贸、运动、康养旅游，实现生态、产业的有机结合。桃坪村依托丰富的文化遗存，走文旅融合之路，在非物质文化遗产保护、民俗展演、文化传承等方面特色较为明显。坪头村利用靠近城镇以及农业发展优势，将农业、康养等与旅游结合，走农旅融合、康旅融合发展道路。本书对三个案例村的实证研究表明，在不同的村寨，旅游业发展可以有不同的发展路径与模式，且都可取得成功。

三、村寨旅游业发展对乡村振兴具有综合贡献效应

岷江上游羌族村寨旅游业经过二十余年的发展，已经具备一定的规模和效益。在乡村振兴战略进程下，村寨旅游发展在产业发展与村民增收、生态宜居、文化保护与利用、乡村治理等方面具有综合贡献效应。

1. 产业发展与村民增收

从区域宏观层面来看，村寨旅游的规模效应正在显现。近百个村寨将旅游作为其主导或优势产业，产业的规模化、集群化正在形成，村寨旅游业已经成为岷江上游羌族地区旅游经济的增长极之一，更是区域国民经济增长不可或缺的部分。从村寨微观角度来看，旅游业的介入改变了村寨产业结构，餐饮、文化、康养、电商等第三产业不断壮大，以工艺品制造、农产品加工等为代表的第二产业也逐步发展。同时，旅游业本身所具备的高关联性和互动性的特征促使村寨产业融合发展，对于促进村寨产业链延伸、供应链多元和价值链提升有重要作用。目前，岷江上游羌族村寨充分依托自身资源，发展特色农产品、特色餐饮、民族手工艺品、文化展演、旅游节事活动等，促进农业、文化、商

业、体育等产业与旅游业融合。

村寨旅游业发展为村民创造了增收机会。一方面，村寨旅游业发展带来的餐饮住宿、文化展演、旅游设施维护、基础设施建设、工艺品制造等需求拓宽了村寨居民就业渠道。另一方面，部分村寨居民通过经营、入股、出租等方式参与旅游发展，获取了一定的经济收益。田野调查也显示，旅游发展使村寨居民兼业现象增多，部分村寨居民依靠旅游摆脱了贫困，通过多元参与旅游发展实现了家庭财富增长。

2. 生态宜居与村寨旅游协调发展

村寨的生态宜居包括整洁的村容村貌、优美的生态环境、怡人的居住条件等，蕴含着生产、生态、生活融合发展的内在要求。旅游业对当地接待设施、公共环境、安全舒适度等方面本身就有较高要求，这也是国内各地乡村旅游兴起后使当地人居环境得到改善的直接原因。乡村振兴战略进程下的旅游村寨建设，不是简单的对旅游服务设施的建设与维护，而是要突破规划建设内容上的"板块化"，把村寨旅游发展诉求与促进村寨生态建设、推动村寨自然资本增值、提高村寨居民居住环境质量等要求结合起来，统筹安排功能分区和业态布局，使岷江上游羌族地区生态特色和绿色优势成为村寨旅游业发展的强大动力。

从生态保护方面来看，岷江上游羌族地区在生物多样性保护、涵养水源、保持水土、维系生态平衡等方面具有特殊地位，走生态发展之路既是生态环境的硬性约束，也是产业发展的现实需求。将生态优势转化为发展生态经济的优势，提供更多更好的绿色生态产品和服务，促进生态和经济的良性循环，提供绿色生态产品是岷江上游羌族村寨旅游业的重要组成部分，如村寨中已有的种植生态水果、有机蔬菜、道地药材，发展观光农业、康养、运动、休闲游憩等旅游项目。一些村寨在走上旅游发展道路之后，当地的生态环境保育得到明显改善。如老人村在震前是高污染、高能耗的重工业集聚地，工业废水、废料已经严重威胁当地的生态环境。发展旅游业后，老人村的村寨基础设施、生态环境发生根本性转变，从污染重镇脱胎为5A级旅游景区，旅游业对区域的生态保护促进作用明显。

从人居环境改善来看，岷江上游羌族村寨旅游业发展结合了灾后恢复重建、社会主义新农村建设和精准扶贫工作，同步推进村寨基础设施建设，改善了当地的人居环境。对县乡村公路的改造升级，缓解了偏僻村寨交通出行的困难，加强了村寨与外界的联系；通过大力发展沼气、太阳能等新能源，以及实施改厕、改厨、改圈等工程，改善了居民的居住条件；通过政府购买生态服务的形式，对村寨生活垃圾实施集中处理，减少了村寨中的环境污染。

3. 非物质文化遗产的生产性保护

非物质文化遗产是流动的、活态的，非物质文化遗产保护的根本目的在于存续"活态传承"，这是衡量非物质文化遗产保护方式合理性的基本准则[①]。尽管文化的商品化对民族传统的负面影响一直为大家所诟病，但不可否认的是，文化的商品化也促进了民族文化的保护与传承[②]。

羌族拥有独特的习俗、工艺、节庆、服饰、饮食等非物质文化遗产。随着生活环境的变迁，这些非物质文化遗产面临着生存危机。村寨旅游的发展，使村寨中一些几乎被遗忘的传统习俗和文化活动得到恢复，传统的手工艺品因旅游市场需求的扩大重新得到发展，传统的音乐、舞蹈、戏剧等也受到重视和发掘，长期濒临毁灭的历史建筑也得到维护和管理。总体看来，岷江上游羌族地区在发展村寨旅游的过程中，走的是一条政府引导、社区参与的生产性非物质文化遗产保护之路。

政府的引导作用主要体现在市场培育与宏观调控上。羌族的一些传统手工艺具有复杂的程序与技艺，其生产能力与产品创新需要一定时间，如果完全依照自由竞争的市场原则，其生产规模、经济效益以及社会影响方面都难以达到较好的效果。政府通过政策倾斜、资助传承人、建立传习所、培育生产企业、扶持新型经营主体等方式扶持羌族传统手工艺。在羌绣的传承过程中，政府通过资助传承人、对生产企业提供优惠政策等措施，逐步拓展羌绣市场，为其生产性传承创造有利的外部条件。除了对非物质文化遗产项目生产性保护给予指导，政府也在宣传、技艺培训等方面予以羌族手工艺支持，如联合西南民族大学、阿坝师范学院等高校进行非物质文化遗产项目培训、产品研发，开展传承人和项目进校园活动等。

村寨居民参与非物质文化遗产生产性保护主要表现为活态展示，具体可分为表演性展示、活动性展示和社区展示，村寨居民都是展示的主体。表演性展示一般依托舞台，通过乐曲、剧本、歌舞等形式再现文化遗产，如茂县古羌城演出的大型羌族原生态歌舞《羌魂》，牛尾村的铠甲舞、多声部合唱等。活动性展示一般以文化元素为主体，组织居民和游客参与其中，亲身体验文化内涵。如羌历年、瓦尔俄足、央儒节、婚礼等节庆主题活动，均是如此。社区性

---

① 祁庆富：《存续"活态传承"是衡量非物质文化遗产保护方式合理性的基本准则》，《中南民族大学学报（人文社会科学版）》，2009年第3期，第3页。

② 吴其付：《民族旅游与文化认同：以羌族为例》，人民出版社，2015年，第80页。

展示一般以村寨居民为主体，以村寨居民的生活文化为内容，展示依然活跃在村民日常生活中的文化遗产，如羌绣、羌雕，羌族传统美食制作等。

4. 村寨旅游与乡村治理并行发展

岷江上游羌族村寨旅游业发展对区域基层治理具有促进作用。第一，村寨旅游业一般由村干部、党员带头示范发展，对村寨居民具有带动作用。第二，旅游发展在对基层党组织的能力提出挑战的同时，也提升了党员、干部的能力，增强了基础党组织的战斗力、凝聚力，如坪头村就在旅游发展过程中壮大了基层党员队伍，增强了党员干部能力。第三，旅游业发展加强了村寨居民与外界的交流与互动，促进了民族的交流与交融，使岷江上游各族村民的中华民族共同体意识进一步强化，对维护社会稳定和国家安全做出了贡献。

四、不同类型的村寨旅游对乡村振兴的贡献存在差异

从对前文三个案例村的研究可以看出，不论是村寨旅游业整体发展情况还是旅游业内部发展各项指标，对乡村振兴的贡献均存在差异。从村寨之间的横向比较来看，桃坪村旅游发展对乡村振兴的贡献程度最大，坪头村、老人村次之。从旅游业发展的各项指标来看，桃坪村旅游在产业、收入、文化等方面对乡村振兴的贡献程度均高于老人村和坪头村；坪头村在生态和乡村治理方面存在优势。

村寨旅游业对乡村振兴贡献的差异是由多重因素导致的，如村寨的旅游资源、区位条件、参与主体、形成机理等。这些因素的差异也是村寨旅游业发展在路径和模式上存在差异的主要原因。不同类型的羌族村寨旅游业对乡村振兴的贡献存在差异，也从侧面说明了各地旅游发展的不平衡、不充分。因此，政府在乡村振兴战略的实施过程中，需要因村制宜、分类施策。

第二节　岷江上游羌族村寨旅游业发展的问题探析

一、旅游业发展后劲乏力

从外部旅游市场来看，岷江上游羌族村寨旅游业发展与阿坝州的旅游产品结构密切相关，其从肇始到发展都明显受区域核心景区的影响。从正面看，九

寨沟、黄龙等核心景区的繁荣带动了沿线村寨旅游的发展；但从反面看，核心景区也对村寨旅游造成遮蔽效应，不利于其深度发展。这种单线繁荣给区域旅游发展埋下隐患，当受到地震、洪水等自然灾害以及自身生命周期等因素的影响时，整个区域的旅游发展都陷入被动。另外，随着全域旅游全力推进，游客可选择的目的地进一步增多，地域更广、文化神秘多样的藏族文化区以及汉地层出不穷的旅游新业态，使得岷江上游羌族村寨旅游面临更激烈的市场竞争。

从区域内生推动能力来看，岷江上游羌族地区经济社会发展总体滞后，产业发展层次偏低。整个区域城镇少、规模小，缺乏较有实力的经济中心，城市的经济、金融、信息、交通、科技等服务功能不完善，对乡村的辐射扩散效应不足，城乡之间要素流动动力不足，难以形成有效的区域旅游消费市场。汶川特大地震是巨大的灾难，但也为岷江上游羌族村寨旅游发展带来契机，汶川、理县、茂县的基础设施和土地整合在灾后重建时期都得到极大的提升和完善。在将旅游业作为恢复重建的先导产业这一大背景下，岷江上游羌族村寨旅游在国家政策引导和社会各界的支持下获得快速发展。但随着各界对地震的关注热度逐渐退却，在震后十多年后的今天，岷江上游羌族地区村寨旅游尚未形成可持续的发展效应。例如坪头村、老人村等村寨在灾后重建中通过发展旅游实现了经济、社会等效益的明显增长，但在脱离特殊时期的政策支持后，明显表现出后劲乏力。

从产品的塑造来看，产品的低层次化、同质化现象依然存在，产品规模与质量不协调。旅游业具有关联度高、带动性强等特点，对于民族地区而言，旅游业成为地方政府和群众脱贫致富、振兴产业的主要选择之一。在震后恢复重建、新农村建设、精准扶贫等工作推动过程中，村寨旅游在一定程度上被视作一项社会事业迅速推进。诚然，发展旅游使部分村寨产业升级，促进了村寨居民增收。但发展旅游业本质上是一种市场行为，具有一定的准入条件和必须遵从的市场规律。在这个过程中，部分旅游村寨打造仓促，产品的内涵与特色不足，使其缺乏足够的市场吸引力。特别是对羌族文化的浅层认识和理解，直接导致当地只能销售给游客一种符号表象，使其无法通过凝视去了解甚至创造丰富的符号意义。这种重建、重构的符号化民族文化既影响文化传承，也证明这种旅游发展方式的表象化、低级化和不可持续性。

从旅游产品生命周期的角度来看，一方面九寨沟、黄龙等传统热门景点近年来发展速度放缓，对区域旅游的带动作用下降；另一方面，部分羌族村寨旅游景点因自身的产品生命周期原因，旅游经济增长放缓，显示出疲态。

同时，旅游业的发展需要投入大量资源，在政府及部分"带头人"的带动下，村寨居民纷纷携大量资金、人力、物质资源投身旅游发展，而一些村寨的传统产业则难以获得有效的资源投入。以农业为例，旅游产业短期收益较高，在经济利益的驱使下，部分村民选择放弃农业生产，甚至不惜占用耕地大兴土木。笔者在田野调查中发现这种现象并不罕见，旅游基础设施建设占用了老人村绝大部分耕地，桃坪村耕地撂荒，坪头村部分村民已经完全无可耕之地。当旅游市场出现波动时，部分村民的旅游经营就会陷入困难，这既使宝贵的土地资源未充分发挥其效用，也使村寨传统产业被"挤出"，进而又影响村寨旅游产业的可持续发展。

二、新型经营主体发育迟缓

新型农业经营主体是推动农村产业兴旺的"领头羊"，是构建现代化农业产业体系、生产体系、经营体系的重要参与者、贡献者和引领者，也是推进农业产业化经营、健全农业社会化服务体系的积极践行者甚至引领者[①]。

在岷江上游羌族旅游村寨中，虽然成立了一定数量的农民专业合作社，但大多数合作社还处于产品初级生产阶段，在产品研发、营销、服务拓展等方面鲜有涉及。同时，农民专业合作社设立门槛较低，在资产运营的稳定性、产业经营管理规范性等方面存在不足，导致其在市场博弈中处于不利位置。从老人村、桃坪村、坪头村三个田野点的情况来看，已有的农民专业合作社在规模化生产、产业化运营、服务能力增强以及促进村寨居民增收等方面功能不明显，有的合作社甚至处于"空壳"状态，对村寨旅游产业的带动作用不明显。从企业来看，岷江上游羌族地区企业存在"小、散、弱"特征，龙头企业较少，中小企业实力普遍较弱，其竞争力和产业带动能力有限。在现有旅游村寨中，有部分村寨没有企业进驻，而部分村寨旅游经营权经历数次更换，难以形成长期的、稳定的发展规划和运营管理。集体经济方面，岷江上游羌族地区旅游村寨集体所掌握的资源十分有限，加之缺乏行之有效的集体经济运营制度，不论是在规模上还是在质量上，多数村寨的集体经济发展十分缓慢。像老人村、桃坪村这些旅游发展相对较好村寨的集体经济也十分有限，在提升村寨居民收入、改善村寨公共服务等方面的作用不明显。

村寨集体经济、合作社、龙头企业等新型经营组织发育不足，使政府在旅

---

① 姜长云：《乡村振兴战略：理论、政策和规划研究》，中国财政经济出版社，2018年，第201页。

游推介上占据绝对主导地位。但政府部门的市场意识、专业眼光与商业思路有限，在旅游推介上具有局限性。同时，由于民族文化背景与社会认知的差异，外来资本的进入也屡屡受挫，使当地难以保持稳定的、可持续的经营思路。这些因素的叠加，使岷江上游羌族地区村寨旅游业难以在游客心中形成鲜明、持久的印象，市场知名度与影响力难以进一步提升。

三、旅游管理机制不完善

岷江上游羌族村寨旅游业的开发、经营、管理形式各异，涉及利益主体多元——主要包括政府、企业、村委、村寨居民、外来经营户以及游客。建立协调各方利益的机制是村寨旅游管理的重点。

第一，由于参与旅游业的各方在村寨旅游资源的所有权、经营权以及参与决策权力等方面存在分歧，利益各方角色定位不明晰，村寨旅游经营矛盾频发。如由于村寨自然资源产权的不明晰和旅游市场的不完全竞争性，参与者对村寨自然资源的使用往往出现付费极低或者无偿使用的情况，旅游经营者为了实现利益最大化而采取掠夺性的开发利用，造成了自然资源的内在保护无力，排斥了市场竞争条件下旅游资源的合理配置。

第二，由于管理机制的不完善，部分旅游村寨私搭乱建、倾倒垃圾、拉客宰客、恶性竞争等现象时有发生，对村寨资源、环境以及市场形象也造成不利影响。牟托村、坪头村、桃坪村、萝卜寨、老人村等村寨都发生过多次经营权转让，利益各方矛盾重重，甚至时有发生极端事件，致使村寨难以形成长期、稳定的发展规划和运营管理思路。

第三，由于区域经济社会发展相对滞后，龙头企业数量不足，岷江上游部分羌族旅游村寨多由政府主导开发。政府主导型的村寨旅游发展模式在资金筹措、基础设施建设、市场拓展等方面具有优势，但也存在政府长期直接管理、深度介入旅游经营活动的现象。政府在村寨发展思路、基本建设、利益分配等方面与村寨居民存在分歧，使村寨居民参与旅游发展的积极性减弱，部分村寨居民存在不满情绪。

四、村寨防灾减灾救灾能力不足

岷江上游羌族地区大多处于高山峡谷地区，频发的洪水、泥石流、滑坡、地震等灾害极大地影响了村寨旅游的发展。

村寨旅游防灾减灾救灾能力不足主要表现在两方面。一方面是防灾减灾救灾基础设施建设不足。目前部分旅游村寨应急避险场所建设不足、设施不完备，对突发自然灾害的应急避险能力有限。在2019年8月岷江上游特大山洪泥石流灾害中，部分旅游村寨应急避险、疏散场所不足，给游客和群众的生命财产安全造成损失。另一方面是防灾减灾机制不完善。目前，大部分旅游村寨建立了兼职灾害观察队伍，但其预警能力大多建立在村寨居民传统的生产生活经验上，且各人灾害认知能力参差不齐。尽管人工预警有一定预警作用，但在复杂的灾害形势面前，其发挥的作用十分有限。同时，景区对村寨居民及游客防灾减灾救灾意识的引导也存在不足，不正确的避灾方式也会造成村民和游客的生命财产损失。

第三节 岷江上游羌族村寨旅游业发展的制约因素

制约岷江上游羌族村寨旅游业发展的因素较多，既有共性因素也有个性因素。共性因素方面，有受制于人力、土地、资金等因素而导致的旅游发展后劲乏力，有产权落实不到位和制度设计不完善导致的管理失序、新型经营主体发育迟缓等，有自然灾害频发、基础设施建设不足导致的防灾减灾救灾能力不足等。个性因素方面，有村寨原子化、村寨缺乏有效组织，政府长期深度介入旅游经营引发村寨居民不满情绪等。

一、人力资本欠缺

20世纪60年代以来，经济学家舒尔茨、贝克尔、罗默、保罗·道格拉斯以及数学家柯布等深入论证了人力资本投入和人力资本积累在经济社会发展中的重要作用。

从岷江上游羌族村寨旅游业发展实际来看，景观、住宿、餐饮、交通、通信等"硬"条件的改善见效较快，但因"人"带来的诸如管理、服务、创新等方面的问题则难以在短时间内获得明显改善。第六次全国人口普查结果显示，阿坝州的文盲率高于全省平均水平，中老年群体中文盲、半文盲率较高，对科学知识的接受能力较弱。较低的人力资源水平限制了村寨旅游的进一步发展。从政府管理者的角度来看，岷江上游羌族地区旅游部门的负责人多从教育、文化、农业等行业转任而来，与旅游管理或经济管理有关专业出身的管理人员占比较少。同时，管理者的受教育程度总体偏低，有全日制专科及以上学历的管理者也较少。从村寨旅游从业人员的角度来看，青壮年从业人员比例较小，部分村寨居民思想观念保守，对外部异质性的资源和观念采取排斥或观望态度，加之当地旅游管理或服务培训不足，从业人员的专业知识技能存量水平偏低，总体素质不高。从村寨一般居民的角度来看，尽管他们并不直接从事旅游业，但其本身既是村寨旅游资源的重要组成部分又在一定程度上间接参与旅游活动，其文化素质、旅游意识及态度会直接影响到村寨旅游产品的质量、旅游氛围以及游客的体验。

二、土地资源制约

村寨旅游以及相关产业的发展，离不开土地资源的支撑。尽管岷江上游土地资源总量十分丰富，但以林、牧草地居多，耕地、园地面积小且呈分布不均、细碎化特征，加之地震、泥石流、滑坡等自然灾害损坏以及退耕还林、退牧还草、禁止天然林采伐等国家生态政策的实施，实际可供开发利用的土地资源并不多。笔者2019年8月在汶川县映秀、银杏、漩口、三江等地调研时发现，这些地区人均不足三分地的村寨众多，个别村寨可利用的土地面积甚至不足百亩，产业发展、基本建设用地捉襟见肘。

土地是农村最重要的资产，盘活和充分利用土地资源是实现乡村振兴的重要手段[①]，农地流转已成为促进农地资源合理配置和生产要素合理流动的有效途径，有利于农业增效、农民增收[②]。与自然原因约束导致土地资源不足的村寨不同的是，部分村寨则是因居民思想意识、政策等导致耕地撂荒、宅基地荒废、房屋空置，使土地资源难以合理配置，造成资源闲置。具体来说，一方面受城乡二元体制影响，部分"进城上楼"村民的市民化进程缓慢，本应由城市提供的社会保障功能被迫转移到农村土地之上，部分村民将老宅、土地作为其保底资源，形成"人走地荒"的局面。另一方面，土地产权界定不清、权能残缺等多重因素，使土地流转和进入市场受到很大限制，这样既无法满足村寨居民土地流转的预期收益，也使龙头企业、专业合作社等经营主体难以获取土地资源，从而制约了村寨旅游产业的发展。在田野调查中，坪头村、桃坪村部分

---

① 贺鲲鹏：《论农村宅基地"三权分置"改革的必要性与实现路径》，《农业经济》，2020年第8期，第86页。

② 张勇、包婷婷：《农地流转中的农户土地权益保障：现实困境与路径选择——基于"三权分置"视角》，《经济学家》，2020年第8期，第120页。

村寨居民就表示不愿将闲置土地流转出去。

三、资金制约

金融是经济的血脉，实施乡村振兴战略离不开金融的支持。目前，岷江上游羌族地区村寨居民参与旅游经营的资金主要来自个人家庭积蓄、亲戚朋友借款，但区域经济发展水平总体较落后又致使村寨居民个人储蓄不足，资金短缺是其参与旅游发展的短板之一。如何将金融活水有效引流到农户创业活动中，已成为培育农村经济发展内生动力的关键议题①。

从政府方面来看，近年来岷江上游羌族村寨旅游业多在灾后重建、脱贫攻坚等工作推动下同步发展，其资金项目多由政府包揽直接推进，市场跟进不足，社会金融机构对资金的市场化运作要求与政府重建、扶贫等事业的推进存在一定冲突，二者难以形成有效机制。同时，岷江上游羌族地区本级财政收入严重依赖上级财政转移支付，在脱离特定政策支持后，可持续用于村寨旅游方面的资金逐渐减少。村寨居民大多收入不稳定、财产性收入较少，除房屋外，大多数村民可用于融资抵押的资产不多，可用的村寨房屋因材料差别较大而难以评估，部分金融机构规定村寨居民贷款需公职人员担保，无形中提高了村寨居民借贷门槛。对金融机构而言，涉农金融业务具有"期限短、覆盖广、笔数多、单笔金额小"等特征，高成本、低利润使农村传统金融业务陷入困境②。

田野调查显示，像坪头村、桃坪村这些旅游发展相对较好的村寨都不同程度存在资金困难问题。村民从政府或金融机构争取到的资金支持大多在5万元以下，部分村民则通过"流转"耕地、民间借贷等形式筹措资金以维持旅游经营。

四、自然灾害的影响

岷江上游羌族地区地处龙门山地震活跃带，加之高山、深切河谷的地形，为洪水、泥石流、滑坡等灾害创造了条件。近年来，岷江上游羌族村寨旅游受自然灾害影响严重。2017年九寨沟地震、茂县"6·24"特大山体滑坡、2019

---

① 马小龙：《乡村振兴背景下金融支持农户创业的现实困境与路径破解》，《西南金融》，2020年第10期，第36页。

② 陈东平、丁力人：《契约理论视角下金融服务乡村振兴现实困难与实践探索》，《现代经济探讨》，2020年第7期，第118页。

年汶川"8·20"强降雨等灾害使道路、通信、电力、供水等基础设施损毁严重,旅游经营活动被迫中断。自然灾害带来的安全问题在给岷江上游羌族地区造成极大经济损失的同时,也对游客的心理产生持续影响,旅游安全成为影响区域旅游发展的关键因素。另外,2008年汶川特大地震给国人的影响是深远的,中国人对风水命理的重视和向生讳死、趋利避害心理,将会对游客决策产生消极影响[①]。因此,受地理、气候等自然条件和游客心理等因素的制约,岷江上游羌族村寨旅游发展呈现不稳定的特征,也影响了其进一步发展。

五、产权制度不完善

产权清晰、制度完善是资源市场化配置的前提。产权不清晰、制度不完善制约着岷江上游羌族村寨旅游业的发展。一方面,从旅游资源的产权来看,土地、森林、水流、草原、山岭等自然旅游资源一般属国家或集体所有,人文旅游资源一般归属私人(认定的文物除外)。人文旅游资源是羌族村寨旅游发展的核心资源,但其使用权和收益权却不明晰,仅少数村寨对村寨居民房屋、碉楼等建筑给予一定分红或补偿,饮食、服饰、风俗、舞蹈、艺术等资源的归属、使用权则不明晰,导致村寨居民的受益不足,甚至引发矛盾。另一方面,随着生态、康养、森林旅游等业态的发展,自然资源的新价值被人们发现。但目前在集体产权改革过程中,缺乏资源性资产核查及量化标准,折股量化的标准和路径不同,对集体经济参与旅游发展产生的收益以及村寨居民利益分配等影响较大。此外,集体产权制度改革落实层级也对集体经济介入旅游发展产生影响。目前,岷江上游羌族地区集体经济改革单元以落实到行政村为主,但羌族旅游村寨是以自然村为主,村组之间的资源价值、产业发展差异较大,集体资产如何参与旅游发展、收益如何分配等方面仍存在困难。

六、村寨原子化

随着农村社会异质性的增强和农村利益的多元化,村庄长老、族长的权威日渐式微,传统的伦理道德遭到一定程度的破坏,农村社会正在从"熟人社

---

① 张莞:《羌族地区旅游产业融合发展研究》,西南民族大学,2019年,第135页。

会"向"陌生人社会"转变，村庄社会关系日益松散①。同时，村寨空心化使青壮年流失、人口结构失衡、产业机会减少，加剧了村寨社会的离散程度。另外，一些村寨空间上的分散布局，也客观上使村寨居民之间联系减少。村庄原子化主要表现为人与人之间的连接纽带较为松弛，社会资本容量较低，社会成员的社会行动遵循自我利益最大化的生存逻辑，乡村社会规范对人民的行为约束力较低②。

岷江上游部分羌族村寨也存在原子化现象，这一现象制约了当地旅游业的发展。一是村寨资源使用效率难以最大化。农村税费改革后，国家系列的惠农政策、旅游扶持政策需要政府直接面对数量庞大的分散农户，不论从管理成本还是资源的使用效率方面都难以达到最优。而在旅游产业扶持方面，最常见的即是"扶强不扶弱"。二是国家与村庄之间缺乏必要的缓冲。由于基层组织的悬浮以及内生合法行业组织的缺位，在面对利益冲突时，村民难以从村级层面获得有效支持，往往采取封堵景区大门、上访等形式表达利益诉求，或者采用"带客逃票"、私下指责公司、诽谤管委会等类似斯科特意义上的"弱者的武器"进行抗争，这些现象在桃坪村、坪头村、牟托村等地都曾出现。三是村寨居民关心村寨事务的主动性不足。普通村寨居民难以被组织起来，村寨居民的政治效益感较弱，部分村民关心村寨事务、参与民主决策积极性有所下降，这既使村寨集体行动陷入困难，也使村委决策的科学性与民主性难以保障。

第四节　对乡村振兴进程下岷江上游羌族村寨旅游业优化发展的思考

一、村寨旅游业发展思维转向

（一）树立全域协同开发的资源利用理念

《自然资源部办公厅关于进一步做好村庄规划工作的意见》指出：要全域

---

① 宫敏燕：《乡村振兴战略背景下能人治村何以可能？》，《长春理工大学学报》，2020年第5期，第61页。

② 刘启英：《乡村振兴背景下原子化村庄公共事务的治理困境与应对策略》，《云南社会科学》，2019年第3期，第141页。

全要素编制村庄规划,对村域内全部国土空间要素作出规划安排。"[1] 树立全域协同开发理念既是基于乡村地域系统的特性,也是为突出村民在旅游发展中的主体性地位。

乡村地域系统也即乡村综合体,是人文、经济、资源与环境相互联系、相互作用构成的,具有一定结构、功能和区际联系的乡村空间体系,具有综合性、动态性、开放性特点[2]。基于乡村地域系统的特性,在村寨范围内由各种不同要素组合而成的空间配置形态都应是村寨旅游密不可分的组成部分,即通常所说的生产、生活与生态空间,它们共同构成空间立体资源格局。在开发岷江上游羌族村寨旅游资源的过程中,要意识到村寨环境是一个各要素密切联系的全域空间概念,应按照系统工程思路将"生产、生活、生态"融合至村寨旅游目的地的打造之中,避免各要素的"板块化"割裂。例如,村寨的山水林田湖草是一个完整的生态体系,传统村寨的布局及村民的生产、生活形态也与之密切相关。在开发旅游资源的过程中,应该将其综合规划系统开发,不能按照传统的资源利用方式进行切割。

发展村寨旅游最直接的目的是让村民受益,树立全域协同开发的理念有助于保障村民在旅游开发中的主体性地位,进而促进其产业收益增加。村寨旅游资源作为一个结构化联结的整体,不可以被轻易拆分,村寨正好是以村寨地缘边界行使所有权的主体,这表明村寨资源开发的主体则应是村寨集体经济。

以理县西山村为例,高山、草甸、云海、星辰是该村最重要的旅游资源,外来企业投资建设的FYMC(高端民宿,笔者注)借助村寨优美的自然风光获取了极高的床铺收益。也就是说,整个村寨最优质的资源变成了外来企业的收益,村民尽管通过劳动参与获取部分收入,但绝大部分被耗散,村民、集体获益较少。类似情况在岷江上游羌族地区普遍存在,传统资源开发模式多采用条块分割形式,难以有效促进村寨自然、生态及人文资本增值。通过树立全域协同开发理念,将村寨旅游资源与村集体经济对接,实现资源到资产的转变,在一定程度上可以保障村民在村寨旅游开发中的主体性。

(二)树立新的村寨旅游业获益理念

当资产的自然增值和社会增值逐渐成为人们的主要收入来源时,表明该地

---

[1] 中华人民共和国自然资源部:《自然资源部办公厅关于进一步做好村庄规划工作的意见》,http://gi.mnr.gov.cn/202012/t20201216_2595353.html。

[2] 刘彦随:《中国新时代城乡融合与乡村振兴》,《地理学报》,2018年第4期,第639页。

的经济形态正由食利经济向吃租经济转变①。村寨旅游在推动岷江上游羌族地区农村产业转型升级、促进村民增收等方面发挥了重要作用。但必须看到,村寨旅游市场主体小、散、弱的特征依然明显,核心品牌景区较少,旅游的增长更多表现为规模上的增长,村民只能得到微薄的产业利润和劳务工资,其综合发展效益还有巨大的提升空间。在乡村振兴过程中,要考虑如何让村民参与到"租"而不只是"利"的分享中。

吃租经济的租值,来自资产的自然增值和社会增值。在震后恢复重建、新农村建设、精准扶贫工作的推动下,岷江上游羌族地区村寨的基础设施改善、自然资源综合治理已经开始推动旅游村寨走向吃租经济。治理后的旅游村寨的生态价值、文化价值得到进一步挖掘,吸引更多城市居民到村寨消费。相对于食利经济而言,吃租经济更注重资产的增值。随着乡村振兴战略的实施,村寨山川林田湖草生态系统的综合治理,生态宜居村寨的打造,将进一步使村寨的自然资产与文化资产升值。在岷江上游羌族村寨旅游发展实践中,吃租经济已经存在。例如桃坪村将老寨房屋作为文化资本入股产生的分红,坪头村出租的大樱桃产业基地租金,汶川水磨镇凤岩村流转林地荒山建设的仁吉喜目花谷景区等。可见,旅游的发展带动了村寨自然、人文等资源的升值,使村寨居民在获取旅游经营利润的同时,也有了依靠资产升值获得租金的可能。

二、探讨村寨旅游赋权及村民受益方案

(一)增加村寨集体和村民的旅游赋权

2002年,世界生态旅游峰会发布的《魁北克生态旅游宣言》强调,"确认生态旅游必须承认和尊重土著人和地方社区的土地所有权……强调为了从生态旅游和其他形式的自然区域旅游中取得公平的社会、经济和环境利益……需要采取参与式的规划机制,允许地方和土著人社区以透明的方式规定和调整其区域的用途,包括退出旅游开发的权利"。从宣言中,不难看出在旅游开发中对社区及居民赋权的重要性。

岷江上游羌族地区经济、社会发展水平整体滞后,大部分村寨居民在旅游发展中尚未积累足够的资本与企业家才能,囿于资本主权缺失,只能通过提供

---

① 周立:《从食利经济到吃租经济:乡村振兴中的金融创新》,《人民论坛》,2019年第33期,第69页。

原材料和劳动力获取较低的产业利润。加之，由于体制惯性以及管理机制的不完善，村寨及其居民在旅游发展中的权利弱化，获取的旅游收益与期望值相差较大。在村寨旅游发展中，对村寨集体及村寨居民进行旅游赋权，包括确保集体所有权、村民承包权、使用权、多种形式的经营权、参与旅游业并成为发展主体的权利、获得公平的涉旅收益的权利等，这既是保证资源利用公平正义的需要，更是保障村寨居民深度参与旅游发展的重要途径。

（二）村寨旅游资源利用原则

1. 完善公共利益资源的认定程序和补偿制度

我国现行资源征收过程缺少对公共利益的认定程序，给了地方政府假借公共利益的名号滥用资源征收权利的可能。特别是在对重要的旅游开发资源土地的征收方面，地方政府常以基础建设为名征地，之后却转手改变用地性质。

公共利益资源认定程序应主要包括以下几方面：一是部门审核程序。由政府建立专门的审核机构对资源征收项目的公益性质进行评估、审核，其成员应涵盖政府、行业学者以及专业的第三方评估机构。二是资源征收听证。政府组织召开由被征收人、利益相关者和社会公众参与的听证会，对资源征收是否符合公共利益进行听证。三是复议。资源被征收人对征收认定有异议的，可申请复议。四是诉讼。被征收人对复议决定不服的，可向法院提起诉讼。

资源补偿制度方面，确立以市场价格为参照的补偿标准，扩大补偿范围。我国现行资源征收补偿标准单一，难以适应社会经济发展现状。以土地征收为例，现行《土地法》第四十七条规定的补偿标准是按照土地年产值的倍数进行补偿，补偿范围只有土地补偿、安置补偿、附着物与青苗补偿，难以反映被征收土地的实际价值，且补偿范围狭窄、标准单一，导致地方政府在土地征收与出让之间获得不应得的暴利，使国家征收权在利益驱使下异化[①]。在利用村寨旅游资源的过程中，相关方应参照市场价格，扩大资源补偿范围，将失业者或离职者补偿、邻地补偿、通损补偿、他项权利损失补偿列入补偿范围。

2. 确立非公共利益资源市场交易原则

公共利益是国家征收权的合法前提。但在现实中却存在政府以公共利益为名征收资源，然后通过高价出让或建设大量非公益性项目，或者依托政府权力

[①] 董法尧：《分配正义视阈下民族村寨旅游扶贫研究——以贵州省雷山县西江苗寨为中心》，西南民族大学，2016年，第183页。

制造征收补偿价格与市场价格的差距,即政府以行政的手段干预了本应由市场解决的问题。

实际上,中央政府在制度层面已多次强调资源市场化配置问题。党的十八大和十八届三中全会明确提出要健全国家自然资源资产管理体制,实行资源有偿使用制度。2014年《国务院关于促进旅游业改革发展的若干意见》和2015年《国务院办公厅关于进一步促进旅游投资和消费的若干意见》又提出发展旅游项目资产证券化产品与推进旅游项目产权与经营权交易平台建设。2018年《中共中央 国务院关于实施乡村振兴战略的意见》和《乡村振兴战略规划(2018—2022年)》又再次明确指出,要坚决破除体制机制弊端,使市场在资源配置中起决定性作用;要建立农村产权交易平台,加强土地经营权流转和规模经营的管理服务。可见,在村寨旅游发展中,迫切需要探索一条通过市场解决非公益性资源流转的方案。

岷江上游羌族村寨在旅游开发之后,其自然、人文资源价值大幅提升,在带给开发者未来经济收益预期的同时,也推动了政府和当地社区等资源拥有者对资源价值属性的重视。本书建议采取资源入股的方式对村寨居民进行补偿,这样一方面可以使村寨居民稳定获取资源增值收益;另一方面可以发挥市场在资源配置中的基础作用,以提高资源的利用效率。

三、激发村寨旅游业内生发展活力——多元化参与

(一)构建多元化、多层次参与格局

《魁北克生态旅游发展宣言》提出了参与式旅游发展理论,支持生态旅游要采取当地人参与的参与式旅游规划机制。对于岷江上游羌族村寨旅游业的发展,村寨居民不仅应参与旅游规划、决策、监督、管理,更应参与旅游收益分配。当前,我国民族村寨村民参与旅游收益分配的方式有劳动参与、经营性参与和高层次的资本参与[1]。劳动参与主要包括参与旅游服务、就业等,经营性参与包括经营餐饮、住宿、娱乐、土特产品销售等,资本参与主要是创建独资或者股份制企业。

岷江上游羌族旅游村寨在地理区位、资源禀赋、发展阶段等方面存在差

---

[1] 沈涛:《云南红河州边境民族村寨旅游扶贫研究——基于绿春县和金平县两个村的比较》,西南民族大学,2017年,第176页。

异，各村所采取的旅游发展模式也不尽相同，因而，当地需要构建多元化、多层次的参与格局。

劳动参与方面，村寨应细化和促进劳动分工的专业化，既保留必不可少的简单性劳动参与，还需发展复杂性劳动参与。在村寨中建立包括导游、文化展演、手工艺制作、土特产加工、专业种植等在内的立体化劳动分工网络，建立多元化劳动参与格局，提升劳动参与旅游获益水平。经营性参与方面，政府应鼓励和支持村寨居民根据个体资金能力及相互之间联系程度开展多样化的经营，如个体经营、家庭经营、多家联营及公私联营等。

资本参与是高级的参与形式，包括独资公司、合伙制公司、股份合作制公司、股份有限公司等多种形式。目前，岷江上游羌族地区村寨居民参与旅游发展的收入主要是劳动和经营性收入，如果政府能在村寨旅游发展中给予村寨居民更多的财产权利，提升居民以资本参与旅游经济的比重，使居民在旅游发展中获得更多财产性收入，这不仅有利于激活村寨旅游发展的内生活力，更有利于促进收入分配公平。本书将重点介绍资本参与村寨旅游发展的机制。

（二）资本参与村寨旅游发展的机制

如前文所述，囿于区域经济社会发展及村民资本积累方面的先天劣势，依托资源主权的价值化并带来资本主权的获得，进而深度参与旅游发展是岷江上游羌族地区村寨居民的可行选择之一。这是一条遵循"资源—资产—资本—获益"的基本路径。在权属明确的情况下，将可以货币化计量的旅游资源作为生产要素投入开发经营以期获取收益，资源即转化为资产；将旅游资源的相关产权进行市场化交易和流通，资源即转化为资本，其具体方式是出租、抵押、转让、入股旅游资源经营权，以及以资产证券化等方式投资运营，间接地进行资本运作并从中获利[①]。

1. 村寨旅游专业合作社机制

村寨旅游专业合作社机制是指村民以房屋、土地、林权、劳动力、文化习俗等作为合作资本，以出资额为限承担有限责任，通过分工合作、统一管理实现集约经营，有效实现资源资产化、资产资本化（见图6-1）。这一模式在入股对象上，应优先考虑本村村民和村集体经济组织；在股权设置上，应向中小股东倾斜，以便惠及更多村寨居民。村寨旅游合作社对村寨居民进行合理分

---

① 倪向丽、张冬：《旅游资源向旅游资产、资本演进动因与路径分析》，《武汉商学院学报》，2018年第3期，第14页。

工,将分散的个体农户聚合起来,实现资产规模经营和集约利用,为个体农户统一提供业务培训、统一对外宣传、统一价格与标准,保证村寨旅游秩序。合作社将分散的农户组成利益共同体,有效避免恶性竞争,促进旅游资源的合理配置,同时保证村寨居民在旅游发展中的主体地位,从机制上保障村寨居民分享旅游发展成果。

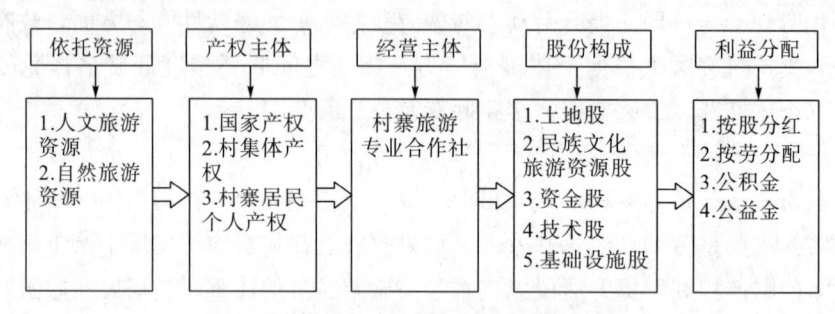

图6-1 资本参与村寨旅游专业合作社机制

2. 股份合作制公司机制

股份合作制公司机制是指采取农村集体组织、农民和外来企业成立村寨旅游股份制公司的形式,将村寨人文、生态等要素经过价值评估转化为公司股本,采取股份合作制发展村寨旅游的模式(见图6-2)。村寨居民以土地、房屋、林地、文化习俗、资金、劳动力等旅游资本直接参股,企业以资金、管理或技术等要素参与合作开发村寨旅游。股份制公司对村寨旅游资源进行统一经营管理,将利润分为公积金、公益金与股金分红等部分。公积金用于企业组织扩大再生产,公益金用于村集体公共服务支出,股金分红配给给所有股东,村寨居民是其主要受益者。股份合作制通过集约利用村寨旅游资源,赋予自然、人文等旅游资源财产属性与社会保障属性,实现资源变资产、资产变资本、农民变股民。

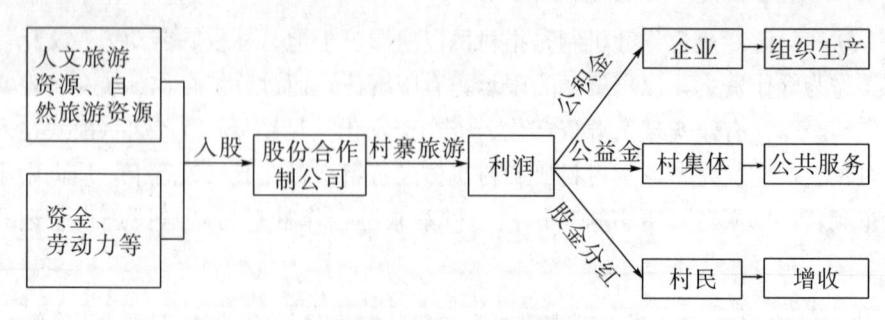

图6-2 资本参与股份合作制公司机制

四、村民再组织与村寨旅游秩序的重塑

（一）发展村寨集体经济

乡村振兴的主体是农民，只有将农民组织起来，乡村振兴的总要求才能实现[①]。在利益日益多元、村寨日益开放的今天，分散的农户是需要制度与资源组织和动员的，而组织农民最有利的制度条件就是充分利用中国农村集体经济制度，在村社集体内部形成"利益共享、责任共担"的利益再分配机制[②]。

村集体经济与村民的利益联结主要体现在四个方面。第一，投入集体经济的发展要素与村民密切相关。当前，村集体经济多以村集体土地、林地、村民入股资金、劳动力等作为基本要素投入市场运营，有些资源本身就是村寨居民授权村社集体使用的，村寨居民会对资源的使用进行监督约束。这种形式也提高了村寨居民参与村寨事物的积极性。第二，村集体拥有土地、林地等资源的产权，党的十八大以来的系列改革和制度设计亦在不断强化村集体对村庄资源的掌控能力。在这种情况下，村集体可以利用其对资源的掌控和分配权力对村民形成激励或约束。第三，村集体经济的发展为其对接国家资源提供可能。《四川省乡村振兴战略规划（2018—2022年）》提出，要支持农村集体经济组织承担或参与财政支农项目建设，探索财政支农项目实行股份量化到村集体资产，建立合理利益分配机制。这样一来，村集体就成为国家向村寨转移资源的重要对接平台，村集体也可以以此来平衡村民之间的利益，增加村民与集体的利益联结。第四，村集体经济组织可以承担大量的农村社会公共服务支出，集体经济的发展为改善村寨基础设施、整治公共卫生环境以及发展养老、助残、扶贫、培训等社会事业提供可能。通过对公共事业的支出，村集体经济进一步连接村寨居民，尤其是连接村寨弱势群体。

因此，只有建立了基于利益分配的利益关联机制，村寨民主决策才能真正落地，村寨居民也才会真正参与到村寨事务之中，才能发挥其乡村振兴的主体作用。

[①] 贺雪峰：《乡村振兴与农村集体经济》，《武汉大学学报（哲学社会科学版）》，2019年第4期，第185页。

[②] 贺雪峰：《如何再造村社集体》，《南京农业大学学报（社会科学版）》，2019年第3期，第1页。

（二）培育村寨旅游行业自治组织

农民的自治组织包括农民专业合作组织、村民自治组织以及其他各类社会经济组织[①]。重视村寨自治组织，尤其是旅游协会、专业合作社等组织的自主治理作用，赋予其相应的自主治理权利，实现村寨居民的相互监督，对降低村寨居民不合作而导致的负外部性成本具有积极作用。如卡尔·波兰尼所述，要让经济活动重新嵌入社会之中，而不是让市场的逻辑凌驾于社会的逻辑之上。村寨自治组织具体的作用主要体现在两方面。一是村寨旅游自治组织可以在征求村寨居民意见的基础上，制定旅游经营的管理细则，并对违反者按章处罚。二是利用"村规民约"等民间规则对违背民风民俗的村寨居民进行舆论和民间道德谴责，约束其道德行为。

五、加强旅游村寨防灾减灾救灾能力建设

自然灾害的发生与地质构造、地貌条件、气候气象、水系水文及植被条件等构成自然地理环境的要素密切相关。岷江上游羌族地区山高、坡陡、切割深，具有地质灾害的产生条件。该地区地质灾害集中分布在低、中、高山地貌区，对人民群众的生命财产安全造成威胁。

加强旅游村寨防灾减灾救灾的建设与治理既是村寨旅游发展的现实需求，也是实施乡村振兴战略的题中之意。《乡村振兴战略规划（2018—2022年）》指出要开展重大地质灾害隐患治理，《四川省乡村振兴战略规划（2018—2022年）》指出要提高农村防灾减灾救灾能力。在乡村振兴战略实施过程中，岷江上游羌族地区政府要突出主导作用，从政策与法规上确保旅游村寨防灾减灾规划的强制性、权威性和统一性，并投入专项资金进行相关设施建设。旅游村寨防灾减灾救灾能力建设应注重以下几个方面：一是运用技术手段和村社联防机制，建立自然灾害监测预警系统；二是推进自然灾害救助物资储备体系建设；三是建设和完善村寨应急避难场所，提高村寨防灾减灾救灾应急处理能力和公共服务水平；四是广泛开展防灾减灾救灾宣传教育工作。

[①] 黄祖辉、徐旭初、蒋文华：《中国"三农"问题：分析框架、现实研判和解决思路》，《中国农村经济》，2009年第7期，第10页。

六、争取国家有关乡村振兴政策的扶持

2021年1月4日印发的《中共中央 国务院关于全面推进乡村振兴加快农业农村现代化的意见》的第二条第五点指出："在西部地区脱贫县中确定一批国家乡村振兴重点帮扶县集中支持。支持各地自主选择部分脱贫县作为乡村振兴重点帮扶县。坚持和完善东西部协作和对口支援、社会力量参与帮扶等机制。"① 这一文件为接续推进脱贫地区乡村振兴提供了制度保障。

岷江上游羌族地区地处青藏高原东南缘，生态环境脆弱、自然灾害频发，经济社会发展相对滞后，因此不论是生态上，还是区域位置上都具有特殊性。同时，岷江上游羌族地区历史文化遗存厚重，红军长征期间在此留下了光辉的革命事迹。近年来，经过灾后重建、精准扶贫以及乡村振兴战略的初步实施，该区域取得长足发展，这些发展除内生发展动力的支撑外，更离不开外部力量的支持。在这样一个生态、地理区位、历史文化、社会经济均较为特殊的区域，在今后一定时段内继续争取外部政策支持，实现外部支持与内生发展有机结合，对区域防范返贫风险、巩固全面小康成效具有重要意义。岷江上游羌族地区各级政府应积极争取成为"国家乡村振兴重点帮扶县"，并设立相应的帮扶乡（镇）、帮扶村，稳步推进乡村振兴战略的实施。

本章小结

岷江上游地区同步推进乡村振兴战略与羌族村寨旅游发展，采取差异化发展策略，不断实行供给侧改革。村寨旅游业发展对乡村振兴具有综合贡献作用，如促进产业发展、村民增收，促进生态宜居村庄建设，有助于传统文化的保护与传承，但不同类型的村寨旅游业发展路径对乡村振兴的贡献也具有差异性。目前，岷江上游羌族村寨旅游发展还存在诸多问题和制约因素，不同村寨的问题与制约因素既有共性也存在个性。共性方面如人、地、资金等因素引起的旅游发展后劲乏力，产权落实不到位和制度设计不完善导致的管理失序、恶意竞争，灾害频发和基础设施建设不足导致的防灾减灾能力严重不足等；个性

---

① 《中共中央 国务院关于全面推进乡村振兴 加快农业农村现代化的意见》，https://www.gov.cn/zhengce/2021-02/21/content_5588098.htm。

方面如因村寨原子化，政府长期主导、直接管理、深度介入旅游经营导致村寨居民受益不足且有不满情绪，灾后新建景区型村寨打造仓促、民族文化挖掘提炼粗糙等。

　　乡村振兴战略的实施无疑为村寨旅游业的发展注入了新的活力，也使岷江上游羌族地区村寨旅游业发展面临转向。一是资源利用方式转向，即将村寨各项旅游资源视为有机联结的整体，转变过去的切割分块式开发方式。二是旅游发展收益方式的转向，其基本逻辑路径为资源确权—资源资产化—资产资本化，通过村寨居民资本化参与旅游发展，使资产变资本、资金变股金、村民变股民，激活了村寨旅游的内生发展活力。三是以发展村寨集体经济和培育旅游自治组织为抓手，推进村民再组织，并以此为基础重塑村寨旅游秩序。四是加强旅游村寨防灾减灾救灾的建设与治理，保障村寨居民和游客的生命财产安全。五是继续争取中央有关乡村振兴战略的扶持，通过内生发展与外部扶持有机结合，逐步实现乡村振兴。

第七章　研究结论及展望

第一节　研究结论

岷江上游羌族地区地处青藏高原东南缘，在生态保育、文化保护与传承、社会经济发展等方面具有特殊意义，在村寨旅游业发展过程中，积累了有益经验，也存在进一步发展的空间。本书综合运用民族学、经济学理论，在深入的田野调查及科学论证的基础上，获得如下结论：

第一，乡村振兴战略是岷江上游羌族地区乃至所有民族地区村寨旅游业发展的重大时代背景和统领方略。乡村振兴战略的提出和实施，意味着村寨旅游业进入了一个全新的发展时期，其已从单纯的第三产业经济活动转化为在乡村振兴战略统领下，以巩固全面小康成果、加快推进农业农村现代化建设、根本解决"三农"问题为总目标，必须面向乡村基层治理、铸牢中华民族共同体意识、乡村产业、乡风文明、生态保护、村民生活、社会安定和谐等一系列重大新课题的综合性产业。这些要求也对村寨旅游业提出了全新的、更高的要求。

第二，本研究证明，总体而言，岷江上游羌族村寨旅游业的发展与乡村振兴战略的诸方面是协调共进的。村寨旅游业对乡村产业、乡风文明、人居环境、生态保护、文化传承与发展、村治与民族团结等方面的改善均有明显的贡献。这表明在民族地区文化、生态资源较好的乡村，村寨旅游业发展是促进区域乡村振兴的可行路径。

第三，岷江上游羌族村寨旅游业发展积累了一些有益经验。如将村寨旅游业与乡村振兴战略有机对接，同步推进乡村振兴战略和羌族村寨旅游业发展，采取差异化发展策略逐步推进村寨旅游供给侧改革。发展村寨旅游业对乡村振兴具有综合贡献效应。不同资源类型的村寨旅游业发展模式，既有相同的也有不同的问题与挑战，如村寨旅游业发展后劲乏力、新型经营主体发育缓慢、旅游管理机制不完善、防灾减灾救灾能力不足等。在全面推进乡村振兴战略实施阶段，汲取已有经验、不断探索和解决问题，是村寨旅游业可持续发展的关键。

第四，产业融合是促进岷江上游羌族村寨旅游业良性发展、推动乡村产业振兴的主要路径。岷江上游羌族地区是我国民族地区中较早开展旅游活动的区域之一。经过近三十年的发展，部分村寨已经显现出旅游业与文化、农业、生态、商业、康养等产业融合发展的态势。但客观上来说，岷江上游羌族地区村寨旅游整体发展水平有待提高，在脱离了灾后重建、精准扶贫等特定政策的支持后，村寨旅游业显现出产业链短、抗风险能力弱、产品品质不高等问题，产业发展后劲乏力现象愈加明显。随着乡村振兴战略的全面实施，岷江上游羌族地区村寨旅游业迫切需要进一步整合资源、转型升级、创新发展，要特别注重与村寨传统优势产业的有机融合。如果仅发展旅游业，忽略诸如文化、农业等传统产业的发展，将不利于村寨的可持续发展。

第五，岷江上游羌族村寨旅游业发展应树立新的资源利用与产业获益理念。资源利用方面，应将村寨的山川林田湖草等生态旅游资源和建筑、习俗、节庆、艺术、传统技艺等人文旅游资源视为密不可分的整体，按照系统工程思路将"生产、生活、生态"融合至村寨旅游目的地的打造之中，避免各要素"板块化"割裂。产业获益理念方面，随着乡村振兴战略的推进，岷江上游羌族地区村寨的文化价值、生态价值将进一步凸显，村寨生态资产、文化资产也将随着产业的发展实现自然增值与社会增值。村寨居民作为村寨旅游发展的主体，其获益渠道应逐步从传统的产业利润、劳务工资转向资产的增值获益。

第六，受区域经济社会发展相对滞后、村寨居民资金积累不足等因素影响，岷江上游羌族地区村寨居民参与旅游发展的方式较为单一。当地政府应落实与用好中央有关土地确权与"三权分置"的重要政策，探索多样化的土地流转模式，建立公平的资源利用原则与资源价值评估制度，发展专业合作社、股份合作制公司等经营主体，使村寨居民可以通过出租、抵押、转让、入股旅游资源经营权或以资产证券化等方式投资运营进而获取旅游发展收益。政府应构建劳动、经营、资本多元化参与模式，促进村寨居民参与旅游发展的广度与深度。

第七，通过村寨居民的再组织化构建良好的村寨旅游秩序。通过壮大集体经济，鼓励村寨居民通过多种形式入股集体经济，集体经济通过股金分红、公益金等形式回应村寨居民需求，使二者之间形成"利益共享、责任共担"的利益联结机制，从经济层面促进居民的再组织。同时，通过发展专业协会、理事会等行业自治组织，构建行业内部道德监督与矛盾化解机制，促进村民自治组织再次嵌入村寨旅游经济发展，进而构建良好的村寨旅游发展秩序。

第二节　研究展望

　　本书田野调查、写作等工作主要集中于2018—2019年，相关资料、数据截止日期主要为2019年，本书所得出的相关结论亦主要针对这一时段而言。其后，新冠肺炎疫情在全世界范围内迅速蔓延，对世界经济、政治、文化造成较大影响。面对疫情对旅游产业发展的诸多不确定性影响因素，本书提出的有关灾害能力建设、争取国家相关扶持政策、构建村寨居民旅游业参与机制、实现旅游赋权以及产业发展思维转向等建议依然具有一定的现实意义，对今后村寨旅游业发展以及乡村振兴战略的深入推进具有一定的探索意义。

　　乡村振兴、村寨旅游均是今后中长期解决"三农"问题和实现农村现代化的现实课题。目前，乡村振兴战略还处于初步实施阶段，有关下一阶段乡村振兴的规划及相关政策还未出台。下一步，笔者将在现有研究基础上，完善岷江上游羌族村寨旅游业发展评价体系，以期得出更加全面、深入、科学的研究结论。在今后的研究中，相信学术界会密切结合乡村振兴战略与民族地区村寨旅游业发展实际，深入研究可能出现的相关新课题，例如：

　　第一，在现行法律法规政策下，探索村寨居民对集体资产股份的占有、收益、有偿退出及抵押、担保、继承等路径，探索旅游资源变资产、资金变股金、农民变股东机制。

　　第二，乡村振兴战略进程中，民族村寨旅游业的定位及其转型升级发展研究。

　　第三，从基层党组织建设、村民再组织化等角度探讨完善乡村基层社会治理的机制与路径。

参考文献

中文图书

[1] 阿坝藏族羌族自治州地方志编纂委员会. 阿坝州志［M］. 北京：民族出版社，1994.

[2] 埃莉诺·奥斯特罗姆. 公共事物的治理之道——集体行动制度的演进［M］. 余逊达，陈旭东，译. 上海：上海三联书店，2000.

[3] 安徽大学农村改革与经济社会发展协同创新中心课题组. 乡村旅游：中国农民的第三次创业［M］. 北京：中国发展出版社，2016.

[4] 陈煦，李左人. 民族·旅游·文化变迁：在社会学的视野中［M］. 成都：四川人民出版社，2009.

[5] 杜赞奇. 文化、权利与国家：1900—1942年的华北农村［M］. 王福明，译. 南京：江苏人民出版社，1996.

[6] 费孝通. 江村经济（中国农民的生活）［M］. 戴可景，译. 南京：江苏人民出版社，1986.

[7] 费孝通. 全球化与文化自觉：费孝通晚年文选［M］. 北京：外语教学与研究出版社，2013.

[8] 冯广宏，张文渊，陈跃均. 岷江志［M］. 成都：四川省水利电力厅，1990.

[9] 冯和法. 农村社会学大纲［M］. 上海：黎明书局，1934.

[10] 干永福，刘锋. 乡村旅游概论［M］. 北京：中国旅游出版社，2017.

[11] 龚学增. 民族、宗教基本问题读本［M］. 成都：四川人民出版社，1999.

[12] 国家民族事务委员会，中共中央文献研究室. 民族工作文献选编（2003～2009年）［M］. 北京：中央文献出版社，2010.

[13] 国家民族事务委员会政策研究室. 中国共产党主要领导人论民族问题

[M]．北京：民族出版社，1994．

[14] 何光岳．氐羌源流史［M］．南昌：江西教育出版社，2000．

[15] 何景明．乡村旅游发展及其影响研究［M］．北京：知识产权出版社，2013．

[16] 胡锦涛．在中央民族工作会议暨国务院第四次全国民族团结进步表彰大会上的讲话［M］．北京：人民出版社，2005．

[17] 湖北乡村振兴研究院．乡村振兴之路——实施乡村振兴战略　建设美好家园［M］．武汉：湖北科学技术出版社，2018．

[18] 黄承伟，赵旭东．汶川地震灾后贫困村重建与本土文化保护研究［M］．北京：社会科学文献出版社，2010．

[19] 黄海珠．民族旅游村寨建设研究［M］．北京：中国经济出版社，2009．

[20] 姜长云．乡村振兴战略：理论、政策和规划研究［M］．北京：中国财政经济出版社，2018．

[21] 蒋彬．民主改革与四川羌族地区社会文化变迁研究［M］．北京：民族出版社，2008．

[22] 来仪．西部少数民族文化资源开发走向市场［M］．北京：民族出版社，2007．

[23] 梁漱溟．乡村建设理论［M］．北京：商务印书馆，2015．

[24] 梁漱溟全集：第一卷［M］．济南：山东人民出版社，1990．

[25] 卢丁，工藤元男．羌族社会历史文化研究——中国西部南北游牧文化走廊调查报告之一［M］．成都：四川人民出版社，2000．

[26] 罗莉．坪头村调查：羌族［M］．北京：中国经济出版社，2014．

[27] 彭兆荣．旅游人类学［M］．北京：民族出版社，2004．

[28]《羌族简史》修订本编写组．羌族简史［M］．修订本．北京：民族出版社，2008．

[29] 秦志华．中国乡村社区组织建设［M］．北京：人民出版社，1995．

[30] 冉光荣，李绍明，周锡银．羌族史［M］．成都：四川民族出版社，1985．

[31] 施坚雅．中国农村的市场和社会结构［M］．史建云，徐秀丽，译．北京：中国社会科学出版社，1998．

[32] 四川省少数民族古籍整理办公室．羌族释比经典：上卷［M］．成都：四川民族出版社，2008．

[33] 四川省统计局，国家统计局四川调查总队．四川统计年鉴 2020［M］.

北京：中国统计出版社，2020.

[34] 宋恩荣. 晏阳初全集：第1卷[M]. 长沙：湖南教育出版社，1989.

[35] 孙宏开. 羌语简志[M]. 北京：民族出版社，1981.

[36] 唐长孺. 魏晋南北朝史论拾遗[M]. 北京：中华书局，1983.

[37] 佟新. 人口社会学[M]. 北京：北京大学出版社，2000.

[38] 王明珂. 羌在汉藏之间：川西羌族的历史人类学研究[M]. 北京：中华书局，2016.

[39] 王汝辉. 民族村寨社区参与旅游制度与传统文化保护比较研究[M]. 北京：人民出版社，2012.

[40]《汶川特大地震理县抗震救灾志》编纂委员会办公室. 汶川特大地震理县抗震救灾志[M]. 北京：开明出版社，2016.

[41] 汶川县史志编纂委员会. 汶川县志（1986—2000）[M]. 成都：巴蜀书社，2007.

[42] 汶川县史志编纂委员会办公室."5·12"汶川特大地震汶川县抗震救灾志[M]. 北京：中国文史出版社，2013.

[43] 吴必虎. 区域旅游规划原理[M]. 北京：中国旅游出版社，2001.

[44] 吴宁，刘庆. 山地退化生态系统的恢复与重建——理论与岷江上游的实践[M]. 成都：四川科学技术出版社，2007.

[45] 吴其付. 民族旅游与文化认同：以羌族为例[M]. 北京：人民出版社，2015.

[46] 吴仕民. 民族问题概论[M]. 成都：四川人民出版社，1997.

[47] 习近平谈治国理政 第2卷[M]. 北京：外文出版社，2017.

[48] 徐平. 文化的适应和变迁：四川羌村调查[M]. 上海：上海人民出版社，2006.

[49] 肖琼. 民族旅游村寨可持续发展研究[M]. 北京：经济科学出版社，2013.

[50] 徐学书，喇明英. 羌族特色文化资源体系及其保护与利用研究[M]. 北京：民族出版社，2015.

[51] 袁镜身. 中国乡村建设[M]. 北京：中国社会科学出版社，1998.

[52] 斯科特. 弱者的武器[M]. 郑广怀，张敏，何江穗，译. 南京：译林出版社，2007.

[53] 张友，肖红波，王龙. 岷江上游生态环境保护长效机制研究——基于"5·12"汶川地震灾后生态环境恢复与产业重构视角[M]. 成都：四川

民族出版社，2009.

[54] 郑大华. 民国乡村建设运动 [M]. 北京：社会科学文献出版社，2000.

[55] 郑长德，刘晓鹰. 民主改革与四川羌族地区经济发展研究 [M]. 北京：民族出版社，2007.

[56] 中共中央文献研究室. 十二大以来重要文献选编（上）[M]. 北京：人民出版社，1986.

[57]《中国少数民族社会历史调查资料丛刊》修订编辑委员会. 羌族社会历史调查 [M]. 北京：民族出版社，2009.

[58] 邹统钎. 乡村旅游：理论·案例 [M]. 2版. 天津：南开大学出版社，2017.

中文期刊

[1] 包维楷，王春明. 岷江上游山地生态系统的退化机制 [J]. 山地学报，1999，18（1）：57-62.

[2] 毕晓红，杨欢，杨琴，等. 民族地区乡村文化振兴面临的困难与对策探析——以云南省为例 [J]. 云南农业大学学报（社会科学），2019，13（6）：55-60+66.

[3] 曹诗图，范安铭，吴依玲. 基于旅游视角的衰落乡村拯救与振兴问题探讨 [J]. 旅游论坛，2019，12（1）：69-77.

[4] 陈东平，丁力人. 契约理论视角下金融服务乡村振兴现实困难与实践探索 [J]. 现代经济探讨，2020（7）：117-112.

[5] 陈家明，蒋彬. 少数民族传统体育融入乡村振兴路径研究——以川西北地区为例 [J]. 云南民族大学学报（哲学社会科学版），2020，37（4）：62-68.

[6] 陈蒙. 新时代民族地区乡村治理现代化瓶颈及对策 [J]. 中南民族大学学报（人文社会科学版），2020，40（5）：58-63.

[7] 程俊杰，章敏，黄速建. 改革开放四十年国有企业产权改革的演进与创新 [J]. 经济体制改革，2018（5）：85-92.

[8] 池静，崔凤军. 乡村旅游地发展过程中的"公地悲剧"研究——以杭州梅家坞、龙坞茶村、山沟沟景区为例 [J]. 旅游学刊，2006，21（7）：17-23.

[9] 崔露. 少数民族村寨旅游开发存在的冲突与调适 [J]. 贵州民族研究，

2016, 37 (10): 170-173.

[10] 杜江, 向萍. 关于乡村旅游可持续发展的思考 [J]. 旅游学刊, 1999 (1): 15-18.

[11] 丹珠昂奔. 中华民族共同体意识的概念构成、内涵特质及铸牢举措 [J]. 民族学刊, 2021 (1): 1-9.

[12] 方茜. 中国所有制理论演进与实践创新 [J]. 社会科学战线, 2020 (9): 56-65.

[13] 冯继康, 李岳云. "三农"难题成因: 历史嬗变与现实探源 [J]. 中国软科学, 2004 (9): 1-9.

[14] 付保红, 徐旌. 曼春满村寨民族旅游中村民社会角色变化调查研究 [J]. 云南地理环境研究, 2002, 14 (3): 43-49.

[15] 高宝琴. 农民组织化程度的提升: 乡村治理的生长点 [J]. 齐鲁学刊, 2010 (2): 96-100.

[16] 高静, 王志章. 改革开放40年: 中国乡村文化的变迁逻辑、振兴路径与制度构建 [J]. 农业经济问题, 2019 (3): 49-60.

[17] 高汝熹, 张国安, 陈志洪. 关于中国"三农"问题的思考 [J]. 上海经济研究, 2001 (2): 3-8.

[18] 耿静. 兜底扶贫成效探析——基于高山羌寨扶贫户的个案考察 [J]. 民族学刊, 2020 (1): 44-50.

[19] 宫敏燕. 乡村振兴战略背景下能人治村何以可能? [J]. 长春理工大学学报 (社会科学版), 2020, 33 (5): 60-65.

[20] 苟翠屏. 卢作孚、晏阳初乡村建设思想之比较 [J]. 西南师范大学学报 (人文社会科学版), 2005, 31 (5): 129-133.

[21] 管前程. 乡村振兴背景下民族地区村庄治理的发展走向 [J]. 贵州民族研究, 2019, 40 (2): 50-55.

[22] 郭焕成. 乡村地理学的性质与任务 [J]. 经济地理, 1988, 8 (2): 125-129.

[23] 郭克莎. 坚持以深化供给侧结构性改革推进产业结构调整升级 [J]. 经济纵横, 2020 (10): 58-65.

[24] 郭文, 杨桂华. 民族旅游村寨仪式实践演变中神圣空间的生产——对翁丁佤寨村民日常生活的观察 [J]. 旅游学刊, 2018, 33 (5): 92-103.

[25] 郭纹廷. 乡村振兴背景下西部民族地区脱贫攻坚的路径优化 [J]. 中南民族大学学报 (人文社会科学版), 2019, 39 (3): 163-167.

[26] 郭晓鸣，张克俊，虞洪，等. 实施乡村振兴战略的系统认识与道路选择 [J]. 农村经济，2018（1）：11-20.

[27] 郭晓鸣. 实施乡村振兴战略的系统认识与道路选择 [J]. 农村经济，2018（1）：11-20.

[28] 郭园庚，鲁俊辉. 准确把握当前乡村发展难题深刻理解乡村振兴战略的目标和任务 [J]. 经济论坛，2018（2）：74-78.

[29] 韩伟. 参与式灾后重建的实践和思考——以四川省茂县雅都乡大寨村灾后重建调查为例 [J]. 农村经济，2009（10）：44-46.

[30] 何景明. 边远贫困地区民族村寨旅游发展的省思——以贵州西江千户苗寨为中心的考察 [J]. 旅游学刊，2010，25（2）：59-65.

[31] 何星. 乡村振兴背景下民族地区旅游扶贫中的生态化建设——以阿坝州为例 [J]. 云南民族大学学报（哲学社会科学版），2019，36（2）：73-79.

[32] 何玉长. 公有制实现形式的历史演进与现实思考 [J]. 学术月刊，1998（7）：42-46.

[33] 贺鲲鹏. 论农村宅基地"三权分置"改革的必要性与实现路径 [J]. 农业经济，2020（8）：86-87.

[34] 贺雪峰. 关于实施乡村振兴战略的几个问题 [J]. 南京农业大学学报（社会科学版），2018，18（3）：19-26.

[35] 贺雪峰. 如何再造村社集体 [J]. 南京农业大学学报（社会科学版），2019，19（3）：1-8.

[36] 贺雪峰. 乡村振兴与农村集体经济 [J]. 武汉大学学报（哲学社会科学版），2019，72（4）：185-192.

[37] 胡华征，青觉. 论社会主义时期各民族共同繁荣发展的内涵 [J]. 云南民族大学学报（哲学社会科学版），2006，23（4）：29-33.

[38] 胡志斌，何兴元，李月辉，等. 岷江上游人口特征 [J]. 生态学杂志，2006，25（11）：1364-1369.

[39] 黄华，王洁，黄蓉. 社区参与民族村寨旅游开发的初步研究 [J]. 商场现代化，2007（4）：219-220.

[40] 黄细嘉，赵晓迪. 旅游型乡村建设要素与乡村振兴战略要义 [J]. 旅游学刊，2018，33（7）：5-6.

[41] 黄祖辉，徐旭初，蒋文华. 中国"三农"问题：分析框架、现实研判和解决思路 [J]. 中国农村经济，2009（7）：4-11.

[42] 季晨,周裕兴. 乡村振兴背景下少数民族农村社会治理面临的新问题及应对机制[J]. 贵州民族研究,2019,40(4):27-31.

[43] 贾未寰,符刚. 乡村旅游助推新时代乡村振兴:机理、模式及对策[J]. 农村经济,2020(3):19-25.

[44] 贾银忠,覃江荣. 汶川地震后阿坝州旅游业重建调研报告[J]. 西南民族大学学报(人文社科版),2008(8):121-125.

[45] 蒋彬. 当代羌族村寨人口结构考察——以巴夺寨为例[J]. 西南民族大学学报(人文社科版),2004,25(11):15-19.

[46] 蒋永穆. 基于社会主要矛盾变化的乡村振兴战略:内涵及路径[J]. 社会科学辑刊,2018(2):15-21.

[47] 金颖若. 试论贵州民族文化村寨旅游[J]. 贵州民族研究,2002,22(1):61-65.

[48] 康永征,薛珂凝. 从乡村振兴战略看农村现代化与新型城镇化的关系[J]. 山东农业大学学报(社会科学版),2018(1):9-12.

[49] 邝良峰,陈书羲. 羌族民间信仰的乡村治理价值研究[J]. 阿坝师范学院学报,2020,37(1):13-23.

[50] 喇明英. 羌族村寨重建模式和建筑类型对羌族文化重构的影响分析[J]. 中华文化论坛,2009(3):111-114.

[51] 兰措卓玛. 关系视角下旅游发展对青海民族村寨的影响分析[J]. 青海社会科学,2016(2):127-130.

[52] 雷兴长. 民族贫困地区脱贫攻坚与乡村振兴的深度衔接研究[J]. 兰州财经大学学报,2019,35(2):83-91.

[53] 李炳炎. 马克思产权理论与我国现代产权制度建设[J]. 学习论坛,2005,21(1):10-15.

[54] 李国英. 乡村振兴战略视角下现代乡村产业体系构建路径[J]. 当代经济管理,2019(10):34-40.

[55] 李金发. 旅游经济与民族村寨文化整合——以云南红河州慕善彝村为例[J]. 西南民族大学学报(人文社会科学版),2011(3):70-74.

[56] 李军,龚锐,罗永常. 乡村振兴视域下民族文化何以影响民族经济——基于贵州南脑村的调研[J]. 原生态民族文化学刊,2019,11(5):77-84.

[57] 李军,龚锐,向轼. 乡村振兴视域下西南民族村寨多元协同反贫困治理机制研究——基于第一书记驻村的分析[J]. 西南民族大学学报(人文

社会科学版），2020（1）：194-202.

[58] 李梦娜. 新型城镇化与乡村振兴的战略耦合机制研究［J］. 当代经济管理，2019（5）：10-15.

[59] 李培林. 全球化与中国"新三农问题"［J］. 福建行政学院福建经济管理干部学院学报，2006（2）：5-8.

[60] 李庆召，马华. 价值与限度：农民再组织化与村级治理组织体系再造——基于广东省梅州市F村基层治理改革的思考［J］. 社会主义研究，2017（2）：112-118.

[61] 李硕. 西部民族地区乡村振兴的困境、原因及对策［J］. 区域金融研究，2018（8）：85-91.

[62] 李湮. 少数民族村寨旅游社区内部和外部利益冲突类型及根源分析［J］. 江苏商论，2011（11）：100-102.

[63] 李永祥. 灾害的人类学研究述评［J］. 民族研究，2010（3）：81-91.

[64] 李治兵，肖怡然，毕思能等. 深度贫困地区旅游精准扶贫的多维约束与化解策略——以四川藏区为例［J］. 湖北民族学院学报，2019（3）：142-147.

[65] 李贽. 习近平对党的民族理论与政策的创新和发展［J］. 社会主义研究，2016（2）：43-48.

[66] 厉无畏. 产业融合与产业创新［J］. 上海管理科学，2002（4）：4-6.

[67] 梁玉华. 少数民族村寨生态旅游开发与旅游可持续发展探讨——以贵阳花溪镇山村旅游开发为例［J］. 生态经济，2007（5）：113-117.

[68] 廖林燕. 乡村振兴进程中"直过"民族传统社会组织的创造性转化研究［J］. 西南民族大学学报（人文社会科学版），2018（10）：208-214.

[69] 林尚立. 现代国家认同建构的政治逻辑［J］. 中国社会科学，2013（8）：22-46.

[70] 刘超，唐婷. 乡村振兴中民族地区乡村治理的传统制度性资源：价值、困境与转型路径［J］. 四川行政学院学报，2019（1）：53-60.

[71] 刘超. 非物质文化遗产与乡村文化振兴：松潘小姓乡"毕曼"歌节的人类学研究［J］. 阿坝师范学院学报，2018，35（4）：22-26.

[72] 刘超. 乡村振兴背景下羌族非物质文化遗产传承人现状调查研究［J］. 阿坝师范学院学报，2020，37（3）：5-12.

[73] 刘德谦. 关于乡村旅游、农业旅游与民俗旅游的几点辨析［J］. 旅游学刊，2006，21（3）：12-19.

215

[74] 刘启英. 乡村振兴背景下原子化村庄公共事务的治理困境与应对策略 [J]. 云南社会科学, 2019 (3)：141-147.

[75] 刘旺, 孙璐, 吴明星. 少数民族村寨旅游开发中的"公地悲剧"及其对策研究——以丹巴县甲居藏寨为例 [J]. 开发研究, 2008 (1)：125-129.

[76] 刘彦随. 中国新时代城乡融合与乡村振兴 [J]. 地理学报, 2018, 73 (4)：637-650.

[77] 刘颖, 邓伟, 宋雪茜, 等. 基于地形起伏度的山区人口密度修正——以岷江上游为例 [J]. 地理科学, 2015, 35 (4)：464-470.

[78] 刘战慧. 乡村振兴视角下乡村旅游的功能重构 [J]. 湖州师范学院学报, 2018, 40 (5)：28-31.

[79] 卢东斌. 产业融合：提升传统产业的有效途径 [J]. 经济工作导刊, 2001, 3 (6)：4.

[80] 陆林, 任以胜, 朱道才, 等. 乡村旅游引导乡村振兴的研究框架与展望 [J]. 地理研究, 2019, 38 (1)：102-118.

[81] 陆学艺, 杨桂宏. 破除城乡二元结构体制是解决"三农"问题的根本途径 [J]. 中国农业大学学报（社会科学版）, 2013, 30 (3)：5-11.

[82] 陆学艺. "农民真苦, 农村真穷"? [J]. 读书, 2001 (1)：3-8.

[83] 路幸福, 陆林. 乡村旅游发展的居民社区参与影响因素研究 [J]. 资源开发与市场, 2011, 27 (11)：1054-1056.

[84] 罗永常. 民族村寨旅游发展问题与对策研究 [J]. 贵州民族研究, 2003, 23 (2)：102-107.

[85] 马宝成. 中国三农问题：现状与未来 [J]. 山东社会科学, 2005 (10)：122-128.

[86] 马东艳. 民族村寨居民抵制社区旅游的内在机理及对策研究 [J]. 云南社会科学, 2014 (3)：89-93.

[87] 马小龙. 乡村振兴背景下金融支持农户创业的现实困境与路径破解 [J]. 西南金融, 2020 (10)：36-46.

[88] 苗国强. 乡村振兴与新型城镇化、工业化融合对策研究——以河南省为例 [J]. 当代经济管理, 2019 (5)：119-124.

[89] 倪向丽, 张冬. 旅游资源向旅游资产、资本演进动因与路径分析 [J]. 武汉商学院学报, 2018, 32 (3)：11-14.

[90] 牛若峰. 中国的"三农"问题：回顾与反思 [J]. 古今农业, 2003 (4)：1-11.

[91] 彭万勇，王竞一，金盛. 中国"三农"发展与乡村振兴战略实施的四重维度 [J]. 改革与战略，2018，34 (5)：55-60.

[92] 祁庆富. 存续"活态传承"是衡量非物质文化遗产保护方式合理性的基本准则 [J]. 中南民族大学学报（人文社会科学版），2009，29 (3)：1-4.

[93] 邱硕立. 羌族村寨旅游环境污染探析 [J]. 贵州民族研究，2014，35 (2)：118-121.

[94] 任耘. 基于利益相关者理论的民族村寨旅游开发研究——以四川理县桃坪羌寨为例 [J]. 贵州民族研究，2013 (2)：112-115.

[95] 石硕，刘俊波. 青藏高原碉楼研究回顾与展望 [J]. 四川大学学报（哲学社会科学版），2007 (5)：74-80.

[96] 孙江超. 论农村产业融合发展模式及着力点 [J]. 农业经济，2020 (6)：33-35.

[97] 孙九霞，黄凯洁，王学基. 基于地方实践的旅游发展与乡村振兴：逻辑与案例 [J]. 旅游学刊，2020，35 (3)：39-49.

[98] 孙九霞，刘相军. 生计方式变迁对民族旅游村寨自然环境的影响——以雨崩村为例 [J]. 广西民族大学学报（哲学社会科学版），2015，37 (3)：78-85.

[99] 唐代剑，过伟炯. 论乡村旅游对农村基础设施建设的促进作用——以浙江藤头、诸葛、上城埭村为例 [J]. 特区经济，2009 (11)：155-157.

[100] 陶元浩. 近代中国农村社区转型中的两次"相对性衰落" [J]. 江西社会科学，2018 (3)：124-132.

[101] 王海燕. 从"共同体"到"集合体"：岷江上游羌村"城镇化"进程的省思 [J]. 青海民族研究，2018，29 (1)：78-82.

[102] 王洁钢. 农村、乡村概念比较的社会学意义 [J]. 学术论坛，2001 (2)：126-129.

[103] 王克军. 民族村寨旅游利益博弈下的环境问题研究——以四川甲居藏寨为例 [J]. 干旱区资源与环境，2014，28 (2)：197-202.

[104] 王鹏飞，王瑞璠. 行动者网络理论与农村空间商品化：以北京市麻峪房村乡村旅游为例 [J]. 地理学报，2017，72 (8)：1408-1418.

[105] 王汝辉，幸岭. 少数民族村寨旅游开发模式变迁：来自新制度经济学的阐释——以四川理县桃坪羌寨为例 [J]. 云南师范大学学报（哲学社会科学版），2009，41 (3)：128-133.

[106] 王汝辉. 巴泽尔产权模型在少数民族村寨资源开发中的应用研究——以四川理县桃坪羌寨为例 [J]. 旅游学刊, 2009, 24 (5): 31-35.

[107] 王新红. 十八大以来中国特色社会主义民族理论与政策的丰富和发展 [J]. 中南民族大学学报 (人文社会科学版), 2017, 37 (1): 1-5.

[108] 王云坤. "三农"问题的表现、成因及总体解决思路 [J]. 红旗文稿, 2005 (5): 7-9.

[109] 温铁军, 孙永生. 世纪之交的两大变化与"三农"新解 [J]. 经济问题探索, 2012 (9): 10-14.

[110] 吴靖, 罗海平. 我国现阶段"三农"问题的成因、性质与对策研究——基于农民组织化的重新审视 [J]. 中国软科学, 2009 (3): 17-22.

[111] 吴其付, 陈静. 旅游与社会文化变迁下的民族文化认同: 羌族实例 [J]. 地方文化研究辑刊, 2015 (2): 179-183.

[112] 吴晓娟. "三农"问题: 现状、原因及政府相关政策选择 [J]. 农业经济问题, 2003 (7): 16-19.

[113] 吴晓萍. 论乡村振兴战略背景下民族地区的乡村建设与城乡协调发展 [J]. 贵州师范大学学报 (社会科学版), 2017 (6): 54-59.

[114] 项继权, 周长友. "新三农"问题的演变与政策选择 [J]. 中国农村经济, 2017 (10): 13-25.

[115] 肖琼, 赵培红. 我国民族旅游村寨利益相关者行为分析 [J]. 西南民族大学学报 (人文社会科学版), 2012 (9): 143-146.

[116] 肖琼. 民族村寨旅游环境困境及路径选择 [J]. 广西民族研究, 2009 (4): 183-186.

[117] 肖琼. 我国民族旅游村寨经济类型研究 [J]. 广西民族研究, 2011 (3): 177-181.

[118] 肖怡然, 李治兵, 董法尧. 乡村振兴背景下民族地区农村剩余劳动力就业问题研究 [J]. 农业经济, 2019 (9): 69-71.

[119] 谢伏瞻. 全面建成小康社会的理论与实践 [J]. 中国社会科学, 2020 (12): 4-24.

[120] 辛允星. "捆绑式发展"与"隐喻型政治"对汶川地震灾区平坝羌寨的案例研究 [J]. 社会, 2013, 33 (3): 159-183.

[121] 徐俊忠. 十九大提出"乡村振兴战略"的深远意义 [J]. 经济导刊, 2017 (12): 10-15.

[122] 徐平. 乡土社会的血缘关系——以四川省羌村调查为例 [J]. 中国农业

大学学报（社会科学版），2007，24（2）：16-29.

[123] 徐顽强，任勇俊. 乡村振兴战略下阿坝州旅游文化资源保护与开发探析［J］. 阿坝师范学院学报，2019，36（1）：58-65.

[124] 徐学书，喇明英. 构建羌族文化生态旅游区研究［J］. 中华文化论坛，2010（3）：146-151.

[125] 薛玉梅，向艳. 少数民族旅游村寨经济价值观的变迁与解读——以贵州西江为例［J］. 贵州民族学院学报（哲学社会科学版），2009（4）：125-128.

[126] 徐致云，陆林. 旅游地生命周期研究进展［J］. 安徽师范大学学报（自然科学版），2006，29（6）：599-603.

[127] 杨阿莉. 从产业融合视角认识乡村旅游的优化升级［J］. 旅游学刊，2011，26（4）：9-11.

[128] 杨帆，徐伍达. 乡村振兴背景下少数民族地区贫困治理的新思路［J］. 山西农业大学学报（社会科学版），2018，17（7）：7-12.

[129] 杨桂华，孔凯. 脱嵌与嵌入：乡村旅游助推乡村振兴机制分析——以四川省XJ村为例［J］. 广西社会科学，2020（6）：64-69.

[130] 杨建科，李昱静，李天姿. 新型集体经济与欠发达地区农村社会治理创新——基于陕西王家砭与贵州塘约社会治理实践比较［J］. 北京工业大学学报（社会科学版），2020，20（6）：22-28.

[131] 杨振之，马琳，胡海霞. 论旅游功能区规划——以四川汶川地震灾后恢复重建为例［J］. 地域研究与开发，2013，32（6）：90-95.

[132] 杨振之，叶红. 汶川地震灾后四川旅游业恢复重建规划的基本思想［J］. 城市发展研究，2008，15（6）：6-11.

[133] 叶敬忠. "三农问题"：被夸大的学术概念及其局限［J］. 东南学术，2018（5）：112-123.

[134] 伊庆山. 乡村振兴战略下农村发展不平衡不充分的根源、表征及应对［J］. 江苏农业科学，2019，47（9）：58-63.

[135] 银元，李晓琴. 乡村振兴战略背景下乡村旅游的发展逻辑与路径选择［J］. 国家行政学院学报，2018（5）：182-187.

[136] 游勇. 四川灾后旅游业恢复重建中羌族文化传承、创新与"经典"的探讨［J］. 西南民族大学学报（人文社会科学版），2012，33（5）：133-137.

[137] 余朝晖，曹筱春. "三农"问题的主要表现、基本成因和根本对策［J］.

宜春学院学报（社会科学），2004，26（1）：36-40.

[138] 袁方成，靳永广. 行政嵌入、村庄本位与治理多样性[J]. 南京农业大学学报（社会科学版），2019，19（5）：96-107.

[139] 张丹，孟凡，范刚，等. 岷江上游生物多样性与羌族医药可持续协调发展研究[J]. 中央民族大学学报（自然科学版），2011，20（5）：34-38.

[140] 张文贤. 中国产权改革的顶层设计和产权理论的学术前沿——刘诗白经济思想研究之二[J]. 经济学家，2012（7）：5-11.

[141] 张小林. 乡村概念辨析. 地理学报[J]. 1998，53（4）：365-371.

[142] 张晓萍. 旅游开发中的文化价值——从经济人类学的角度看文化商品化[J]. 民族艺术研究，2006（5）：34-39.

[143] 张勇，包婷婷. 农地流转中的农户土地权益保障：现实困境与路径选择——基于"三权分置"视角[J]. 经济学家，2020（8）：120-128.

[144] 张中奎. 绿色发展理念下民族村寨的未来发展研究——以贵州黔东南民族村寨为例[J]. 贵州大学学报（社会科学版），2016，34（9）：46-51.

[145] 张中奎. 乡村振兴背景下民族村寨治理权威嬗变与能人权威的兴起[J]. 广西民族研究，2019（2）：83-89.

[146] 张众. 乡村旅游与乡村振兴战略关联性研究[J]. 山东社会科学，2020（1）：134-138.

[147] 赵承华. 乡村旅游推动乡村振兴战略实施的机制与对策探析[J]. 农业经济，2020（1）：52-54.

[148] 赵国玲. 农村土地资源价值提升机制探究[J]. 内蒙古财经大学学报，2019，17（1）：8-12.

[149] 郑向群，陈明. 我国美丽乡村建设的理论框架与模式设计[J]. 农业资源与环境学报，2015，32（2）：106-115.

[150] 郑小玉，刘彦随. 新时期中国"乡村病"的科学内涵、形成机制及调控策略[J]. 人文地理，2018（2）：100-106.

[151] 植草益. 信息通讯业的产业融合[J]. 中国工业经济，2001（2）：24-27.

[152] 周立. 从食利经济到吃租经济：乡村振兴中的金融创新[J]. 人民论坛，2019（33）：69-71.

[153] 周振华. 信息化进程中的产业融合研究[J]. 经济学动态，2002（6）：

12—14.

[154] 朱华丽. 乡村振兴战略下广西边境民族地区实现乡村治理有效研究 [J]. 广西社会主义学院学报, 2019, 30 (1): 94—99.

[155] 朱玉福, 廉潘红. 论传统文化在人口较少民族地区乡村振兴中的作用——以西藏边陲南伊珞巴民族乡才召村珞巴族文化为例 [J]. 西藏民族大学学报（哲学社会科学版）, 2019, 40 (1): 95—101.

[156] 庄小四, 杨德伟. 乡村旅游地生态系统安全评估研究——以岷江上游干温河谷区为例 [J]. 环境科学与管理, 2013 (10): 185—189.

[157] 邹立行. 乡村振兴战略研究 [J]. 科学决策, 2017 (12): 19—34.

[158] 邹丽娟, 赵玲. 边疆民族地区实现高质量发展与铸牢中华民族共同体意识的辩证逻辑 [J]. 云南民族大学学报（哲学社会科学版）, 2020, 37 (6): 12—17.

[159] 邹统钎. 乡村旅游发展的围城效应与对策 [J]. 旅游学刊, 2006, 21 (3): 8—9.

[160] 左停, 刘文婧, 李博. 梯度推进与优化升级: 脱贫攻坚与乡村振兴有效衔接研究 [J]. 华中农业大学学报（社会科学版）, 2019 (5): 21—28+165.

[161] 朱沁夫. 旅游与目的地文化变迁 [J]. 旅游学刊, 2013, 28 (11): 7—8.

[162] 宗晓莲. 布迪厄文化再生产理论对文化变迁研究的意义——以旅游开发背景下的民族文化变迁研究为例 [J]. 广西民族学院学报（哲学社会科学版）, 2002, 24 (2): 22—25.

中文报纸

[1] 高源. 发展乡村旅游对乡村治理的影响探析 [N]. 中国旅游报, 2018—03—20 (3).

[2] 习近平在湖南考察时强调: 深化改革开放推进创新驱动 实现全年经济社会发展目标 [N]. 人民日报, 2013—11—06 (001).

学位论文

[1] 陈世栋. 废墟上的契机: 汶川地震灾后重建研究 [D]. 北京: 中国农业大学, 2014.

[2] 陈瑛. 中华民族共同体意识核心认同研究 [D]. 成都：西南民族大学，2020.

[3] 笪玲. 贵州民族村寨旅游扶贫研究 [D]. 成都：西南民族大学，2020.

[4] 董法尧. 分配正义视阈下民族村寨旅游扶贫研究——以贵州省雷山县西江苗寨为中心 [D]. 成都：西南民族大学，2016.

[5] 范莉娜. 民族村寨居民文化适应及其对旅游支持行为意愿的影响——以黔东南侗族村寨为例 [D]. 杭州：浙江大学，2016.

[6] 高林安. 基于旅游地生命周期理论的陕西省乡村旅游适应性管理研究 [D]. 长春：东北师范大学，2014.

[7] 顾超. 西北地区中华民族共同体意识培育研究 [D]. 兰州：兰州大学，2020.

[8] 黄海珠. 民族旅游村寨建设研究 [D]. 北京：中央民族大学，2007.

[9] 黄利利. 羌族传统村落类型、分布与运行研究 [D]. 南充：西华师范大学，2018.

[10] 柳斌. 阿坝州地区灾后重建羌族村落风貌延续性研究 [D]. 长沙：湖南大学，2019.

[11] 彭巨水. 我国社会主义初级阶段混合所有制研究 [D]. 北京：中共中央党校，2019.

[12] 沈茂英. 中国山区聚落持续发展与管理研究 [D]. 成都：中国科学院研究生院（成都山地灾害与环境研究所），2005.

[13] 孙松林. 岷江上游地区藏羌聚落景观特征的比较研究 [D]. 北京：北京林业大学，2018.

[14] 谭明交. 农村一二三产业融合发展：理论与实证研究 [D]. 武汉：华中农业大学，2016.

[15] 王东. 国家—社会视角下羌族村庄经济转型研究——以汶川县雁村为个案 [D]. 北京：中央民族大学，2011.

[16] 王继庆. 我国乡村旅游可持续发展问题研究 [D]. 哈尔滨：东北林业大学，2007.

[17] 沈涛. 云南红河州边境民族村寨旅游扶贫研究——基于绿春县和金平县两个村的比较 [D]. 成都：西南民族大学，2017.

[18] 肖妮. 中国全域旅游发展水平的测度及时空演化与空间效应研究 [D]. 长春：东北师范大学，2019.

[19] 杨钧. 城镇化发展与农村产业结构调整的相互关系研究 [D]. 长沙：湖

南大学，2016.

[20] 姚海琴. 乡村旅游业发展对农村劳动力就业的影响研究［D］. 杭州：浙江大学，2014.

[21] 张莞. 羌族地区旅游产业融合发展研究［D］. 成都：西南民族大学，2019.

[22] 张洁. 我国乡村旅游可持续发展的研究［D］. 天津：天津大学，2007.

[23] 张雪婷. 基础设施建设对旅游产业结构的影响研究［D］. 泉州：华侨大学，2019.

[24] 郑瑞涛. 羌族文化的传承与嬗变［D］. 北京：中央民族大学，2010.

电子文献

[1] 理县融媒体中心. 理县：擦亮"天府旅游名县"金字招牌［EB/OL］. （2020-09-25）［2021-02-21］. http://www.ablixian.gov.cn/lxrmzf/c100050/202009/70f8795ba36e43a995d99ce05dce6d3a.shtml.

[2] 茂县人民政府信息公开工作办公室. 茂县持续优化产业结构［EB/OL］. （2019-08-23）［2019-10-26］. http://www.maoxian.gov.cn/mxrmzf/c100050/201908/421c61c7da554f268689b7077fb346c0.shtml.

[3] 汶川县融媒体中心. 汶川. 决胜全面小康 决战脱贫攻坚［EB/OL］. （2020-11-20）［2021-02-17］. http://www.wenchuan.gov.cn/wcxrmzf/jrwc/202011/7d1aab27601344c282d05dbd86a37d0c.shtml.

[4] 新华网. 习近平：全面实现小康 一个民族都不能少［EB/OL］. （2015-01-23）［2020-04-08］. http://www.xinhuanet.com/politics/2015-01/23/c_127412572.htm.

政府文件、公报

[1] 新华社. 中共中央关于制定国民经济和社会发展第十四个五年规划和二〇三五年远景目标的建议［R/OL］. （2020-11-03）［2020-11-15］. https://www.gov.cn/zhengce/2020-11/03/content_5556991.htm.

[2] 新华社. 中共中央 国务院关于全面推进乡村振兴加快农业农村现代化的意见［R/OL］. （2021-02-21）［2021-03-05］. http://www.moa.gov.cn/ztzl/jj2021zyyhwj/zxgz_26476/202102/t20210221_6361865.htm.

[3] 新华社. 中共中央 国务院关于抓好"三农"领域重点工作确保如期实现全面小康的意见 [R/OL]. (2020-02-05) [2020-04-07]. http://www.moa.gov.cn/ztzl/2023yhwj/yhwjhg_29330/202002/t20200205_6359496.htm.

[4] 中共中央 国务院关于坚持农业农村优先发展做好"三农"工作的若干意见 [R/OL]. (2019-02-19) [2020-07-08]. https://www.gov.cn/zhengce/2019-02/19/content_5366917.htm.

[5] 新华社. 中共中央 国务院关于实施乡村振兴战略的意见 [R/OL]. (2018-02-04) [2019-10-18]. https://www.gov.cn/zhengce/2018-02/04/content_5263807.htm.

[6] 乡村振兴战略规划：2018—2022年 [M]. 北京：人民出版社，2018.

[7] 新华社. 中共中央关于坚持和完善中国特色社会主义制度推进国家治理体系和治理能力现代化若干重大问题的决定 [R/OL]. (2019-11-05) [2020-05-07]. https://www.gov.cn/zhengce/2019-11/05/content_5449023.htm.

[8] 自然资源部办公厅. 自然资源部办公厅关于进一步做好村庄规划工作的意见 [R/OL]. (2020-12-15) [2020-12-28]. http://gi.mnr.gov.cn/202012/t20201216_2595353.html.

[9] 中共四川省委，四川省人民政府. 关于实施乡村振兴战略开创新时代"三农"全面发展新局面的意见 [R/OL]. (2018-10-09) [2020-04-10]. https://www.sc.gov.cn/10462/10464/10797/2018/2/8/10444762.shtml?cid=303.

[10] 四川省乡村振兴战略规划（2018—2022年）[R/OL]. (2018-10-09) [2020-04-18]. https://fgw.sc.gov.cn/sfgwsjd/c100063/2018/10/9/81652f2fa2c342f08c9271fa36daa2f2.shtml.

[11] 理县2019年国民经济和社会发展统计公报 [R/OL]. (2020-03-20) [2020-05-15]. https://www.ablixian.gov.cn/lxrmzf/c100087/202003/cdc9066313cf44d09c2e5d5d6345020f.shtml.

[12] 茂县2019年政府工作报告 [R/OL]. (2020-09-01) [2020-05-10]. https://maoxian.gov.cn/mxrmzf/c100056/202009/1a1ac23773f4492eac410b32477436a9.shtml.

[13] 汶川县2019年政府工作报告. (2020-03-03) [2020-05-04]. https://www.wenchuan.gov.cn/wcxrmzf/c104660/202003/219cd21663

e54f628e2b131e170fd4b4.shtml.
［14］阿坝藏族羌族自治州乡村振兴第一个五年规划，未公开发布。
［15］理县全面实施乡村振兴战略规划（2018—2022年），未公开发布。
［16］理县人民政府．理县全域旅游提升工程实施方案（2018—2025），未公开发布。
［17］茂县人民政府．茂县国民经济和社会发展第十四个五年规划和二〇三五年远景目标纲要［15］茂县乡村振兴战略规划（2018—2022年），未公开发布。
［18］汶川县人民政府．汶川县"两区五极"全域旅游生态康养旅游发展方案，未公开发布。
［19］汶川县乡村振兴规划（2018—2022年）
［20］理县第十一届县人民政府工作报告，未公开发布。

外文著作

［1］Edward Inskeep. Tourism planing: an integrated and sustainable development approach［M］. New York: Van Nostrand Reinhold, 1991.

［2］Freedman M. Lineage organization in south-eastern China［M］. London: Athlone, 1958.

［3］Guy M Robinson. Conflict and change in the countryside［M］. London: Belhaven Press, 1990.

［4］Melanie K Smith. Issues in cultural tourism studies［M］. London: Routledge, 2003.

［5］Jean C Oi. Rural China Takes off: Institutional Foundations of Economic Reform［M］. Oakland: University of California Press, 1999.

［6］Jafar Jafari. Encyclopedia of Tourism［M］. London: Routledge, 2002.

外文期刊

［1］Beunen R, Regnerus H D, Jaarsma C F. Gateways as a means of visitor management in national parks and protected areas［J］. Tourism Management, 2008, 29 (1): 138−145.

［2］Bill Barnwell. European Collaboration in Sustainable Tourism［J］.

Tourism Annals of Tourism Research, 24 (2): 440−446.

[3] Dyer P, Aberdeen L, Schuler S. Tourism impacts on an Australian indigenous community: A Djabugay case study [J]. Tourism Management, 2003, 24 (1): 83−95.

[4] Evans N H. Tourism and cross culture communication [J]. Annals of tourism research, 1976, 3 (4): 189−198.

[5] Fai F, Tunzelmann N V. Industry-specific competencies and converging technological systems: evidence from patents [J]. Structural Change and Economic Dynamics, 2001, 12 (2): 141−170.

[6] Frederic Thomas, Aarti Kapoor, Phi Marshall. Tourism development and behavioral changes: evidence from Ratanakiri province, Kingdom of Cambodia [J]. Journal of Tourism and Cultural Change, 2013, 11 (3): 208−219.

[7] Gaines B R. The learning curves underlying convergence [J]. Technological Forecasting and Social Change, 1998, 57 (1−2): 7−34.

[8] Garcia-Ramon M D, Canoves G, Valdovinos N. Farm tourism, gender and the environment in Spain [J]. Annals of Tourism Research, 1995, 22 (2): 267−282.

[9] Grünewald R D A. Tourism and cultural revival [J]. Annals of tourism research, 2002, 29 (4): 1004−1021.

[10] Jamison D. Tourism and ethnicity: the brotherhood of coconuts [J]. Annals of tourism research, 1999, 26 (4): 944−967.

[11] Jim C Y, Xu S S W. Stifled stakeholders and subdued participation: Interpreting local responses toward Shimentai Nature reserve in South China [J]. Environmental Management, 2002 (3): 327−341.

[12] Katherine L Turner, Fikret Berkes, Nancy J Turner. Indigenous perspectives on ecotourism development: a British Columbia case study [J]. Journal of Enterprising Communities: People and Places in the Global Economy, 2012, 6 (3): 213−229.

[13] Kayoko Ishii. The impact of ethnic tourism on hill tribes in Thailand [J]. Annals of Tourism Research, 2012, 39 (1): 290−310.

[14] Lawson R W, Williams J, Young T, et al. A comparison of residents' attitudes towards tourism in 10 New Zealand destinations [J]. Tourism

Management, 1998, 19 (3): 247-256.

[15] Margherita Zanasi. Far from the Treaty Ports: Fang Xianting and the Idea of Rural Modernity in 1930s China [J]. Modern China, 2004, 30 (1): 113-146.

[16] Mervi J Hiltunen. Environmental impacts of rural second home tourism—case lake District in Finland [J]. Scandinavian Journal of Hospitality and Tourism, 2007, 7 (3): 243-265.

[17] Mohd Yusop Ab. Hadi, Rohayu Roddin, Abdul Rasid Abdul Razzaq, et al. Poverty Eradication through vocational education (tourism) among indigenous people communities in Malaysia: Pro-poor Tourism Approach (PPT) [J]. Procedia-Social and Behavioral Science, 2013 (93): 1840-1844.

[18] Scott Rozelle, Jikun Huang, Keijiro Otsuka. The engines of a viable agriculture: advances in biotechnology, market accessibility and land rentals in rural China [J]. The China Journal, 2005 (53): 81-111.

[19] Seija Tuulentie. The dialectic of identities in the field of tourism. The discourses of the indigenous Sámi in defining their own and the tourists' identities [J]. Scandinavian Journal of Hospitality and Tourism, 2006, 6 (1): 25-36.

[20] Skinner G W. Marketing and social structure in rural China [J]. Journal of Asian Studies, 1964, 24 (1): 1-43.

[21] Stieglitz N. Digital dynamics and types of industry convergence: the evolution of the handheld computers market [J]. The industrial dynamics of the new digital economy, 2003: 179-208.

[22] Sumana V Pandey. Impact of tourism on rural life [J]. World Leisure Journal, 2006, 48 (4): 42-52.

[23] Walder Andrew G. Local governments as industrial firms [J]. American Journal of Sociology, 1995: 270.

[24] Wall G. Perspectives on tourism in selected Balinese village [J]. Annals of Tourism Rescearch, 1996, 23 (1): 123-137.

[25] Yoffie D B. Competing in the age of digital convergence [J]. California Management Review, 1996, 38 (4): 31-53.

外文报告

[1] European Commission. Green paper on the convergence of telecommunications, media and information technology sectors, and the implications for regulation [R]. 1997 [2020-04-03]. http:www. ispo. ece. be.

附　录

附录一　岷江上游羌族村寨旅游业发展调查问卷

编号：_____　　问卷信度：□优　□良　□中　□差

地点：_____　　时间：_____

尊敬的社区居民：

　　您好！

　　这是一份博士论文的研究问卷，本研究的目的在于为乡村振兴战略背景下村寨旅游发展决策提供指导。您是我们此次抽样设计的重要样本，您的不吝协助与认真赐答，将是本研究成功的最大关键。本问卷采用匿名的方式，您所提供的资料仅作为学术研究之用，敬请您安心填答。

第一部分　基本信息

1. 您的性别_____　□男　□女
2. 您的民族_____；您在此居住年限_____年；是否为本地户籍：□是　□否
3. 您家中共有_____人；其中男性_____人，女性_____人
4. 您的年龄：□20岁以下　□20—40岁　□41—60岁　□60岁以上
5. 您的文化程度：□小学及以下　□初中　□高中及中专　□大学（含大专）以上

第二部分　旅游发展与经济情况

6. 旅游开发前，您的家庭收入＿＿＿元/年；现在家庭总收入＿＿＿元/年。

7. 目前您的家庭主要经济来源是（多选）＿＿＿
   □ 蔬果种植　　□ 畜牧养殖　　□ 外出打工　　□ 经营农家乐
   □ 经营餐馆　　□ 经营商铺　　□ 交通运输　　□ 村集体分红
   □ 企事业单位工作　　□ 政府补贴或救济　　□ 其他＿＿＿

8. 旅游收入占您家庭收入的比重＿＿＿
   □ 10%及以下　　□ 11%~20%　　□ 21%~50%　　□ 51%-80%　　□ 80%以上

9. 目前您的家庭年总支出＿＿＿元；主要的开支是（开支额前三项）＿＿＿
   □ 生活（吃穿）消费品　　□ 购买或建设房屋　　□ 教育　　□ 医疗
   □ 农用产品（化肥、农药、农机等）　　□ 生产投资（做生意或小买卖投资）
   □ 红白喜事及节事消费（人情来往）　　□ 其他＿＿＿

第三部分　旅游发展与村寨建设现状感知

（请在每题后面所列您认为合适的选项数字上打"√"，5为最高分，1为最低分）

序号	题目	1	2	3	4	5
1	本村旅游产品丰富程度					
2	村民环境保护意识程度					
3	本村卫生环境洁净度					
4	本村旅游基础设施完善度					
5	本村文化的独特性					
6	对本民族文化的认可程度					
7	村民业余文化活动丰富程度					
8	村民普通话熟练程度					

续表

序号	题目	1	2	3	4	5
9	村民对游客的友好程度					
10	村民日常生活文明程度					
11	党员与群众关系和谐程度					
12	村民参与村寨事务决策积极程度					
13	对本村治安的满意度					
14	本村的防灾减灾设施完善程度					

问卷到此结束，再次感谢您的参与，祝您生活愉快！

附录二　岷江上游羌族村寨旅游业发展村民访谈提纲

访谈提纲编号：_____

访谈地点：_____　　访谈时间：_____

第一部分　受访者基本信息

姓名		性别		民族	
年龄		文化程度		职业	
家庭人数		家庭成员概况			

第二部分　访谈问题

1. 旅游开发以前，您主要从事什么工作？您现在的生活来源和收入状况如何？
2. 您目前的土地使用情况如何，是否愿意将现有承包土地流转出去？
3. 您认为旅游开发给本村带来哪些变化？
4. 在本村从事旅游经营的外地人多吗？您是否欢迎他们来本村发展？
5. 您认为村委会和党员在本村旅游发展中发挥了哪些作用？
6. 您目前参与旅游业发展存在哪些困难？您认为本村旅游发展还需要进行哪些改进？

附录三　岷江上游羌族村寨旅游业发展管理者访谈提纲

访谈提纲编号：_____

访谈地点：_____　　　　　访谈时间：_____

第一部分　受访者基本信息

姓名	担任职务	是否为本地人	是否长期在此工作/生活
		是 □　否 □	是 □　否 □

第二部分　访谈问题

1. 旅游开发前，本村的主要产业是什么？发展旅游以来，本村的产业结构有何变化，各产业的规模和效益如何？
2. 2014年底国家调整了土地政策，将土地的所有权、承包权和经营权分置。本村的土地确权工作进展如何，目前土地流转情况如何？
3. 村民参与旅游发展的积极性如何，主要以何种形式参与旅游发展？
4. 村里是否有合作社、旅游协会等组织，运行情况如何？
5. 在本村从事旅游经营的外来人口主要来自哪些地区，如何协调与本地人员的利益关系？
6. 本村的旅游收益是如何分配的？村民每年能分享到多少收益？
7. 本村在预防和应对自然灾害的主要做法是？
8. 有关村寨重大事项是如何决策的，村民是否参与？
9. 基层党组织（村委和党员）在本村旅游发展过程中发挥了哪些作用？目前，基层党组织建设存在哪些困难？
10. 您认为本村旅游发展有哪些有益经验？
11. 您认为本村当前旅游发展的困难和问题有哪些？
12. 对于本村的乡村振兴工作，您有哪些建议或思考？

附录四 "岷江上游羌族村寨旅游业发展评价指标体系" 权重赋值专家打分表

尊敬的专家：

您好。为了确定岷江上游羌族村寨旅游发展评价指标体系的权重赋值，特邀请您对各项指标的重要性进行比较并打分。打分表采取 9 分位标度法，请根据您的真实意愿在空白处打分。衷心感谢您的不吝赐教。

标度 a_{ij}	含义
1	i 和 j 因素同等重要
3	i 比 j 因素稍微重要
5	i 比 j 因素明显重要
7	i 比 j 因素强烈重要
9	i 比 j 因素极其重要
2，4，6，8	i 比 j 因素的重要性处于以上标度之间

一、岷江上游羌族村寨旅游业发展评价指标体系由 B1—B5 构成

i＼j	产业子系统 B1	收入子系统 B2	生态子系统 B3	文化子系统 B4	乡村治理子系统 B5
产业子系统 B1	1				
收入子系统 B2		1			
生态子系统 B3			1		

续表

j \ i	产业子系统 B1	收入子系统 B2	生态子系统 B3	文化子系统 B4	乡村治理子系统 B5
文化子系统 B4				1	
乡村治理子系统 B5					1

（一）产业子系统 B1 由 C11—C17 构成

j \ i	C11 旅游资源禀赋条件	C12 旅游接待总人数	C13 旅游经营单位数	C14 参与旅游经营农户比例	C15 涉旅农产品数	C16 农产品加工企业数	C17 产业合作社数
C11 旅游资源禀赋条件	1						
C12 旅游接待总人数		1					
C13 旅游经营单位数			1				
C14 参与旅游经营农户比例				1			
C15 涉旅农产品数					1		
C16 农产品加工企业数						1	
C17 产业合作社数							1

（二）收入子系统 B2 由 C21—C25 构成

j \ i	C21 旅游收入占全村收入比例	C22 户均旅游年收入	C23 旅游收入占家庭收入比重	C24 人均年收入	C25 城乡居民收入差距比
C21 旅游收入占全村收入比例	1				
C22 户均旅游年收入		1			
C23 旅游收入占家庭收入比重			1		
C24 人均年收入				1	
C25 城乡居民收入差距比					1

（三）生态子系统 B3 由 C30—C39 构成

j \ i	C30 卫生厕所普及率	C31 自来水供给率	C32 宽带使用普及率	C33 生活污水处理率	C34 生活垃圾无害化处理率	C35 空气质量平均优良天数比例	C36 居民环保意识程度	C37 卫生环境洁净度	C38 旅游基础设施满意度	C39 防灾减灾设施完善度
C30 卫生厕所普及率	1									
C31 自来水供给率		1								
C32 宽带使用普及率			1							
C33 生活污水处理率				1						
C34 生活垃圾无害化处理率					1					

续表

i \ j	C30 卫生厕所普及率	C31 自来水供给率	C32 宽带使用普及率	C33 生活污水处理率	C34 生活垃圾无害化处理率	C35 空气质量平均优良天数比例	C36 居民环保意识程度	C37 卫生环境洁净度	C38 旅游基础设施满意度	C39 防灾减灾设施完善度
C35 空气质量平均优良天数比例						1				
C36 居民环保意识程度							1			
C37 卫生环境洁净度								1		
C38 旅游基础设施满意度									1	
C39 防灾减灾设施完善度										1

（四）文化子系统 B4 由 C41—C47 构成

i \ j	C41 文化场馆数	C42 "非遗"项目数	C43 村民业余文化活动丰富度	C44 村民对羌族文化的认可度	C45 村民对游客的友好度	C46 村民普通话熟练程度	C47 村民日常生活文明程度
C41 文化场馆数	1						
C42 "非遗"项目数		1					
C43 村民业余文化活动丰富度			1				
C44 村民对羌族文化的认可度				1			

i \ j	C41 文化场馆数	C42 "非遗"项目数	C43 村民业余文化活动丰富度	C44 村民对羌族文化的认可度	C45 村民对游客的友好度	C46 村民普通话熟练程度	C47 村民日常生活文明程度
C45 村民对游客的友好度					1		
C46 村民普通话熟练程度						1	
C47 村民日常生活文明程度							1

（五）乡村治理子系统 B5 由 C51—C54 构成

i \ j	C51 党员占村寨人口比例	C52 党群关系和谐度	C53 村民参与村寨事务积极度	C54 对村寨治安满意度
C51 党员占村寨人口比例	1			
C52 党群关系和谐度		1		
C53 村民参与村寨事务积极度			1	
C54 对村寨治安满意度				1

附录五 访谈纪要

说明：笔者于 2020 年 7 月下旬在老人村、桃坪村、坪头村对政府工作人员、村委成员、旅游经营户、游客进行了访谈，共访谈 35 人。因篇幅限制，本书提取较有代表性的访谈纪要 17 份。应被访者要求，笔者在论文中隐去其真实姓名。由于个别被访者存有不妥言辞，在不失真的情况下，本书对部分访谈内容略有整理。特此说明。

1. 老人村访谈纪要

1-1 对老人村管理者 1 号的访谈纪要

访谈时间：2020 年 7 月 24 日

访谈地点：水磨镇政府

访谈目的：了解老人村旅游发展和乡村振兴战略推进情况

访谈人：笔者

访谈对象简介：老人村管理者 1 号（Z），男，水磨镇本地人，水磨镇景区管理处工作人员。老人村管理者 2 号（C），男，水磨镇政府工作人员。

访谈内容：

笔者：老人村是水磨镇景区的核心组成部分，旅游的发展给老人村以及水磨镇带来了哪些变化？

老人村管理者 1 号：首先是当地交通便利了，环境也变好了。在产业方面带动了本地居民以及整个汶川的农产品生产、销售，像绵虒（靠近汶川县城的乡镇，盛产水果）里面的大樱桃、杏子、脆李子这些都在水磨镇上卖，我们这里高半山的竹笋、野菜、腊肉、土鸡、鸡蛋这些也比较受游客欢迎。老百姓现在见的多了，听的也多了，自己的素质还是有提升，社会风气变化也很大，不管是文明语言还是对待外来游客都比较礼貌，不像原来没见过世面一样。老百姓收入方面呢，原来我们这里是工业城镇，地震前老百姓在厂里打工工资也不算很高，每月 1000 多块钱吧。现在馆子里（餐馆）打个小工也有一两千，加上再做点小生意，收入比原来要高很多。

笔者：目前水磨镇旅游管理机制是什么，政府应该在其中扮演什么角色？

老人村管理者 1 号：现在景区主要由政府管理，"景镇"合一，没得公司介入。扮演啥子角色，这个不好说。景区呢是旅游局在管，但是我们现在景镇合一了，政府又在管。资金方面呢，政府都是从相应的单位去争取资金来补充一些我们这里短缺的东西，比如道路问题向交通局要钱，河道管理要通过水务（局），景区管理要通过旅游局，多方面的资金融合在一起的。我们这里是开放式的景区，本来没得一分钱的收入，全部是投入、付出。羌城这边原来是拿给中大公司在经营，后面由于多方面的原因与他们终止合同。现在游客来的比较少，很多铺面做不起走（经营难以为继），就只有关门。

笔者：目前乡村旅游普遍面临升级转型问题，你对水磨镇旅游产品转型升级有什么考虑？

老人村管理者1号：这个问题不太好说，这个属于他们在党委会研究决定的，我不太清楚。我的看法是目前大力发展民宿可能有点不现实，像水磨庄园、彭家沟农庄（水磨镇规模、档次相对较高的两家民宿）现在都经营惨淡。目前高半山农民发展农业还可以，一些时令蔬菜、土特产品都卖得比较好，还是要走农旅融合的道路。现在农产品包装很粗糙，大部分甚至没有包装，只有茶叶包装得较好。

笔者：水磨镇旅游发展十年，有哪些经验？

老人村管理者1号：我们现在打造的健康小镇，来避暑的人还比较多，也有老板投资修建康养度假房。景区提升方面，"8·20"（指2019年汶川特大山洪泥石流灾害）之后，基础设施和景观在逐步恢复和提升，比如熊猫广场、健康步道这些，体现慢生活。

笔者：在接下来的乡村振兴中，如何进一步发展好水磨镇旅游？

老人村管理者1号：原来我们这游客很多，开城那几年（2012年左右）街上人挤人，路都走不动。当时有人说这种旅游不正常，要不了几年就要垮杆（衰退），这有我们自身的因素，比如产品、管理等。当然外来因素影响也大，泥石流、洪水这些自然灾害影响特别大，有时政府发公告禁止游客进入，即便危险解除了，相当长的时间游客也很少。

老人村管理者2号：目前水磨比较大的问题就是外部道路问题，水磨现在是个死角，现在只有映秀和213老路两个出口，这两条路又经常发生灾害，一出问题水磨就堵死了。几乎每年都在修路、修洞子（隧道），一到夏天就开始修路，外面游客进不来，对我们影响太大了。我们希望把汶崇路（指汶川至崇州路线，水磨古镇与崇州街子古镇一山之隔）打通，这不单是旅游的问题，更是水磨、三江的生命通道了。

老人村管理者1号：还是要发展农特产品，水磨本来就是农业大镇、旅游大镇，只能走农旅融合的道路。文化方面还是要结合师院（阿坝师范学院）搞相关开发，他们有几个系在研究水磨的文化，但具体内容我还不太清楚。我们这边虽然打造了羌城，但羌族人口不多，大多是嫁过来的，大部分还是汉族人口。在民族文化发掘和打造方面还是个难题，从我们自身来讲，对羌文化不了解，这方面的人才太欠缺了。只有通过师院专业研究人员把这些文化开发出来。另外，水电供应方面还存在一定问题。由于人员增加，电力供应存在不足。遇到连续天旱的情况，饮水供应也存在一定问题。

1-2 对老人村管理者3号的访谈纪要
访谈时间：2020年7月23日
访谈地点：老人村禅寿老街
访谈目的：了解老人村旅游发展情况
访谈人：笔者
访谈对象简介：老人村管理者3号（G），男，老人村人，老人村干部。
访谈内容：

笔者：旅游开发前，本村的主要产业是什么？发展旅游以来，本村的产业结构有何变化，各产业的规模和效益如何？

老人村管理者3号：这边以前是工业园区，硅铁厂、石灰厂、矿山这些高耗能产业，老百姓主要是种地和在厂矿打工，一两千元一个月，地震前价格比较高了，5000元左右一月。现在村上主要搞旅游嘛，没搞旅游的还是出去打工，我们这边隧道工比较多，还有一部分去外面厂矿打工。今年收入不行，疫情影响嘛。

笔者：2014年底国家调整了土地政策，将土地的所有权、承包权和经营权分置。本村的土地确权工作进展如何，目前土地流转情况如何？

老人村管理者3号：目前除了3户人还没确定外，其余全部完成确权。流转了100亩集体荒山，价格是30元一亩。我们村几乎没有土地了，人均不足3分地，只有荒山。

笔者：现有的土地主要发展哪些产业？

老人村管理者3号：土地太少，种粮食不划算，现在剩余的耕地以及流转的荒山，主要用来发展核桃、魔芋这些经济作物。

笔者：村民参与旅游的积极性如何，主要以何种形式参与旅游发展？

老人村管理者3号：一般吧，不是很积极的那种概念。如果政府喊组织搞点什么活动是没得问题的。就是这两年生意不好，大家没得以前那么积极，游客一来大家都忙得不得了哟。临街的铺面大部分都是出租，这后面的（禅寿老街背后）大部分都是自己开旅馆。

笔者：您能具体讲一下村上老百姓是如何参与旅游发展的，收入情况如何？

老人村管理者3号：具体来说嘛，有头脑、有资本的自己开馆子和民宿、买车跑运输拉客，自己给自己打工，当老板嘛，前几年生意好，应该是赚了不少钱。还有的就把房子出租，收租金嘛。老街上60%~70%是外来商户，刚刚开始的时候炒到8万元左右，现在不贵了，一间门面的租金只投1.5万元~2万元。剩下的就摆摊摊，卖土特产，或者给别个打工，有些馆子、客栈在旺季要请几个人帮忙，一个月也有两千多的样子。

笔者：村里是否有合作社、旅游协会等组织，运行情况如何？

老人村管理者3号：旅游协会没得，合作社有。主要是农业方面的合作社，核桃种植、魔芋这些，几乎没得效益。

笔者：本村的旅游收益是如何分配的，村民每年能分到多少收益？

老人村管理者3号：我们没得啥子旅游分红，只有两万多块钱的集体经济收入，给全村老百姓买了农房保险。我们这木头房子比较多，主要是为了防火灾，已经连续买了3年了。

笔者：本村预防和应对自然灾害的主要做法是？

老人村管理者3号：成立了义务打火队、志愿服务队以及民兵组织，储备了防洪抢险机械。去年"8·20"的时候，我们村上就自己组织了挖掘机、装载机和清淤队进行自救。志愿者通知游客在哪里集中、哪里乘车、哪里接受物资这些，把游客疏散出去。

笔者：有关村寨重大事项是如何决策的，村民是否参与？

老人村管理者3号：一般是两委会先开会通过，然后是村民代表大会表决，我们每个组10户人1个代表。村民参加这些会议还是很积极的。

笔者：基层党组织在本村旅游发展过程中发挥了哪些作用？目前，基层党组织建设存在哪些困难？

老人村管理者3号：最起码的起到了带头作用，好多时候都是从自己和亲戚朋友动起走，然后带动周边的人。党员帮忙宣传党的政策，党员的觉悟性肯定是要高些。目前困难主要是经费问题，提高党员知识这些还是不够，天天坐在屋里增加不了什么知识。还是要参观借鉴那些做得好的、先进的，回来才好动员大家。每年的检查又多，我们村又是全国文明村，这次又喊创建四川省的乡村振兴示范村，现在经费很少，一年才两万块钱，做那些展板就消费完了。现在与师院（阿坝师范学院）在搞结对共建，给我们老百姓和党员这块开了好多会，讲哈党课，提高下认识。最受益的是给我们景区带来一些舞蹈的编排，配合我们村做一些文化和文艺方面的演出，还是比较接地气的，也让我们搞一些活动的时候更有底气。

笔者：您认为本村发展旅游有哪些有益经验？

老人村管理者3号：主要就是在一些时间节点开展一些文艺表演，做一些有地方民族特色的舞蹈，与游客、老百姓形成一定互动。不然游客过来照相连取景的东西都没有。古镇上有两个广场，就应该定时定点搞一些民族特色表演，包括我们这的茶艺展示。

笔者：您认为本村当前发展旅游存在哪些困难和问题？

老人村管理者3号：以前我们的文化活动是三五天就有，再少半个月之内都有一场，现在就是两三个月都还难搞一场。这个问题还需要政府重视，村上的经费有限。老百姓参加这些活动都是无偿的，偶尔来一次是可以的，长期搞这些没得钱的事还是不行。另外政府还是要给一些发展民宿的政策。地震后打造旅游的时候，只要求数量，没要求质量，现在这些客栈都需要升级打造才能满足客人的需求。现在没给政策，老百姓也动不了，搭建一些东西又不合规了。政府应该给些方案或者模板，引导老百姓来对照改造。最后绿化也很关键，目前上场（春风阁以上部分）的老百姓自己买了些花草摆在门口，下场就没得人摆了。

笔者：您对本村的乡村振兴工作有哪些建议或思考？

老人村管理者3号：乡村振兴这块我们想的还是纵深发展。我们古镇地震后只打造了临街面的一条街，后街这些基本没盘活，外部风貌、路面、房屋这些都是很凌乱的，这些应该统一地规划一下。另外准备在一组打造一个70亩的康养社区，搞一些高端的酒店、商业街、林下体验活动等，与现在的花谷（水磨镇新近打造的仁吉喜目花谷）形成一个小环线，把游客吸引上去。另外准备争取项目打造迷你漂流，发展集体经济，让老百姓受益。发展产业才是硬道理，集体经济发展起来了，对老百姓也好管理。没得集体经济就没得约束力，就只能和老百姓谈感情，这样是不长久的。

1-3 对老人村旅游经营户1号的访谈纪要

访谈时间：2020年7月23日

访谈地点：老人村禅寿老街被访谈人餐厅

访谈目的：了解旅游经营情况

访谈人：笔者

访谈对象简介：老人村旅游经营户1号（S），男，52岁，老人村人，在老街经营餐馆。

访谈内容：

笔者：最近几年进入水磨的道路多次修缮，甚至封闭施工，给游客的进入带来不便，对你的餐馆经营有哪些影响？

老人村旅游经营户1号：修路其实不是最关键的问题，因为自然灾害损坏道路，修路是应该的。老人村就只有这么大，游客来了几支烟的功夫就走完了。没有耍的，游客来了一会儿就走了，起啥作用？我们小河沟那边可以搞点小漂流，像黄龙溪（成都双流区）、龙池（都江堰市）那样多安逸，游客来了耍得住。政府应多开发些项目，这样才留得住客。

政府也不能把东西都占起，像河边上那一排烧烤、夜啤酒摊位原来是私人经营，现在政府占起收租金，租金收高了，人家做生意的就不好弄，客人去吃也吃不好，钱还花不少，整得老百姓意见很大。

笔者：现在有一些旅游地存在恶性竞争的现象，我们老人村有没有这种情况？

老人村旅游经营户1号：有嘛，现在游客少了，来点游客，这些旅馆都把他们盯着，你喊80，我就喊60（元）。这样像什么样子嘛，到头来大家都做不好。

笔者：旅游开发以前，您主要从事什么工作？现在生活来源和收入情况如何？

老人村旅游经营户1号：以前主要是打工嘛，开始一两千元一个月，地震前一个月有5000多块钱。地震后我开了这个面馆，一个人做（经营），去年这个时候一天能卖30斤面，一年能挣十二三万左右。今年不行，没得游客，像今天才卖几斤面。

笔者：您目前的土地使用情况如何？

老人村旅游经营户1号：只有一点点土地了，全部退耕还林，没种地了。我们村土地本来就少，灾后重建搞旅游又占了不少地，现在几乎没啥土地了。

笔者：您认为旅游开发给本村带来哪些变化？

老人村旅游经营户1号：这个就不好说，原来我们这是工业园区，打工的地方多，农民的生活还要好些。现在虽说是旅游城镇，5A景区，但是好多农民就用不上了。原来卖体力能挣钱，现在卖体力都挣不到钱了。要说变化呢，地震后我们水磨一步跨了50年。道路、教育这些都很不错了，我们这的老百姓是相当感恩的。

笔者：您认为老人村旅游发展还需要进行哪些改进？

老人村旅游经营户1号：国家投资的钱如果都用在旅游上的话，我们这的日子应该好过得很。小河沟、人工湖、沿河一带这些该打造的修整好，把游客留住。老百姓对政府还是有意见的。

1-4 对老人村旅游经营户2号的访谈纪要

访谈时间：2020年7月23日

访谈地点：老人村禅寿老街被访谈人餐厅

访谈目的：了解旅游经营情况

访谈人：笔者

访谈对象简介：老人村旅游经营户2号（Y），男，38岁，都江堰人，初中文化。在老人村禅寿老街经营餐馆，经营规模同时可容纳350人就餐。

笔者：您认为目前老人村旅游发展情况如何？

老人村旅游经营户2号：老人村的建筑、文化、卫生还是很不错的，我考察的很多地方都没有这里修得好，这也是我选择在这里做生意的主要原因。目前，最恼火的就是基础设施，停电、修路影响很大。对我们做生意的来讲，相当痛苦。

笔者：您在老人村经营餐馆多年，总体收入情况如何？

老人村旅游经营户2号：头两三年（2012年左右）生意最好，一年十七八万元没问题。最近四五年真的痛苦，修路断了一年，修洞子（隧道）断了两年，水磨到都江堰这条路经常大修，生意就埋没了，道路口碑也传得很远，人家都不想来了。如果继续像这样子下去，我悲观地预测，五年以内街上（店铺）起码关三分之二。今年能够保本就相当不错了，到目前为止，我还没风风火火做过一天生意。如果再这样继续下去，我也要考虑是否继续在这里坚持下去了，钱没挣到，时间也浪费了。

笔者：您作为外来旅游经营户，当地政府对你们的管理情况如何？

老人村旅游经营户2号：该要求的还是必须要求，比如说卫生，每月检查几次；另外就是不乱喝酒、不闹事、安全、消防这些，这个确实做的好，我们也听从管理。本地老百姓待人也友好，没得欺压、地痞流氓这些，我在这做了这么久的生意，目前为止还没发现有这些情况，至少在阿坝州来讲是非常不错的。

2. 桃坪村访谈纪要

2-1 对桃坪村管理者 1 号的访谈纪要

访谈时间：2020 年 7 月 22 日

访谈地点：桃坪镇政府办公室

访谈目的：了解桃坪村旅游发展和乡村振兴战略推进情况

访谈人：笔者

访谈对象简介：桃坪村管理者 1 号（Y），女，32 岁，汶川人，桃坪镇政府工作人员。

访谈内容：

笔者：发展旅游以来，桃坪羌寨有哪些显著的变化？

桃坪村管理者 1 号：首先肯定是百姓的收入增加了。还有就是百姓的思想，对他们的环境卫生、观念这些都有影响。以前老百姓不怎么讲卫生，现在好多了，他们自己也感受到了，不讲卫生就没有游客，必须要整得干干净净。老百姓参与旅游发展的积极性很高，每家每户几乎都有参加。现在全县给桃坪的定位是文博旅游小镇，打造东部羌文化的体验区，这几年我们也是一直在做这个事情。从景区提升方面，与甘堡藏寨一起申报 5A 级景区，形成一个既有羌族文化又有藏族文化的景区。

笔者：桃坪羌寨目前的管理机制是什么？

桃坪村管理者 1 号：桃坪景区管理是县委＋文体旅局＋乡镇＋吉祥文化旅游公司＋村实行共管。乡上和县上起一个引导作用，日常管理主要由景区管理处负责，工作人员由县上的文体旅局和公司组成，日常维护主要是村上负责。目前我们正在整治旅游市场，摊位不规范的现象还比较明显，很影响形象。镇上有想法再成立一个市场管理机构，由派出所、县综合执法局、乡上、景区管理处、村两委的人员一起组成一个执法队。

笔者：您刚刚提到了桃坪羌寨目前不规范经营摊位的现象比较突出，对村寨风貌形象影响较大。针对这个问题，除了计划成立执法队进行市场整治外，还有没有其他计划？

桃坪村管理者 1 号：桃坪羌寨新寨在 2008 年地震恢复重建后就分给了老百姓自己经营，餐饮、住宿、特产零售这些混在一起。目前的打算是进行统规统管，做一个功能分区，把餐饮、住宿、娱乐这些分开。几个区域分开后，相互之间的影响减小了，污水、生活垃圾处理这些也更方便。同时，游客来了也更有耍的，把游客留住。像住宿这些可以组织一批经营户进行联营，由一家公司进行统一的、规模化管理，老百姓只做他自己能做的那些事情。这样可以提高产品的品质。

笔者：目前桃坪羌寨的生活污水和生活垃圾处理情况如何？

桃坪村管理者1号：我们有专门的污水处理厂，每天大约能处理100吨，生活污水100%处理，但是旺季的时候还是压力比较大。寨子里有专门的环卫人员，生活垃圾是统一收集、转运至汶川的垃圾处理厂。游客量大的时候，环境卫生维护压力还比较大，游客素质以及个别老百姓在环境保护意识方面还需要加强。

笔者：2014年底国家调整了土地政策，将土地的所有权、承包权和经营权分置。桃坪羌寨的土地确权工作进展如何，目前土地流转情况如何？

桃坪村管理者1号：第二轮土地承包确权工作已经全部完成，证书也发下去了。近几年由于汶马高速等工程占地比较多，所以第二轮土地面积与第一轮的差距比较大，有些户原来有一两亩土地，现在全部占完了。土地流转的情况比较少，只有50亩林地流转给一个养鸡合作社，收入4万元钱，是纳入集体经济的。

笔者：您认为桃坪羌寨当前旅游发展存在哪些困难和问题？

桃坪村管理者1号：桃坪镇是乡村振兴的示范镇，桃坪村也是示范村，但是从财力的投入上还差很多。比如今年（2020年）桃坪镇作为乡村振兴示范镇，我们只有10万元的公共厕所项目投入。我们也在给县上反映这个问题，Y书记（县委领导）也表示县上目前乡村振兴工作的弱点还比较多，要集中人力、财力、物力一个点一个点打造，分散实施的效果确实不太明显。

笔者：在羌寨旅游和乡村振兴方面，如何将基层党员、村民的积极性调动起来？

桃坪村管理者1号：我们前期成立了一个旅游协会，对餐饮、住宿等进行统一分配，但在具体操作过程中作用发挥得不太明显。我们党员（觉悟）还是可以，现在有18户党员经营户。我们对党员进行主题教育、诚信教育和实行连片包干制度，对包干户进行思想引导。另外，我们还有一个老年协会，成员主要由60岁以上老年人构成。他们主要做政策宣传、村寨巡逻这些。

笔者：桃坪羌寨预防和应对自然灾害的主要措施有哪些？

桃坪村管理者1号：桃坪羌寨的地理位置和建筑方式使它本身抗灾能力比较强，去年"8·20"泥石流的时候，我们疏散了1500多名游客。我们县上和镇上对地质灾害工作非常重视，定期巡察。我们镇有31个地质灾害点，都配有专门的地质灾害监测员进行日常巡视、报备，每一个地质灾害点都有应急预案，镇上也会每天将天气、地质情况通报给地灾员，提醒加强监测巡察。另外，我们每年还要开展一次应急演练。

笔者：有关村寨重大事项是如何决策的，村民参与程度如何？

桃坪村管理者1号：大事情都是村民大会集体通过，比如说今年的农村集体经济股权量化、村组建制改革这些都召开了村民大会。涉及老百姓切身利益的，比如分红、羌寨管理、天府旅游名县创建启动这些都召开了经营户大会，所有的决议都从会上产生。另外我们还有微信群，及时在群里通知一些事情。我们老百姓参与意识总体还是比较好，会议集体参加。一些集体决策也在自觉执行，比如说前段时间因为疫情影响，要求大家暂停经营活动，所有经营户都是立即执行，已经预约了的接待都主动全部取消了。

笔者：您认为桃坪羌寨旅游发展有哪些有益经验？

桃坪村管理者1号：首先还是政府重视桃坪羌寨的发展，投入资源促进发展。其次是立足羌文化特色。在有大型活动的时候，整个旅游线路都有文化展示，比如羌笛、羌绣、羊皮鼓、羌歌、羌舞都会在这个时候展示给客人。我们老百姓自愿成立一个土风歌舞队，一旦有大型的文化活动的时候，都是自愿表演。特别是我们每年十月初一的花儿纳吉赛歌节是非常大型的，各个村的老百姓都参与其中，节目都是自编、自导、自演。再次是老百姓发展旅游意向比较强烈。我们从1996年开始发展旅游，还是遇到了很多问题，但都是在解决问题中前进，老百姓比较支持和理解，他们晓得桃坪这块牌子一旦打砸了，他们的饭碗也打砸了。

笔者：您对桃坪羌寨的乡村振兴工作有哪些建议或思考？

桃坪村管理者1号：我们桃坪重点还是旅游振兴。产业振兴这块，虽然我们桃坪羌寨发展旅游这么多年，看起来比其他地方要稍微规范一些，但是从我自身的角度来讲，觉得还是缺乏专业的管理团队。在村寨整体的规划、设计、文化展示、景区秩序维护、摊点摊贩的规范、物价等方面都还存在难题，还是应该由专业的人来做专业的事。虽然我们现在县上、镇上、村上、公司都有人，但总归是个大杂烩，都不专业。从整个桃坪镇来说，我们不光要发展旅游产业，还要注重农业的发展。这几年在进行农业产业结构调整，从原来的土豆、玉米这些转为特色水果，比如甜樱桃、青红脆李、苹果都逐渐形成规模。但是在品质上还需要提升，有些老百姓打激素药影响产品品质。还有产品同质化问题，有些水果供大于求，价格上不去，像青红脆李只有两三元一斤。所以也要考虑品种的更新换代。另外，我们还应该探索立体式农业，不能光发展树上经济，树下面的也应该利用起来发展养殖、中草药种植等。基础设施上面有所欠缺，灯光、饮水、电力这些要加强。人居环境方面，进一步加强厕所改造,全镇各个村要实现污水集中处理。加强生活垃圾处理,配齐垃圾清运、处理设施设备,完善相关制度。乡风文明方面,各个村成立道德评判团,由村上德高望重的老年人组成,从"孝、善、和、美"几个方面对各户进行评判,引导农民向这方面发展。

2-2 对桃坪村管理者2号的访谈纪要

访谈时间:2020年7月22日

访谈地点:桃坪羌寨新寨被访谈人家中

访谈目的:了解桃坪羌寨旅游发展和乡村振兴战略推进情况

访谈人:笔者

访谈对象简介:桃坪村管理者2号(Y),女,41岁,中专毕业,桃坪村人,家中三口人,孩子在外读书,自己与老公在新寨自家房屋经营餐饮住宿5年,现为桃坪村干部。

访谈内容:

笔者:你认为桃坪对游客的吸引之处有哪些?

桃坪村管理者2号:最主要的还是文化,像服饰、习俗、建筑这些嘛,我们老寨子就很独特,在别处他(游客)看不到这种建筑形式,这么复杂的地下水网,像迷宫一样的巷子,相当部分的游客来了都还是要买票(参观)。如果没得这些,我们靠啥子挣钱呢?

笔者:村民参与旅游的积极性如何,主要以何种方式参与旅游发展?

桃坪村管理者2号:以前主要是搞农业生产,种粮食、苹果、花椒,养羊、猪这些,大部分自己拿来吃了,卖的比较少,也卖不了多少钱。现在是农业、旅游都有,老百姓地也还在种,主要种水果,但主体是靠旅游收入了,占70%~80%。农旅互动嘛,地上还是要有收入嘛,客人来了才去采摘嘛。我们这个地方一旦旅游歇火(指旅游收入大幅下降)了,老百姓恼火得很。大部分老百姓都是开餐馆和旅馆。现在土地少,以前我们这里分地都才7分2厘地,搞建设征占了一部分后更少了,有些人就一点土地都没得了。

笔者:村里是否有合作社、旅游协会等组织,运行情况如何?

桃坪村管理者2号:旅游协会有,但是现在没怎么起作用。合作社就多了,羌绣、果蔬、特色药材这些,但是没有什么效益。羌绣合作社在地震时候起作用,组织老百姓学嘛。旅游协会是刚刚搞旅游那几年起作用,针对大型活动的分配、安排、管理起了作用,后面政府和公司开始管理,协会就没怎么起作用了。旅游协会权力不够大,要下放权力、资金,才有动力。啥子都没有,空壳壳起啥作用，目前就是这样。你让旅游协会来管理市场吗，或者管理个什么东西，它有一定的安排权和支配权，有启动资金、办公室这些，那肯定一下就搞起来了，它就会很忙。

笔者：在本村从事旅游经营的外来人口主要来自哪些地区，与本地老百姓关系如何？

桃坪村管理者2号：自贡、成都，主要是在这租房子搞餐饮、住宿，在路边摆摊摊嘛。他们与本地人没得啥子冲突，非常好管理，不敢有啥子。今年生意不好做，我们5月1号才开始营业，到6月初那段时间生意比较好，卖车厘子这些。时间一过，就像秋风扫落叶一样干干净净。一栋房子平均租金都在10万以上，除去人工的话，今年可能要亏对半。

笔者：有关村寨重大事项是如何决策的，村民参与的积极性如何？

桃坪村管理者2号：村民大会嘛。我们这边（桃坪小组）的积极性不是很高，其他两个小组积极性要高些。我们旅游从1990年代开始开发，现在都几十年了，按理说日子应该是比较好过的。确实是比以前好了，但是我觉得这么多年下来，整体提升度不大。如果老百姓家家都富裕了，安排有方、管理有方，他肯定参与度就高了。说句不好听的话，我当了10年村干部，搬了10年摊位，整治了10年摊位。管理上有点欠缺，大家都疲了。像我整治摊位，不准他们占用公共地方摆，但你总要有地方能让他们来摆，能卖东西，但我们确实拿不出这个地方让他们来摆，你让他们拿啥子来生存呢，所以很难。

笔者：外来公司参与经营管理，对老百姓积极性有没有影响？

桃坪村管理者2号：外来公司前年来过一年，也没有实质性的投资，过来就是为了卖门票，还亏起钱走的。现在是县、乡、村公司共管，县上有个文旅公司（吉祥文化旅游公司），他们管，我们村两委会参与，镇上管大的方向。我们村上就管细节，班子成员都安排得有工作，像团支部书记就管保安，我就管导游、后勤这些，组长就管卫生、水电，书记就管全面，反正上面安排我们做啥，我们就做啥。这个旅游收入到了公司的账上，年底我们就拖出来算。但到底是多少我们也不管，你说多呢就多，说少就少，原来门票收入还要给我们发短信，现在也不发了。

笔者：基层党组织（村委和党员）在本村旅游发展过程中发挥了哪些作用，目前基层党组织建设存在哪些困难？

桃坪村管理者2号：村组干部在大的整治、旅游发展方面都起带头作用，我们挂了"党员经营户"牌子，哪里乱搭乱建了必须带头拆，配合村两委会工作。困难呢，我们这边岁数偏大的党员还是有一部分，个别党员的积极性不大够，开会也好，学习也好，有时候要请假。可能都在忙自己的事情，合村之后党员管理可能是一个问题。

笔者：您认为当前桃坪羌寨旅游发展存在哪些困难和问题？

桃坪村管理者 2 号：水电问题嘛，不是停水就是停电，这个影响很大。还有管理问题，主要是市场管理。这个地方一到水果上市，整个就是个菜市场，不规范，乱摆乱放。我们去其他景区参观都是分区或者所有东西进摊位，我们这里就是想怎么摆就怎么摆，想占道就占道。一旦我们要景区升级或者复核 4A，这些就是问题，能把 4A 保下来就不错了。我们这种人文景观，老百姓又在里面吃住，老板些（公司）不好和老百姓打交道，老寨子又是国家文物，不能随便动。它不像纯的那种景观型景区，老百姓都搬出来了，他管理起来就方便得很，想打通哪里、在哪里布局产品都方便。产品很单调，没有新的吸引客人的东西，都是餐饮。游客来了就最多住一晚上，耍的也没有，有点舞蹈节目或者参观的对象才能把客留住。游客量不够，老百姓挣不到钱，就不敢再投钱进去。老百姓都想把自己东西卖出去，不计成本、不算折旧，就开始杀价，久而久之就成了恶性循环，越做越穷。

笔者：您对桃坪羌寨的乡村振兴有哪些建议或思考？

桃坪村管理者 2 号：哎哟，说的振兴只是大的方向，啥子人居环境这些起到一部分作用，但老百姓富裕了才得到根本性解决。产业兴旺了，老百姓包包揣鼓了，没得矛盾、没得上访了，就啥子都振兴了。乡村振兴，立几个牌子、拉几个横幅，请人打扫一下卫生就振兴了？改厨改厕倒弄了，饮水和化粪池这些都是很简单地就验收了。有些地方原来就没设计排污，就直接排到杂谷脑河了，这些都应该处理。老寨子也要改地下排污系统，以前是直接排到地下水网，改造的工程量有点大。

2—3 对桃坪村非旅游经营者 1 号的访谈纪要

访谈时间：2020 年 7 月 22 日

访谈地点：桃坪羌寨新寨

访谈目的：了解桃坪羌寨旅游发展和乡村振兴战略推进情况

访谈人：笔者

访谈对象简介：桃坪村非旅游经营者 1 号（W），男，79 岁，高中文化，桃坪羌寨人。家中共两口人，妻子常年患病。现主要在家务农。

访谈内容：

笔者：旅游发展以前，您主要从事什么工作？您现在的生活来源和收入状况如何？

桃坪村非旅游经营者1号：这个话要说远点，人民公社时期我主要出去找副业，当养路工，一年能给公社交400~700元钱，算是相当高了。因为家庭成分原因，我没能上大学，后面在乡上也当代课老师。1985年我和同学在汶川水泥厂创办了职工小学，我当老师和办公室主任。再后来，在理县搞矿泉水的时候，我又在古尔沟弄温泉、矿泉水，算是第一批技术人员，当了副厂长。阿坝州搞商品蔬菜的时候，我又去整蔬菜。桃坪搞旅游后，我又在公司里当顾问、当导游，领工资。2012年灾后重建复业后就没搞旅游了。现在主要收入是务农，另外还有因征失地买的社保，每月有1138元。

笔者：您目前的土地使用情况如何？

桃坪村非旅游经营者1号：我土地自己在种大樱桃和脆红李。我们这车厘子品质好，能卖到四五十块一斤。我们村上土地流转出去的少，本地人不怎么做（务农），不屑于做这个，自己又懒，好多土地是荒芜的，有些种点蔬菜和水果，种这些一年忙不了多久，花的劳力少。

笔者：现在寨子里出去打工的人还多吗？

桃坪村非旅游经营者1号：寨子里的人基本都在搞旅游，外出打工的很少，不超过3个，这里都有100多名外地人打工，旺季的时候周边村子的一些老百姓也在这里打点零工。从去年到今年，村上很多房子都租出去了，今年尤为突出，大约有70%~80%的本地人都打算租出去，现在租金要低些。

笔者：桃坪发展旅游已经20多年了，您觉得旅游给村上带来哪些变化？

桃坪村非旅游经营者1号：这个很难表述。首先是人们都富起来了，钱多了。另外就是这些新的潮流、生活方式，不管是好的还是坏的都来了，泥沙俱下。比如说人情关系淡漠、金钱观的扭曲这些都随之而来。我最看不惯的是一大批年轻人懒惰，收入好了，人变懒了。哎，我们简直看不惯。旅游越发达的地方，年轻人越是这样。如果断绝旅游这些收入来源，很多人不行，原来种庄稼的那一套全部丢了。

笔者：旅游开发后，村寨的贫富差距情况如何？

桃坪村非旅游经营者1号：差距大，那些大户一年少说一两百万。这些跟文化程度、服务意识、经营理念有关，根本上还是要遵循一个好的宗旨。对人善良、诚信，这种人就会稳稳当当富起来。一夜暴富、歪门邪道我们看的无数了，这种人不行，富不了。

笔者：您认为村委会和党员在桃坪旅游发展中发挥了哪些作用？

桃坪村非旅游经营者1号：你要听真话还是假话？真话你应该都晓得（笔

者：您给我讲讲真实看法）。上级党委领导的方向是对的，但是我们个别党员不主动。领导是正确的，方向是正确的，发挥一般成员的主观能动作用，还差。

笔者：目前桃坪羌寨景区的管理体制是怎样的？

桃坪村非旅游经营者1号：公司制，村委会排除在外，进不去的。公司经营阻力很大，经营起来比较困难。这个公司既不是县里的，也不是私人老板的，究竟是哪里的，我也不知道，反正就是一个集体的经营组织。县上挂牌是不准的，但是离开县上领导也是不行的，哪个站出来呢？这边主要是公司、政府这些在管理，老百姓参与的动力也不大。

笔者：现在门票收入是怎么分配的？

桃坪村非旅游经营者1号：年底的时候要分红。按照两个指标分配给老百姓。第一是按人头，第二是按老房子的面积。因为老房子才组成了羌寨，给他钱才便于维修，不能说我有这边洋房子就不管那边了。现在加大人头股的呼声比较大，对文物保护的意识不足，所以面积的钱很少。前几天Z（州政协干部）来调研的时候我就提到了这个问题，不能忘掉老寨子，没有老寨子哪里来的新寨子呢？老寨子的防火、维修、景观都要重视。

笔者：桃坪羌寨所蕴含的文化十分丰富，您对羌族的文化保护与传承有什么考虑？

桃坪村非旅游经营者1号：我年龄也80了，想坐下来写点东西，可是我连一个像样的电脑都没有，我是向县上要。文体旅游局跟镇上文化站联系，后面给了我一个淘汰的旧电脑，都不好用，甩到屋里的（语气无奈）。传承这个问题我呼吁了十多二十年了，有些人（传承者）都80、90多了，身体不好，要给老的这些传承者一点钱，让他们吃好点、住好点是有好处的。但是这个事情没有办到，最近几年也一直在做这个工作，州级传承人一年有3000元，国家级可能有一万多，县级传承人没得，反正我们县没得，听说汶川有。

笔者：桃坪羌寨目前主要有哪些羌寨非物质文化遗产项目？

桃坪村非旅游经营者1号：有本本的传承人只有几个，有一个缝羊皮褂子的，还有个织麻布，还有白石崇拜，佳山寨（临近桃坪羌寨）有个羌碉的构筑。现在年轻人对这些不感兴趣。但是话说回来，开展旅游以后对这些"非遗"的传承还是有一点好处，有一些年轻人在开始了解羌语、锅庄、山歌、民间故事、建筑特色了，因为在一些节日、接待应酬需要，就有人教，他们也愿意学。当年刚刚开展旅游的时候，还不明确这些啊。开展（旅游）第三年的时候，县上让我写个总结，我写了《文化搭桥、经济唱戏——桃坪羌寨开展旅游三年的探索与实践》，我就写了"文化才是旅游的灵魂"，只有这样才能把旅游搞好。

笔者：我知道您自己花了不少钱和精力建了一个羌族文化博物馆，初衷是什么呢？

桃坪村非旅游经营者1号：我的博物馆可以说耗费了太多精力，建好这么多年也不收门票，大家免费参观（目前，其私人博物馆已处于半关闭状态）。我想把羌族的历史、文化更直观地展示给大家。做这个事情的过程中，也学到了不少知识，我想只有把我们的过去搞清楚了，将来才能更好地发展。这些年我一直在做这个事情，写了一些关于桃坪乃至于羌族的东西，等会儿拿给你看一下。（临行前，W送给笔者两本《理县政协文史资料选辑》，其中有数篇W撰写的有关桃坪和羌族历史文化的文章。）

笔者：您认为目前桃坪羌寨旅游发展存在哪些问题或困难？

桃坪村非旅游经营者1号：我认为上级想得很周到，在各个方面有指示、有经济投入，但是收效甚微。叫你打酱油的钱你去买醋了，叫你在东边搭个亭子，你在西边修了个厕所，没有把钱花对，该做的事没做。第二对老寨重视不够，我想建议在桃坪再开发好几个景点，但是我有机会说话吗？桃坪旅游的发展不是桃坪老百姓说了算，政府说了算，但是所说的也实施不力啊。第三，对民族文化的挖掘利用不足，对游客的展示不够，对游客吸引力也不够，自己也不知道如何展示。如果我们有足够的、丰富的、巧妙的方法把我们的"非遗"展示得淋漓尽致，让这些游客惊叹，那么我们旅游会发展得更好，但是我们现在做得不够。

2—4 对桃坪村旅游经营者访谈的纪要

访谈时间：2020年7月22日

访谈地点：桃坪羌寨新寨S民俗客栈

访谈目的：了解桃坪羌寨旅游发展情况

访谈人：笔者

访谈对象简介：经营者1号，桃坪村人，原为税务局干部，退休后在新寨自家房屋经营民俗客栈。经营者2号，自贡富顺县人，在新寨租房经营餐饮和临街摆摊。经营者3号，自贡富顺县人，在新寨租房经营餐饮。

访谈内容：

笔者：桃坪羌寨是羌族村寨里面旅游发展相对较好的寨子，你们目前收入怎么样？

经营者2号：今年受疫情影响，来的客人比较少。现在也才做了两个多月生意，游客比往年少很多，生意不好做。

经营者3号：不光是客人少，很多人来了转一圈又走了，留不住客。他们要是在这里多待一段时间，我们日子要好过一点。

笔者：您刚刚说的游客转一圈就走了，主要原因是什么呢？

经营者3号：我们这耍的东西太少了，羌笛、歌舞这些太少。如果每个点在固定时间都有歌舞表演，那客人肯定就留下来看了，东西这些也就好卖。

经营者1号：这里留客还是不行，很多人来都问我们"你们晚上有没有锅庄"，我只能说没有，别人转身就走了。

经营者3号：新寨子应该多加些羌族的元素，不能只光顾着做生意，像你们（指一同被访谈的自贡富顺餐饮经营者）店里就应该放些我们（羌族）的东西，让游客一来就能感受我们的文化。我的一楼里面就是按照羌族的风格装修的，尽管我的客房全部在二楼，一楼花这么多钱装修也挣不了钱，但是能够展示我们的文化还是值得的，这一点很重要。

经营者1号：还有个问题，我说句可能有损本地人利益的话，就是很多游客觉得门票太贵了，给我们说老寨子没有什么看头。不了解羌族文化的，不请导游的话，他进去了（老寨子）也看不懂。

经营者3号：这个可能跟导游也有关系，我们现在景区的导游20块钱，讲都讲不清楚，甚至乱说。（把游客）带到老寨子就（让游客）去庙子买东西，就不管了，游客心里也不高兴。

经营者2号：其实可以学其他景区分淡旺季，我们这里除了网上订票便宜10块钱外，没有什么优惠。这里卖的土特产好多也是从外面拉进来的，也没好多特色。其实这里资源还是挺好的，好好开发一下，把客人留住。

笔者：除了留不住客以外，你们觉得还有哪些方面需要改进？

经营者1号：基础设施，水和电的问题。我们这灾害多，应该把管子埋在地下，现在放到河道里，经常被冲断，被石头砸坏。政府应该引起重视，再这样下去一个好端端的景区就要毁了。听说国家给了很多钱，水的问题一直没有彻底解决。

经营者2号：水不解决，我们做生意的很恼火。有一次中午我们这来了好几桌客人准备吃饭，我都不敢接，水是浑的，没法煮饭。还有经常停电，外地人来了很不方便，我们这里又是山区，别人还是有些担心。作为一个景区，水、电是最基本的，随时随地都不应该出现这些问题。现在准备升5A，如果认真检查，绝对是不过关的。

经营者 3 号：饮水问题，国家很多年前就在提，但是桃坪作为一个景区，现在都还有这些问题，真的不应该。旅游旺季，这里一天住的都有一两千人，你想象一下他们每天都是用的脏水，这样传出去要传好远。

笔者：您提到这么多问题，村上有没有向公司或者政府反映？

经营者 3 号：我们说了很多次了哟，但是落实得很慢。说实话，寨子头旅游咋个发展，都是上面说怎么怎么办，我们说了也不算话。

笔者：桃坪游客的消费能力怎么样？

经营者 2 号：不行，讲价厉害得很，特别是吃的讲价不得了。你刚刚吃饭的时候也看到了，几个大姐来吃饭在讲价。

3. 坪头村访谈纪要

3-1 对坪头村两委班子访谈的纪要

访谈时间：2020 年 7 月 20 日

访谈地点：坪头村村委会

访谈目的：了解坪头村旅游发展和乡村振兴情况

访谈人：笔者

访谈对象简介：干部 1 号（W3），男，坪头村人；干部 2 号（Y），坪头村人，长期从事旅游、地产等工作；干部 3 号（H），凤仪镇政府工作人员，坪头村驻村干部。

笔者：目前坪头村旅游发展的整体情况如何？

村干部 1 号：原来的老坪头村 70% 的人都是靠旅游吃饭，现在把茂县古羌城所在的水西村也合并到坪头来了，所以我们现在地盘上是有两个 4A 级景区。我们主要靠旅游，水西主要是农业，坪头走得就是农旅结合，是真正有效地结合，不是吹出来的结合。我们原来的旅游模式是比较传统的，靠得是团队游。这种模式有些问题，一是跟老百姓相互争利，然后是管理上矛盾很多，像牟托寨就是个例子。坪头跟牟托不同的就是村上的公司自己经营，属于集体资产，把老百姓凝聚在一起，公司的法人代表是支部书记、总经理是村主任。现在两个村合并之后，村主任和书记一肩挑，我们现在是党委（合村之后，全村党员人数已超过 100 人，成立了坪头村党委会），不是支部，这在阿坝州是很少的。国家在精准扶贫工作结束之后就是乡村振兴，我们现在就是要抓住这个机遇，实现农旅的有效结合，农业可以支撑旅游，旅游也可以支撑农业。我们现在准备转型走避暑康养道路，原来的团队游主要是过境客，转一圈就走了。现在全村有 4200 多个床位，高、中、低档都有，每天可容纳三四千人。今年受疫情影响，客人少点，但这段时间每天都有一两千人左右，主要是成都、重庆、遂宁的客人。

干部3号：我们现在大方向是对的。现在同质化竞争现象十分明显，一窝蜂地上、一阵风地死。我们原来接旅游社的团，价格越做越低，因为缺乏约束机制，恶性竞争，相互杀价，最低做过20元一间房的。还有个问题就是快速膨胀，"大干快上"的现象特别严重，借钱、贷款搞旅游，最后又是恶性竞争。现在政府是想通过分流、打差异化牌来遏制这种现象。坪头最终发展方向应该是朝康养度假村的模式走。这种（过境游客）消费水平是很低的，我们参与的中间环节是挣不到钱的，说白了就是旅行社通过充电的形式保证他自己的收益。价格低会造成什么问题呢？比如说我们的床上用品就可能不会一客一换，有可能一个星期才换一次，价格越低、质量越差，质量越差、价格越低，形成恶性循环。现在急于要摆脱外界对坪头形成的廉价低质形象。我们现在4200多个床位针对中国这个市场（川渝市场）其实压力不大，我们的地理优势（成都三小时经济圈内）、气候优势明显。不外乎就是提升品质，包括房间、餐饮、服务品质，这些都是可以有效提升的。

笔者：目前游客对坪头旅游反映比较集中的问题有哪些？

干部3号：我刚刚才和游客聊天过来，现在反映比较集中的就是水和垃圾的问题。坪头饮用的是山泉水，虽然水质比较好，但是不稳定，一到雨季水就是浑浊的。二是垃圾问题，下李子（采摘李子）的时间，整个夏天（老百姓）往沟里倾倒李子（劣质、品相差的李子）太多了；还有建渣、生活垃圾乱放的现象也比较突出。这个在做乡村振兴规划的时候，应该把这方面考虑进去（目前坪头垃圾存储设施不能满足游客、百姓需求）。

笔者：您认为目前坪头村旅游亟需提升的方面有哪些？

干部3号：我个人的看法，少数民族地区最缺乏的是理念的提升，我们在群众理念方面（老百姓自身的思想理念）毕竟比内地要落后很多。我们不仅要搞干部教育，更重要的是从基层抓起，搞社会教育。对我们乡村旅游经营户进行培训，提升服务意识、服务水平、从业规则知识等。我们现在迫切需要这方面的培训，包括老百姓给我们反映的也是这个，他们自己也不晓得具体该怎么做，人才的培养是尤为迫切的。

干部2号：我们原来重团队游，但是市场不稳定、收益低，现在我们向康养度假方面转型，把客源稳定，让客人变家人。这些就需要服务理念的提升，我们一小部分老百姓做到了，但绝大部分服务理念还没提上去。以前政府组织的培训只是一个村抽那么两三户去，老百姓的集中培训还没有。其实我们是不缺市场的，缺的是内容和设施，现在要把质量提起来，先把老百姓的服务意识、服务理念提起来，然后逐步地提档升级，把低端的那部分慢慢淘汰。

笔者：您认为目前坪头羌寨发展旅游还存在哪些困难？

干部2号：我们资源是有的，地理环境、区位都不错，包括还有那么多集体土地。但是如何把资源转化为资产、把资源转化为资金，目前最大的难度还是缺团队、缺人才、缺资金。我们茂县政府还是比较穷的，现在更多地向政府伸手（寻求资金帮助）也不太现实。现在（政府）给得少了，我们还是要自己想办法，把外面有资金的企业或个人引进来与坪头深度合作。

3-2 对坪头村旅游经营者1号访谈的纪要

访谈时间：2020年7月20日

访谈地点：坪头羌寨Y客栈

访谈目的：了解旅游经营情况

访谈人：笔者

访谈对象简介：坪头村旅游经营者1号（Z），女，39岁，初中文化，家中3口人，与丈夫在坪头羌寨经营旅游餐饮、住宿，儿子在茂县读高三。

访谈内容：

笔者：旅游开发前，您主要从事什么工作？现在的生活来源和收入状况如何？

坪头村旅游经营者1号：我以前什么工作都干过，打工、摆摊摊、幼儿园老师这些都干，那会儿收入比较少，一年到头不够用。2010年我回到坪头开始创业搞旅游，经营餐厅和旅馆。我这经营的比较全，餐饮、住宿、娱乐这些都有。去年（2019年）还不错，毛收入大概有200万。我这全部坐满可以坐800人，忙的时候一天要二三十个服务员、四五个厨师，有时候一天开工资就要开五千多块。

笔者：您家还有多少土地，目前使用情况如何？

坪头村旅游经营者1号：我们家的地全部修了餐厅，把我兄弟的地用来搞了绿化，还租了他们家客房在经营，一年租金7万。

笔者：您认为旅游开发给本村带来哪些变化？

坪头村旅游经营者1号：不要说房子这些变化，其实最大的应该是老百姓意识提升了一些，这是最关键的。服务意识、经营理念这些在转变、提升，不过还要继续提升。对外界接触的新事物较多，意识提升了。寨子里一些年纪比较大的人都没读过书，搞了旅游后，现在普通话整得转了。现在比较有头脑的开通了网上订房，网客也比较多。另外就是产业转型，以前我们这里是种蔬菜、种水果，是成都几个批发市场的基地。发展旅游后，从种植业转到旅游业上来，老百姓经营与旅游相关的东西增加收入，幸福感增加了嘛。

笔者：您认为村委会和党员在本村旅游发展中发挥了什么作用？

坪头村旅游经营者1号：党员干部在带头。比如当初做风貌打造的时候，老百姓不愿意把原来贴的瓷砖这些弄掉，那就是党员干部带头，自己做样板。还有就是刚开始搞旅游的时候，我们村上（集体经济）租了20多栋房子，就是党员干部发动亲戚朋友带头加入。

笔者：您目前参与旅游发展存在哪些困难？

坪头村旅游经营者1号：另外就是老百姓的意识还要提升，有些人只顾个人家的，对我们坪头的环境卫生不爱惜，相互杀价，恶意竞争。这样子下去把坪头搞烂了，对我们影响也比较大。

3—3 对坪头村旅游经营者2号访谈的纪要

访谈时间：2020年7月20日

访谈地点：坪头羌寨

访谈目的：了解旅游经营情况

访谈人：笔者

访谈对象简介：坪头村旅游经营者2号（W2），男，初中文化，在坪头羌寨经营旅游餐饮、住宿以及李子、有机蔬菜种植。

访谈内容：

笔者：旅游开发前，您主要从事什么工作？现在的生活来源和收入状况如何？

坪头村旅游经营者2号：以前主要是种水果蔬菜。地震后这边开始搞旅游，我也修房子，主要从事旅游餐饮、住宿，农业也还在做，种点李子、蔬菜这些。总体来说收入比以前好很多了，前几年生意好的时候上百万。这几年生意没有以前好了，特别是今年受疫情影响，客人很少。

笔者：村上发展旅游后，农业生产有哪些变化？

坪头村旅游经营者2号：最显著的变化就是从主业变成副业了，现在村上大部分都在搞旅游，主要收入也是旅游，农业为旅游服务嘛。再一个就是农业产品销售上也有变化。坪头的老百姓很勤快，以前天不亮就要把采摘的蔬菜、水果背到县城去等老板来收，忙不过来的时候还要请几个人（雇人）帮忙背。现在游客到我们这里度假，不光在这吃、住，还自己到地里摘水果，最后车子里还要装些带走，地里的蔬菜、水果这些有相当一部分在村上就消化了。

笔者：你们组织成立乡村客栈旅游联盟的主要原因是什么？

坪头村旅游经营者2号：第一个是避免乱杀价。没得个约束，价格越杀越低，品质越做越差，游客来要得不高兴，我们也挣不到钱。二来是保护旅行社权益。有些人把拉来客人的车子故意停在路中间，造成拥堵；有些人跑到我门口卖给客人东西，抢旅行社的生意，久而久之旅行社不愿意安排团到这边了。成立这个联盟，大家自愿加入、约定价格、遵守规则，相互之间互相监督约束，把这个市场秩序搞好，旅行社也才愿意安排团过来。同时也是与旅行社竞价的砝码，我们把村上的资源组织起来，才有资本与外面的大旅行社谈判，单家独户的几个床位、几十张床位没法出去谈，有时候旅行社把团带过来，价格压得非常低，根本没有利润可言。

3-4 对坪头村非旅游经营户1号访谈的纪要

访谈时间：2020年7月21日

访谈地点：坪头村被访者家中

访谈目的：了解坪头羌寨旅游发展和乡村振兴战略推进情况

访谈人：笔者

访谈对象简介：坪头羌寨非旅游经营者1号（W1），女，57岁，高中文化。家中6口人：丈夫57岁，在家务农；女儿34岁，在家务农；女婿常年在外打工；两个孙女分别11岁、8岁，在茂县上小学。

访谈内容：

笔者：在坪头村旅游开发前，您主要从事什么工作？您现在的生活来源和收入情况如何？

坪头村非旅游经营者1号：以前主要是务农，种地嘛，一年能找两万块钱左右。现在还是务农，打工这些，一年差不多4万块钱。我不搞旅游，村上好多都是贷款、借钱、卖土地来修房子搞旅游的，这种不一定好。游客少了，旅游搞不起走的时候，生活就困难了。

笔者：您目前家里还有多少土地，使用情况如何？您愿意将土地租出去吗？

坪头村非旅游经营者1号：我们家还有两亩地，主要用来种李子。我不愿意把土地租出去，农民最看重的就是土地。没了土地，我以后就不能种经济树，收入就少了。农民不种地干什么呢，现在出去打工都没人要我们了。现在村上准备在我的地上搞建设（经笔者求证：村上准备修玻璃栈道、高端休闲茶舍等设施），一亩才给我一万五，比我差的地都是四万多，我觉得不公平。习主席说不能乱占耕地，上面政策好，到下面就歪了。

笔者：您认为旅游开发给坪头带来哪些变化？

坪头村非旅游经营者1号：路通、水通，电好嘛，这些确实方便了。村上卫生条件好嘛，文明礼貌比以前好。但是搞旅游前，大家家庭条件都差不多，现在差距大了，以后可能会更大，贫富悬殊。

笔者：在坪头从事旅游经营的外地人多吗？

坪头村非旅游经营者1号：外地人少。前两年还有一些，现在少了。有些老板是亏起走了的（离开坪头村），他们租一亩地要花几十万，游客少了，旅游做不起走。

笔者：您认为村委会和党员在本村旅游发展中发挥了什么作用？

坪头村非旅游经营者1号：党员干部在卫生这些方面还是做得好，带头收拾环境。地震后那几年，村上干了很多事情，在水、电、道路这些方面做出了成绩。去年我们4A复牌，村上也做了不少事情。

笔者：您目前参与旅游发展有哪些困难？

坪头村非旅游经营者1号：我参与旅游主要的困难是没得钱修房子这些，我这几间屋还是地震前修的，这个样子咋能搞旅游嘛。现在李子这些价格也不行，游客买得也少，主要靠老板来地里收，两三块一斤，一年能卖两万五到三万。

附录六 田野工作相关照片

汶川县文旅局座谈（2019年6月）

访谈老人村干部（2020年7月）

访谈老人村干部（2020年7月）

访谈老人村商户（2020年7月）

访谈老人村商户（2020年7月）

访谈老人村商户（2020年7月）

附 录

老人村手工茶制作（2020年7月） 　　老人村民族团结进步街（2020年7月）

访谈理县文旅局工作人员（2019年6月） 　　访谈桃坪村村民（2020年7月）

街边纺线的桃坪村老人（2019年6月） 　　桃坪村羌族传统文化展演（桃坪镇供图）

桃坪村尔玛人家民宿（2020年7月） 　　桃坪村莎朗风情酒店（2020年7月）

桃坪村旅游培训（桃坪镇供图） 　　桃坪村特产展销（桃坪镇供图）

参加坪头村乡村振兴座谈会　　与坪头村干部座谈
（2020年7月）　　（2020年7月）

访谈坪头村村民（2020年7月） 　　访谈坪头村村民（2020年7月）

坪头村乡村客栈联盟成立资料
（2020 年 7 月）

坪头村村民加盖的彩钢屋顶
（2020 年 7 月）

坪头村流转土地引进企业
（2020 年 7 月）

坪头村地质灾害隐患点
（2020 年 7 月）

调研途遇 213 国道滑坡
（2020 年 7 月）

调研途遇 213 国道滑坡
（2020 年 7 月）

老人村遭遇严重泥石流
（2019 年 8 月）

汶川银杏乡生猪养殖企业
（2019 年 8 月）

汶川银杏乡衰落的重工业园区
（2019 年 8 月）

汶川映秀流转土地种植药材
（2019 年 8 月）

茂县牛尾村（2019 年 6 月）

茂县牛尾村土地流转协议
（2019 年 6 月）

附 录

茂县杨柳村集体经济花海
（2019 年 6 月）

理县丘地村（2019 年 6 月）

访谈理县丘地村干部（2019 年 6 月）

理县甘堡藏寨文化传习所
（2019 年 6 月）

后　记

　　合卷，彻夜难眠，五年的博士学习生涯即将结束。五年来，从儿子、丈夫、父亲到教师、学生的身份不断切换，在学校、单位、家庭之间来回奔波，其中冷暖，唯有自知。回首往事，有孤独迷茫、疲惫焦虑，但更多的是信念与支持、收获与希望。每念至此，感恩之心满怀。

　　感谢我的导师吴建国教授。他说"我以为保持平凡而善良是人的本性，而认真工作、善待学生是老师的本分"，他在为学、为师、为人方面言传身教，为学生树立榜样。吴老师长期关注民族地区经济社会发展，严谨、求实、精进的治学精神令人钦佩，告诫学生"做学问关乎良心道德，要坚守学者底线"。我有幸成为吴老师的关门弟子并完成学业，这其中离不开老师的悉心指导。论文从选题、开题，到田野调查，再到初稿、修改稿以及最终定稿，无不倾注了吴老师的大量心血。对于学生的学业疑惑，吴老师总是有问必答，及时解惑，甚至在身体抱恙情况下仍坚持逐章逐节、逐字逐句地彻夜修改论文。吴老师为人正直而善良，不仅对学生学业尽心指导，更在生活和精神上对学生关爱有加，处处为学生"减压解负"。由于我自身理论功底和学识水平有限，常常愧疚和自责未能达到老师期望，唯有今后更加勤勉努力，以不负师恩。

　　对本、硕、博均为跨学科学习且工作数年后"回炉"再造的我而言，进行学科交融性质极强的少数民族经济专业学习无疑是极大的挑战。由衷感谢西南民族大学的赵心愚教授、张明善教授、郑长德教授、蒋彬教授、覃建雄教授、黄辛建教授、郑洲副教授，四川大学的冉光荣先生、石硕教授、杨振之教授、李锦教授，西南财经大学的白云升教授，四川师范大学王川教授。感谢你们的精彩授课以及在论文开题、答辩时给予的指导。感谢西南民族研究院、西南民族大学经济学院各位老师在生活、学习上给予的关心和帮助。

　　感谢工作单位阿坝师范学院的肖幼林研究员、马昌威教授、周雪副研究员、杨杰老师、赵睿祥老师、漆宇老师及其他同事在工作上给予的理解与支持，感谢同门的董法尧师兄、沈涛师兄、张莞师姐在论文写作上给予的帮助和鼓励，感谢西南民族大学的肖怡然博士、张江峰博士、杨兵博士、何星博士、杨莹慧博士、笪玲博士、龚贤博士在同窗学习的日子里与我共同探讨、互相帮助，感谢老友江志腾老师、刘灿老师、方泽博士、黄磊博士的关心和帮助，感谢各级领导及村寨居民对田野调查给予的无私帮助。

　　要特别感谢我的家人。感谢我的祖父、父母、岳父、岳母对我学业的支持及对幼子的照顾，向勇敢同伤痛、病魔长期斗争的母亲、岳父致敬，即便卧病在床，你们依然时刻关心惦念我的学业和生活；感谢爱人放弃工作全心照顾一家老小的生活起居，为我分担生活的重担，让我在工作之余还能静心完成学业；感谢聪明懂事的儿子，当初呱呱坠地的婴孩转眼已成四岁的小大人，你是我穿越艰险的最大动力。感谢你们无私的爱与付出，今后唯有以爱与责任回报。

　　最后，也要感谢岁月的历练和不轻言放弃的自己。长路漫漫，未来可期，我将背负行囊，继续前行。

李治兵

2021 年 5 月于成都